EVELINE HETTY-BURKART
BEATE HILBIG
BÉATRICE SIMON

HÄKELN *to go*

GENIALES WISSEN FÜR UNTERWEGS

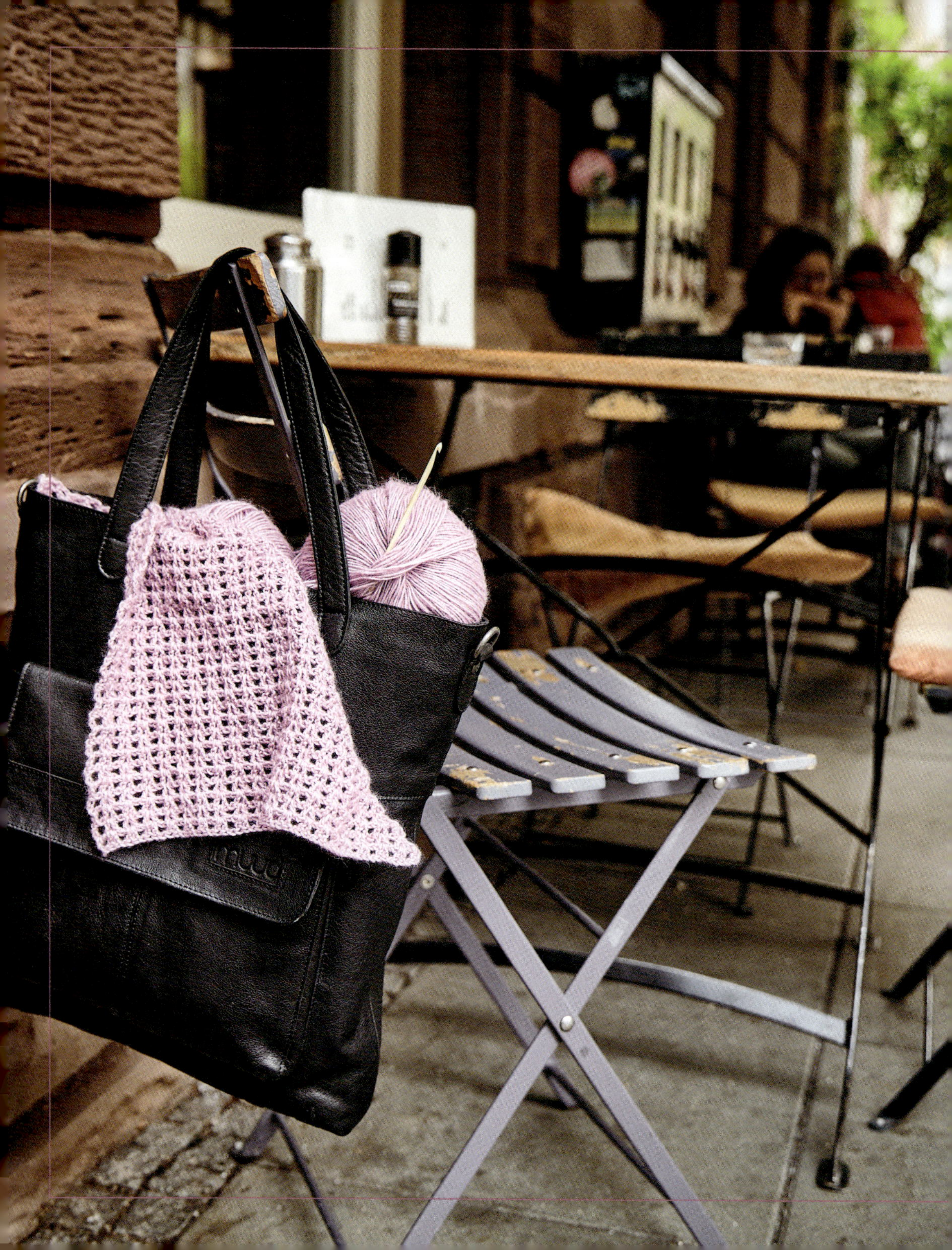

VORWORT

Häkeln ist hip wie nie! Es lebt von der Vielfalt der Möglichkeiten an Formen und Farben.

Wer hätte da nicht gerne ein kompaktes Nachschlagewerk, das in jeden Projektbeutel passt und auch unterwegs jederzeit weiterhilft? Hier ist es!

Die Grundtechniken werden Schritt für Schritt für alle beschrieben, aber auch erfahrene Häkler:innen finden hier noch neue Tipps und Kniffe. Besondere Maschen oder Techniken lassen sich schnell nachschlagen und sind kompakt gesammelt.

Wir wünschen uns, dass dieses Buch einen festen Platz in Ihrer Häkeltasche oder im Wollkorb bekommt und Ihnen allzeit treu zur Seite steht!

ORIENTIERUNG

Vor den ersten Maschen sollte man sich mit einigen Grundlagen des Häkelns vertraut machen. Welche Teile hat ein Häkelstück und wie nennt man sie? Wie kommt die erste Schlinge auf die Nadel und wie hält man Nadel, Faden und Häkelstück?

WAS IST WAS?

Ein Häkelteil entsteht mit einer Häkelnadel aus nur einem einzigen Faden. Zu Beginn legt man eine Anfangsschlinge auf die Häkelnadel. Alle weiteren Maschen werden aus dieser Schlinge gearbeitet. Je nach Maschenart können während des Häkelns auch zwei oder mehrere Schlingen gleichzeitig auf der Nadel liegen.

Als Arbeitsschlinge bezeichnet man die Fadenschlinge, die als Anfangsschlinge bzw. nach dem Fertigstellen jeder Masche als einzelne Schlinge auf der Nadel liegen bleibt.

Arbeitsfaden nennt man den Garnfaden, der von der Arbeitsschlinge über die fadenführende Hand zum Knäuel führt und der verhäkelt wird. Der überstehende Faden vor der Anfangsschlinge wird als Fadenende bezeichnet.

Der Anschlag ist die untere Häkelkante. Er besteht entweder aus einer Luftmaschenkette oder aus Maschen mit einer Fußschlinge.

Die obere Häkelkante bilden die beiden Maschenglieder jeder gehäkelten Masche. Das vordere und das hintere Maschenglied erscheinen als V.

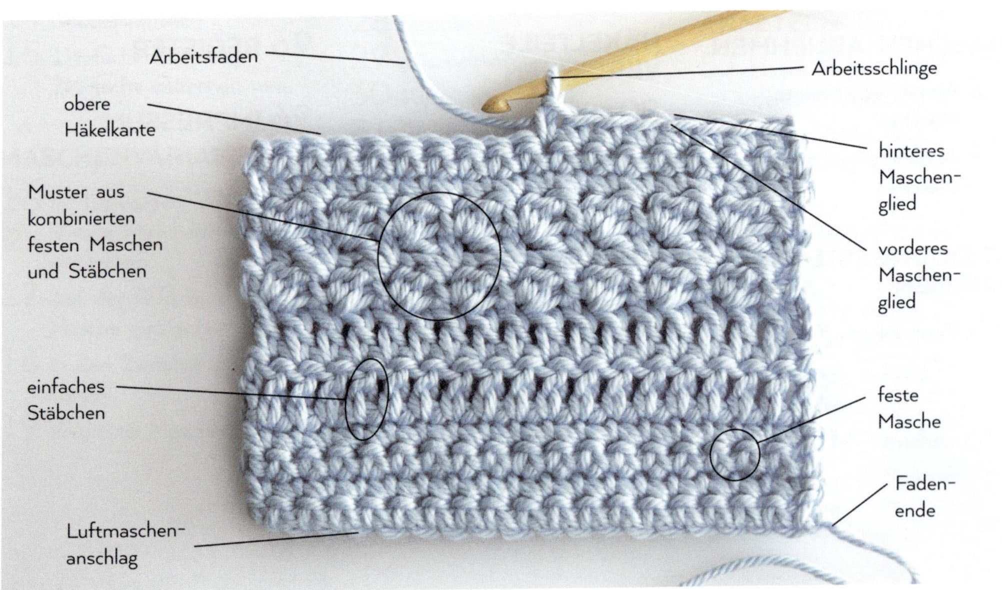

HÄKELNADEL HALTEN

Es gibt zwei Arten, die Nadel zu halten.

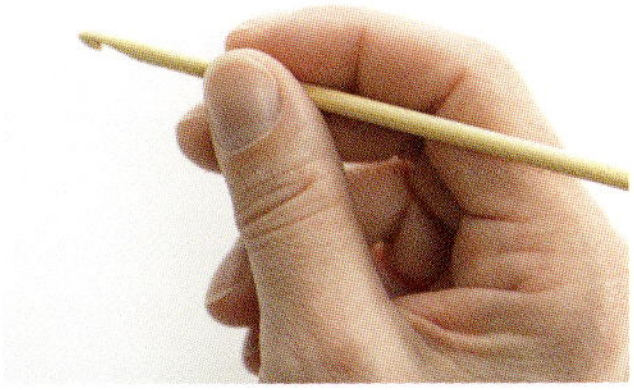

Die Häkelnadel von unten halten, z. B. wie einen Stift, dabei liegt der Haken ca. 3 cm vor dem Mittelfinger und zeigt nach vorne.

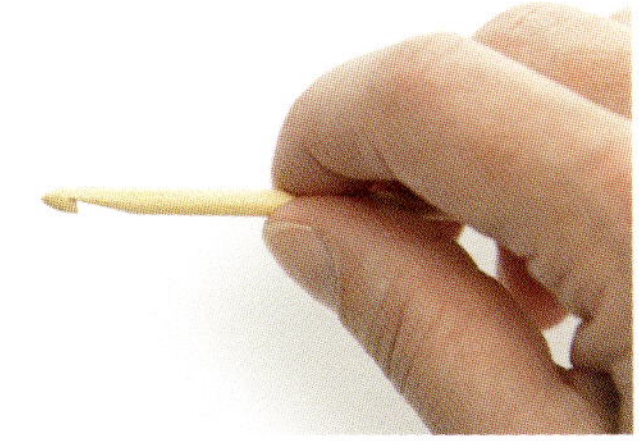

Die Häkelnadel von oben halten, z. B. wie ein Schneidemesser, dabei liegt der Haken ca. 3 cm vor dem Zeigefinger und zeigt nach vorne.

FADENFÜHRUNG UND FADENSPANNUNG

Der Faden sollte mit einer gleichmäßigen Spannung geführt werden. Es gibt verschiedene Möglichkeiten der Fadenführung. Die Fadenspannung wird größer, je häufiger der Faden durch oder um die Finger geführt wird.

Etwas Garn abwickeln. Der Arbeitsfaden hängt hinter dem kleinen Finger der linken Hand. Das Fadenende auf eine der folgenden Arten um die Finger der linken Hand führen:

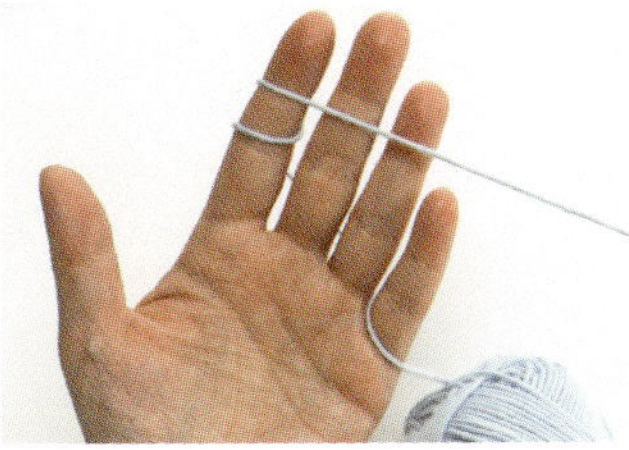

Den Faden zwischen kleinem Finger und Ringfinger von vorne nach hinten führen. Den Faden von hinten nach vorne 2x um den Zeigefinger wickeln.

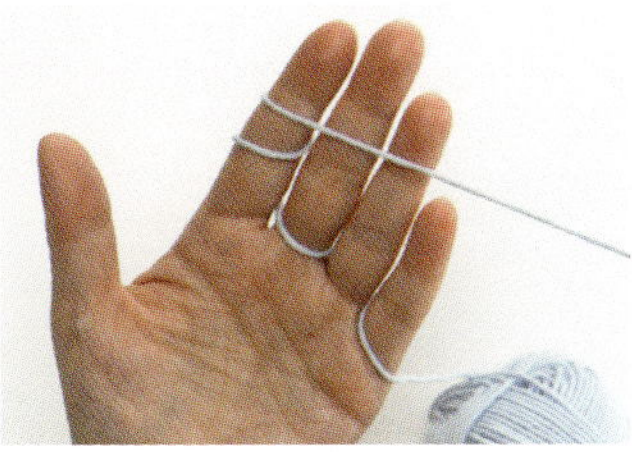

Oder: Den Faden beim kleinen Finger beginnend um die Finger „weben" und 2x um den Zeigefinger wickeln.

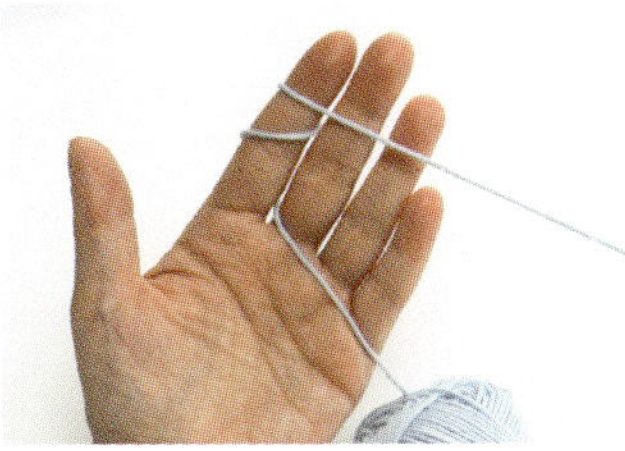

Oder: Den Faden nur 2x um den Zeigefinger wickeln.

HÄKELNADEL UND HÄKELTEIL HALTEN

Die rechte Hand hält die Häkelnadel. Sie sollte locker in der Hand liegen. Darauf achten, dass der Haken nach vorne, zum Betrachter, zeigt. Über die linke Hand wird der Faden geführt. Gleichzeitig mit der Hand das Häkelteil so halten, dass die obere Häkelkante waagerecht liegt, sodass gut in die Maschen eingestochen werden kann.

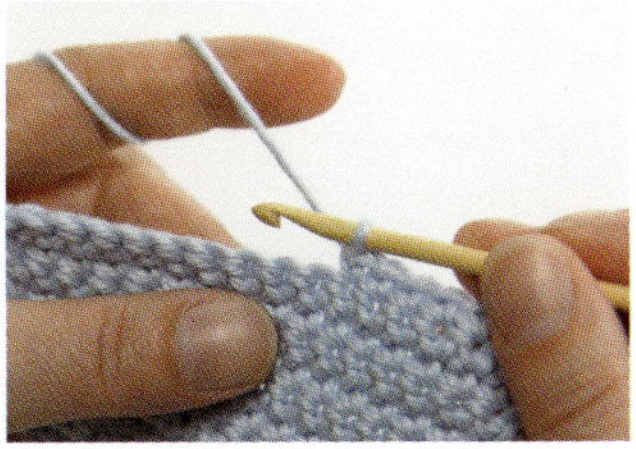

GRUNDMASCHEN

Als Grundmaschen bezeichnet man einige wenige Maschen, die die Basis der Häkeltechnik sind und aus denen sich bereits eine Fülle an Mustern gestalten lässt.

ANFANGS-SCHLINGE

1 Faden um die linke Hand führen (Fadenführung > Seite 7) und gegen den Uhrzeigersinn 1x um den Daumen wickeln. Fadenende mit den übrigen drei Fingern der linken Hand festhalten.

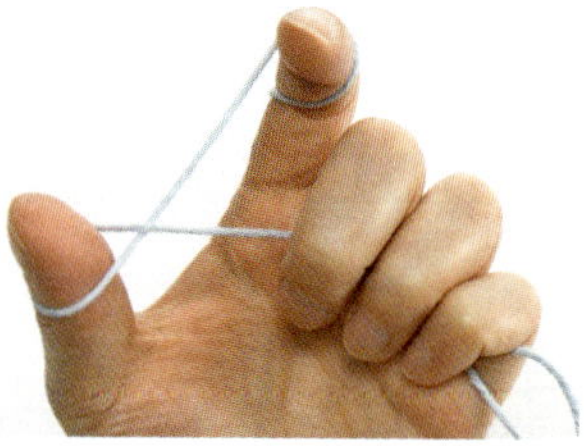

2 Häkelnadel hinter dem Daumen von unten nach oben durch die Schlinge führen und über die Fadenkreuzung gehend den vom Zeigefinger kommenden Faden mit dem Haken fassen und durchholen.

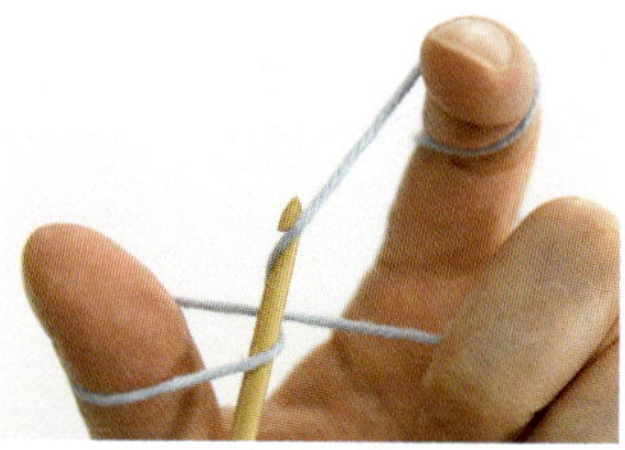

3 Gleichzeitig den Daumen aus der Schlinge ziehen, dabei darauf achten, dass die Schlinge nicht von der Nadel rutscht. Die Anfangsschlinge anziehen, sodass sie locker auf der Nadel liegt. Die Größe der Anfangsschlinge kann durch Ziehen am Arbeitsfaden reguliert werden.

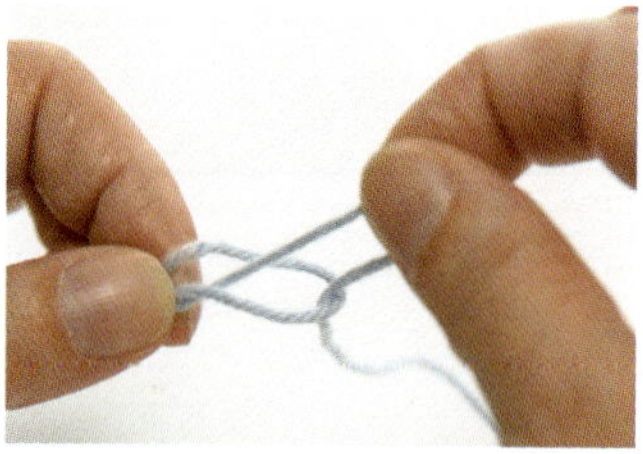

4 Anfangsschlinge am Knötchen unter der Häkelnadel halten. So kann direkt mit dem Häkeln begonnen werden.

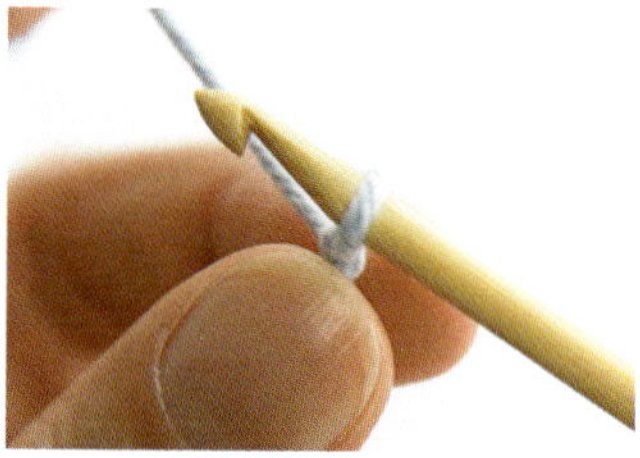

ALTERNATIVE

Stattdessen kann eine einfache Schlaufe geknotet und anschließend über die Häkelnadel gelegt werden. Die Schlinge so anziehen, dass sie locker auf der Nadel liegt.

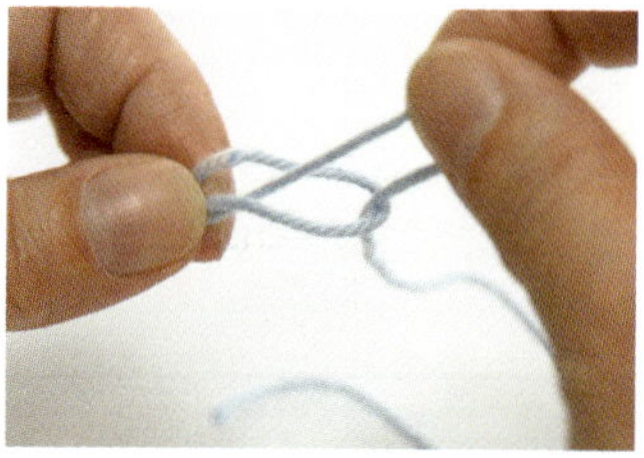

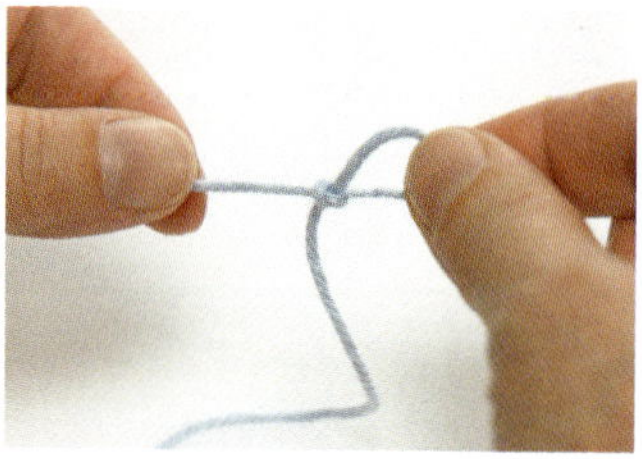

UMSCHLAG

Als Umschlag bezeichnet man den Vorgang, den Faden auf die Häkelnadel zu legen, um ihn mit dem Haken fassen zu können. Man unterscheidet zwei Arten eines Umschlags:

Umschlag zur Bildung von Maschen: Vor dem Einstechen wird der Arbeitsfaden einmal oder mehrere Male auf die Häkelnadel gelegt.

Umschlag als Holen des Arbeitsfadens zum Abmaschen: Je nach Maschenart muss der Arbeitsfaden ein- oder mehrmals auf die Nadel gelegt und durch die Einstichstelle bzw. durch die Schlingen der Maschen gezogen werden.

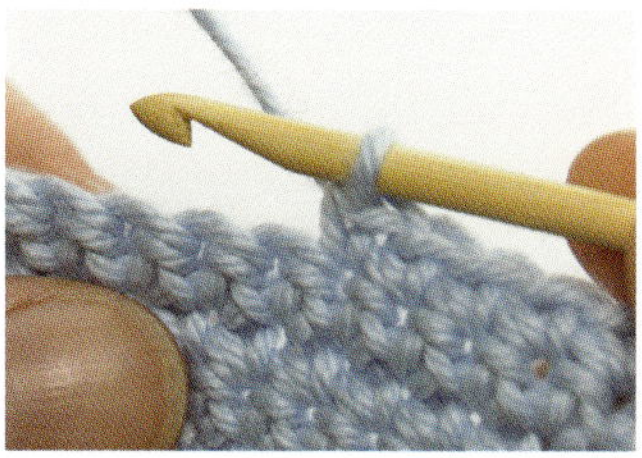

Vor einem Umschlag liegt der Arbeitsfaden immer hinter der Häkelnadel.

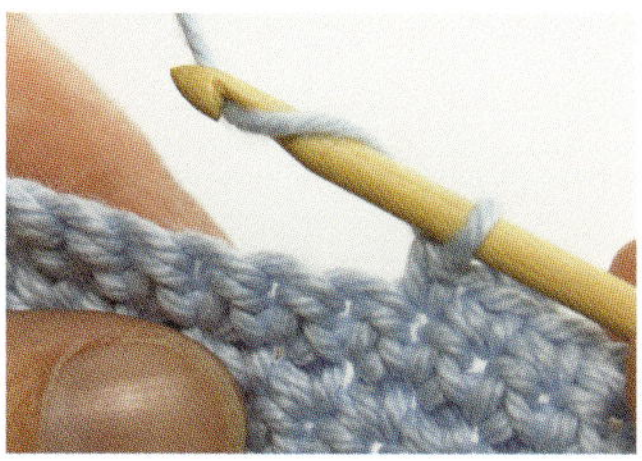

Umschlag zur Maschenbildung: Vor dem Einstechen arbeiten. Dazu die Häkelnadel unter dem Arbeitsfaden von vorne nach hinten um den Arbeitsfaden führen, sodass er sich auf die Nadel legt. Dann in die entsprechende Masche einstechen.

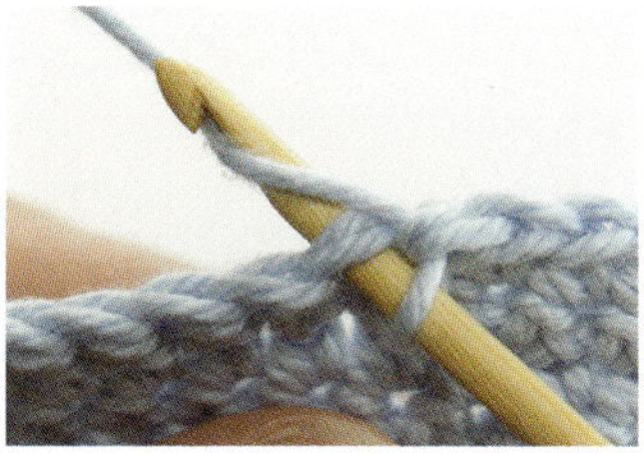

Bei einem Umschlag zum Holen des Arbeitsfadens zuerst in die entsprechende Masche einstechen und den Faden mit einem Umschlag dann durch die Einstichstelle bzw. die Schlingen der Masche holen.

VERSCHRÄNKTE MASCHEN

Der Umschlag kann nach dem Einstechen auch umgekehrt auf die Nadel gelegt werden, indem der Arbeitsfaden von oben geholt wird.

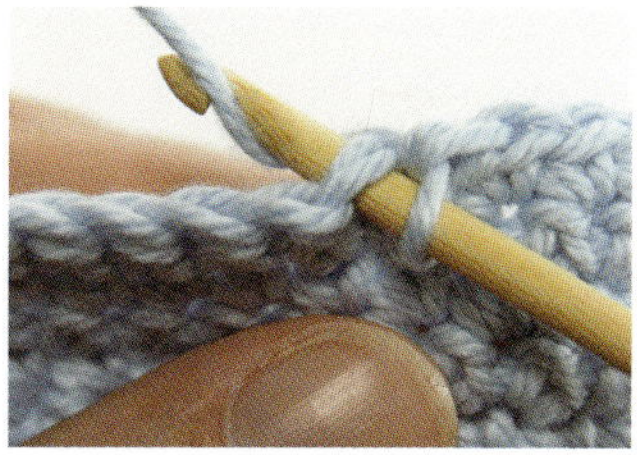

Nach dem Abmaschen erscheint die gehäkelte Masche leicht verschränkt.

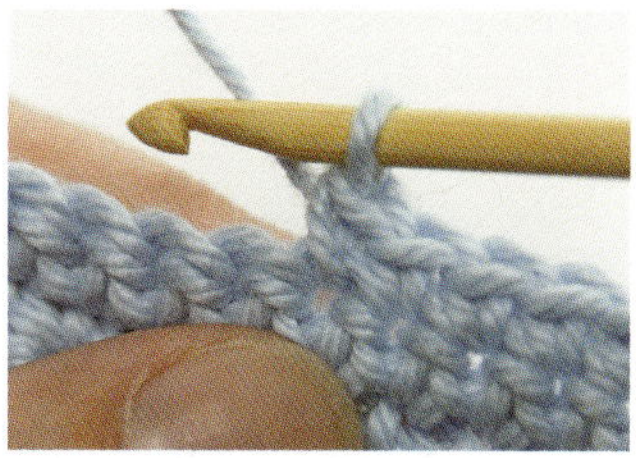

LUFTMASCHE

Eine Luftmasche ist eine gehäkelte Schlinge. Verwendung findet sie z. B. als Luftmaschenkette beim Anschlag, am Beginn von Reihen oder Runden zum Erreichen von Maschenhöhen oder aneinandergereiht als Steg oder Luftmaschenbogen innerhalb eines Musters (Anschlag mit Luftmaschen > Seite XX).

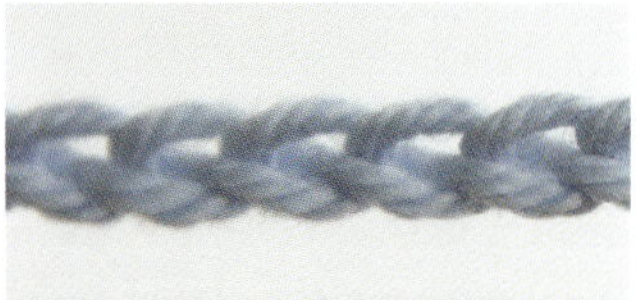

Luftmaschenkette von vorne

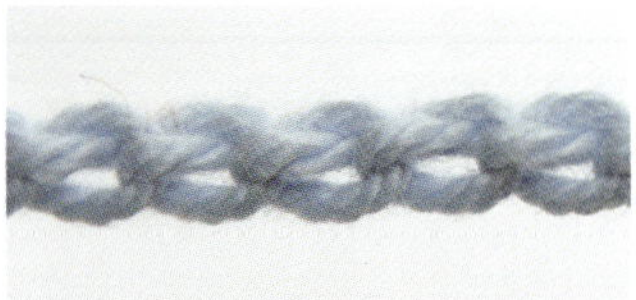

Luftmaschenkette von hinten

1 Den Faden mit einem Umschlag holen …

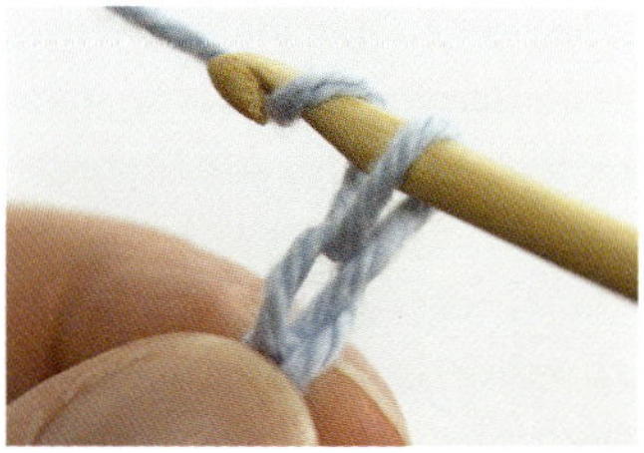

2 … und durch die Schlinge auf der Nadel ziehen. Die Luftmasche bildet eine V-förmige Schlinge unter der Nadel. Auf der Rückseite entstehen zwischen den einzelnen Maschen kleine Querrippen.

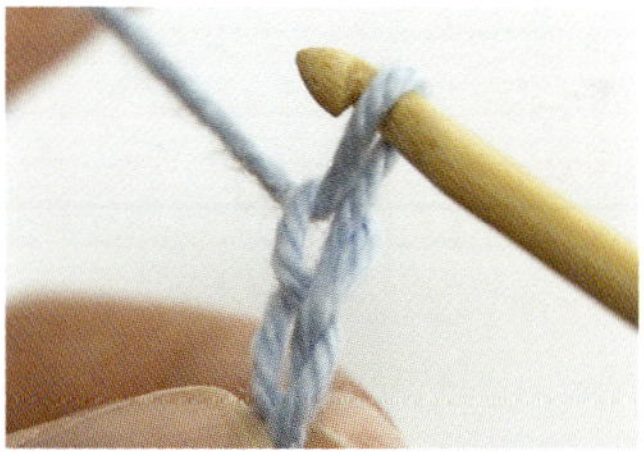

Beim Häkeln einer Luftmaschenkette als Anschlag darauf achten, dass der Faden gleichmäßig gespannt ist, sodass die Schlingen nicht zu fest werden und die gleiche Größe haben. Sind die Maschen zu fest, so kann in der nachfolgenden 1. Reihe nur mit Mühe in die Luftmasche eingestochen werden, um eine Masche zu häkeln.

IN MASCHEN EINSTECHEN

Wenn in einer Anleitung oder einem Häkelmuster nicht ausdrücklich etwas anderes erwähnt wird, sticht man beim Behäkeln von bereits vorhandenen Maschen immer unter beide oben liegende, V-förmig angeordnete Maschenglieder ein.

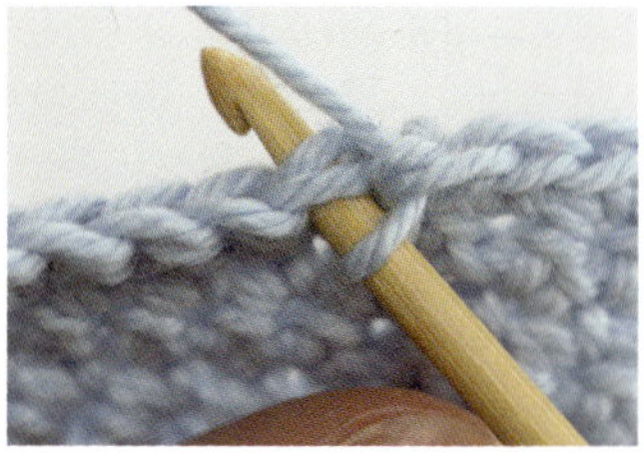

KETTMASCHE

Kettmaschen sind die kleinsten Maschen. Sie sind sehr niedrig und bestehen im Grunde nur aus einer einzelnen Schlinge. Verwendung finden Kettmaschen zum Schließen von Runden, zum Versäubern und Festigen von Blenden und Rändern, zum Verbinden von zwei Häkelmotiven, beim Zusammenhäkeln von Häkelteilen oder als aufgehäkelte Masche zur Dekoration von Oberflächen. Auch Flächen lassen sich mit Kettmaschen häkeln, doch weil die Maschen so klein sind, wird nur sehr selten ein ganzes Teil daraus gehäkelt.

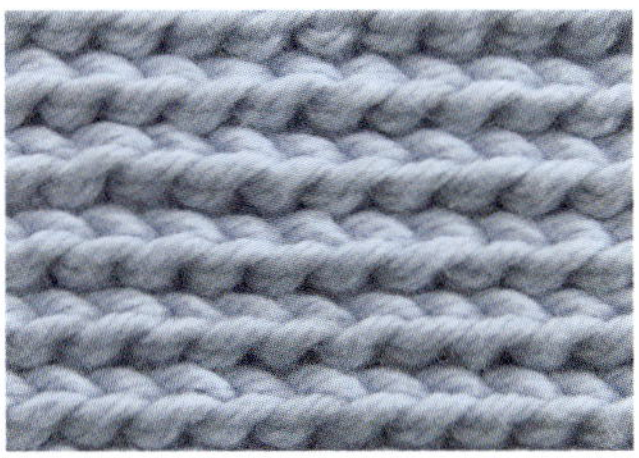

Kettmaschen in Reihen

1 Für eine Kettmasche einstechen, mit einem Umschlag den Faden holen und diesen durch die Einstichstelle und …

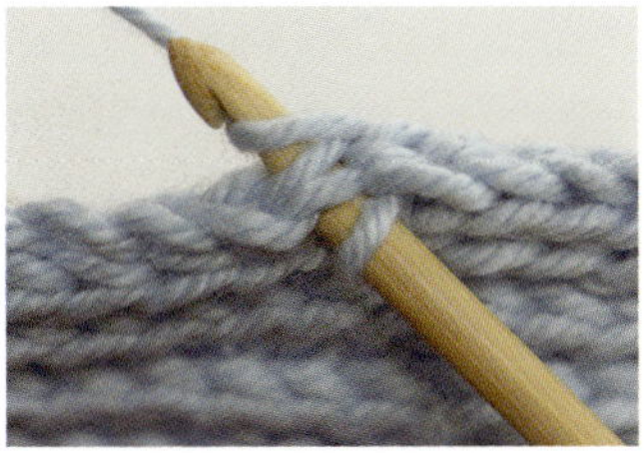

2 … anschließend sofort durch die Arbeitsschlinge ziehen.

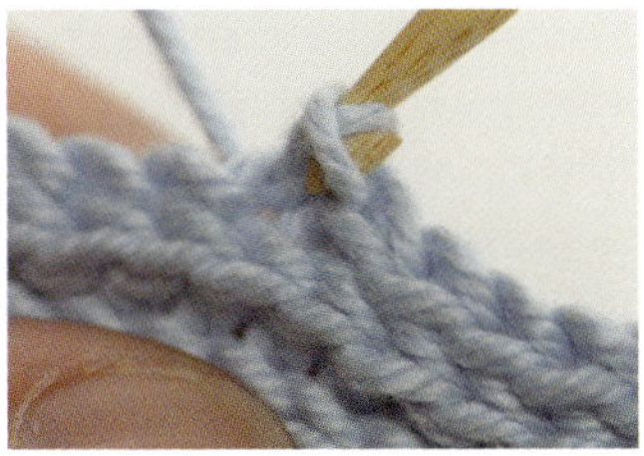

Kettmaschen in der Fläche geraten leicht zu fest. Diese deshalb stets locker häkeln, damit das Einstechen in die Maschen leicht gelingt.

Kettmaschen in Reihen gehäkelt, ergeben ein stabiles, dichtes Häkelteil. Das kann z. B. für Gürtel oder Trageriemen bei Taschen eingesetzt werden.

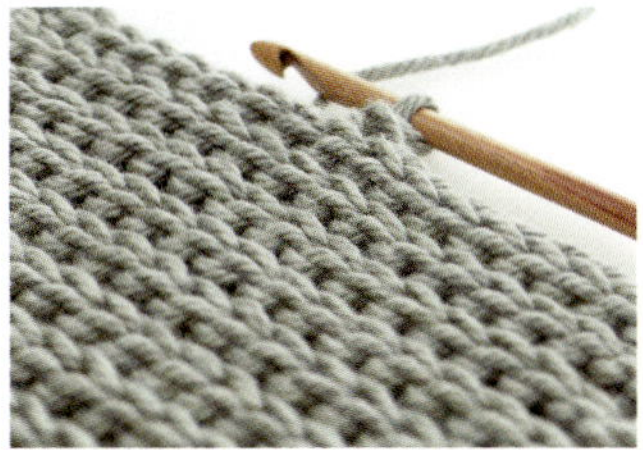

FESTE MASCHE

Die feste Masche ist die einfachste Grundmasche und vielleicht sogar die am häufigsten verwendete. Feste Maschen sind klein und ergeben ein dichtes, kompaktes Maschenbild.

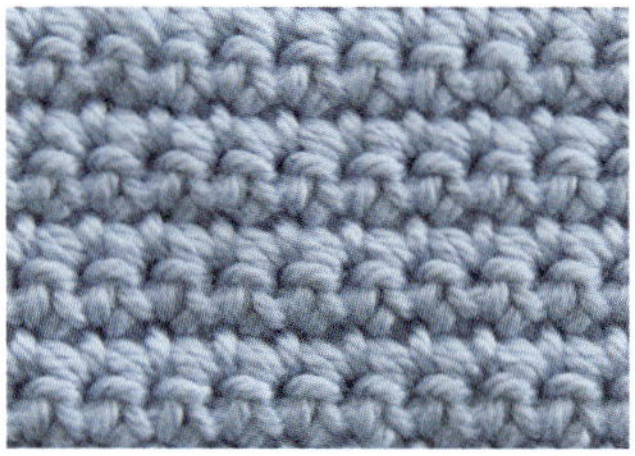

Feste Maschen in Reihen

1 Für eine feste Masche einstechen und mit einem Umschlag den Faden durchholen. Die so entstandene Schlinge auf die Höhe der Arbeitsschlinge ziehen. Es liegen 2 Schlingen auf der Nadel.

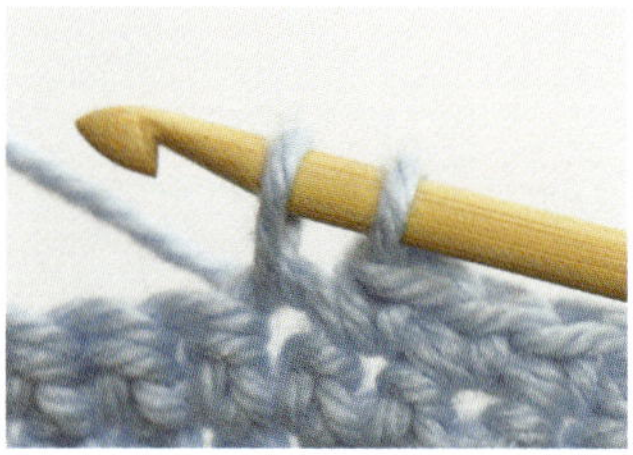

2 Mit einem weiteren Umschlag den Faden durch beide Schlingen ziehen. Die feste Masche hat einen kleinen V-förmigen Maschenkörper.

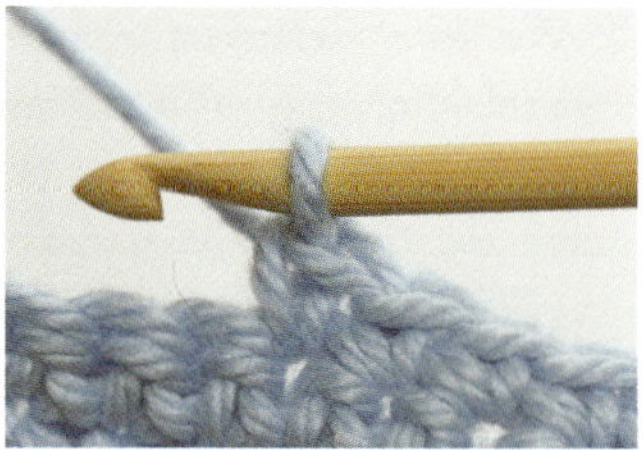

VERLÄNGERTE FESTE MASCHEN

Verlängerte feste Maschen sind eine Variante der festen Maschen. Sie erscheinen im Maschenbild lockerer, weshalb sich das Häkelteil weicher anfühlt, und durch die leicht längliche Form wirkt das Muster duftiger. Weil sie elastischer sind als feste Maschen, werden sie beispielsweise beim Häkeln von Socken eingesetzt und dann bisweilen als Sockenmaschen bezeichnet.

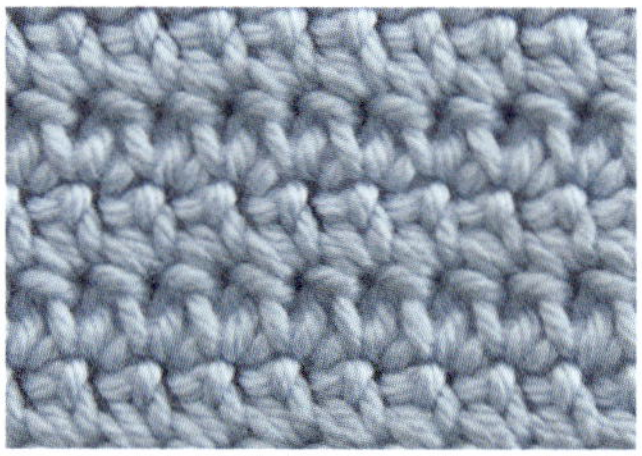

Verlängerte feste Maschen in Reihen

1 In die Masche einstechen und mit einem Umschlag den Faden durchholen. Es liegen 2 Schlingen auf der Nadel.

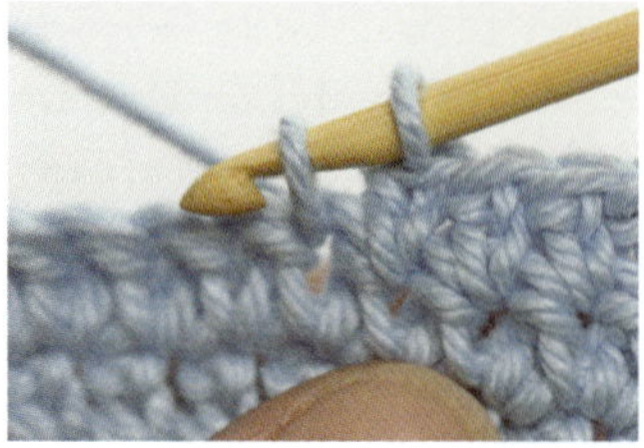

2 Mit einem weiteren Umschlag den Faden holen und nur durch die 1. Schlinge auf der Nadel ziehen. Es liegen wieder 2 Schlingen auf der Nadel.

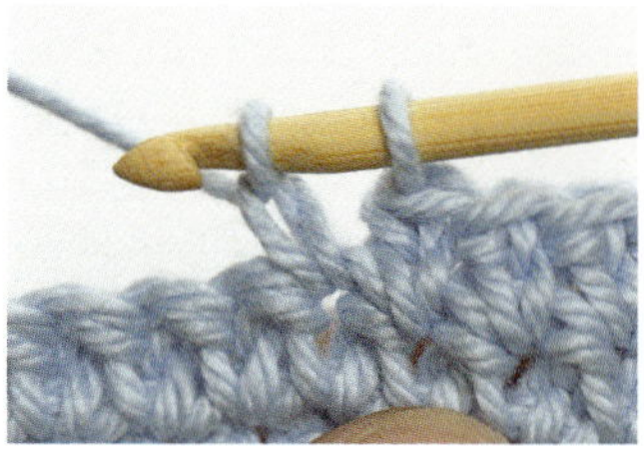

3 Mit einem weiteren Umschlag den Faden holen und durch beide Schlingen auf der Nadel ziehen. Verlängerte feste Maschen erscheinen wie zwei übereinander gehäkelte feste Maschen.

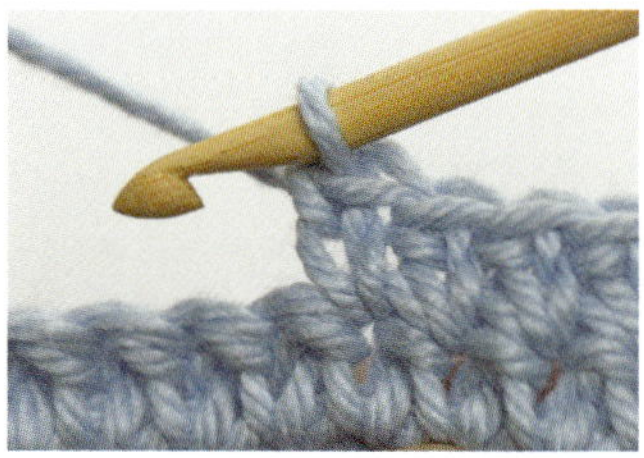

HALBE STÄBCHEN

Ein halbes Stäbchen ist nach der festen Masche die nächsthöhere Grundmasche. Es ist ebenfalls kompakt, das Maschenbild wirkt ähnlich dicht und robust, ist aber elastischer.

Halbe Stäbchen werden häufig in Verbindung mit anderen Grundmaschen zur Bildung von Mustern eingesetzt. Durch den zusätzlichen Umschlag wird die Masche dicker. Der Garnverbrauch bei halben Stäbchen ist deshalb höher als bei festen Maschen.

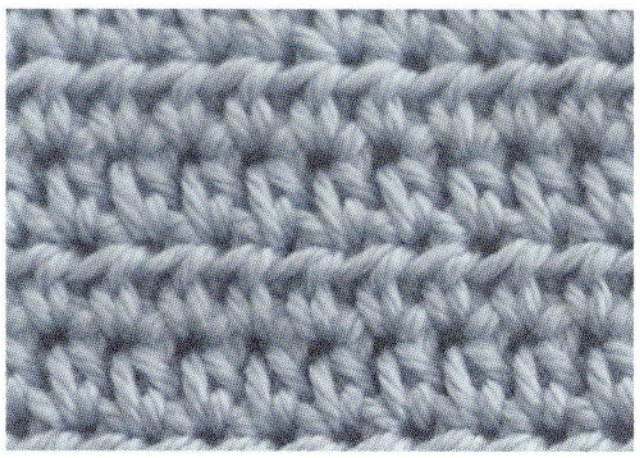

Halbe Stäbchen in Reihen

1 Vor dem Einstechen einen Umschlag auf die Nadel legen.

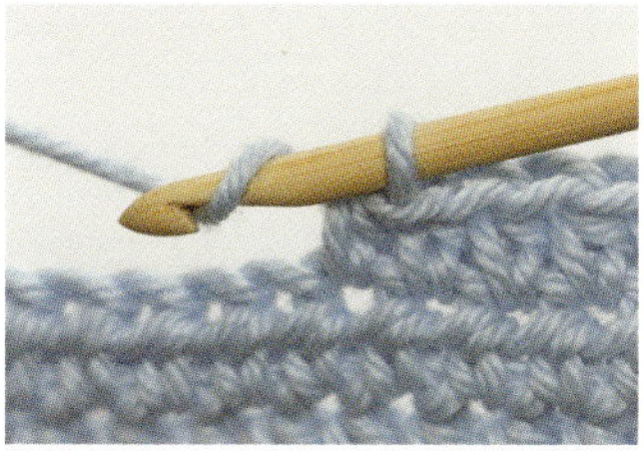

2 Danach einstechen und mit einem Umschlag den Faden durchholen. Es liegen 3 Schlingen auf der Nadel.

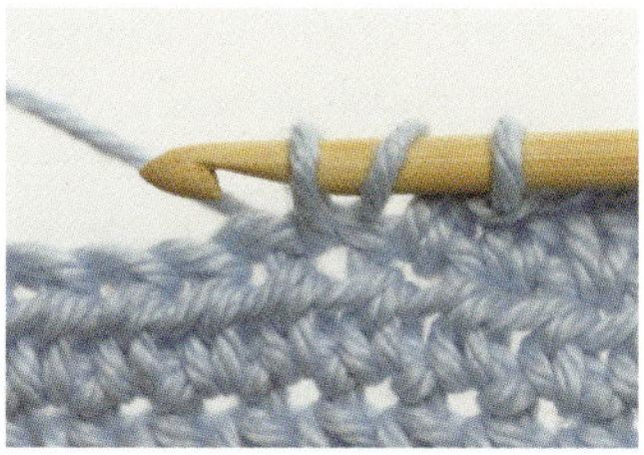

3 Mit einem weiteren Umschlag den Faden holen und gleichzeitig durch alle 3 Schlingen auf der Nadel ziehen.

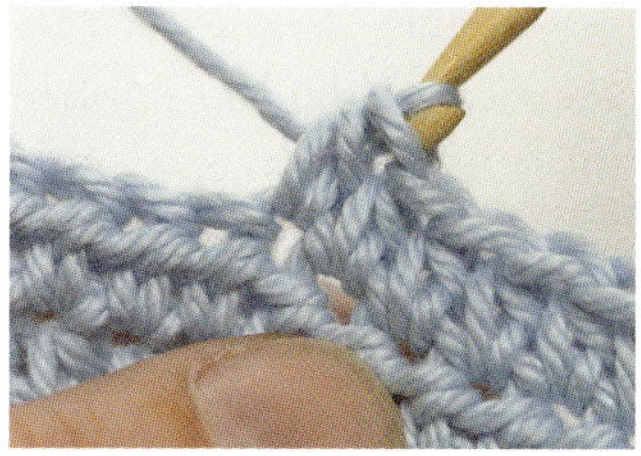

4 Das halbe Stäbchen erkennt man am leicht länglichen Maschenkörper mit einer kurzen, schräg liegenden Schlinge.

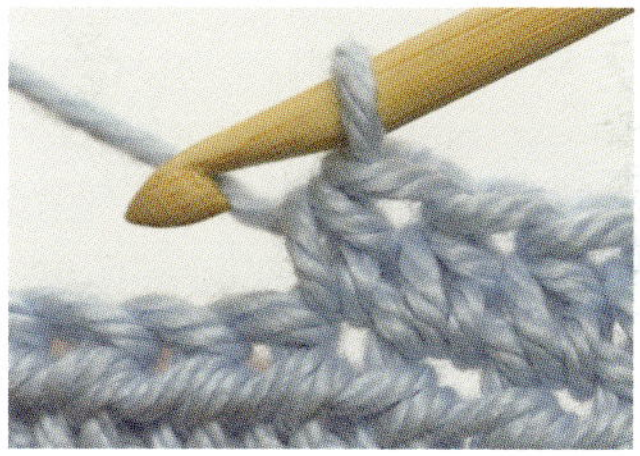

STÄBCHEN

Das „einfache Stäbchen" ist eine der am häufigsten verwendeten Grundmaschen. Das Maschenbild erscheint locker und es entsteht eine typisch lineare Struktur.

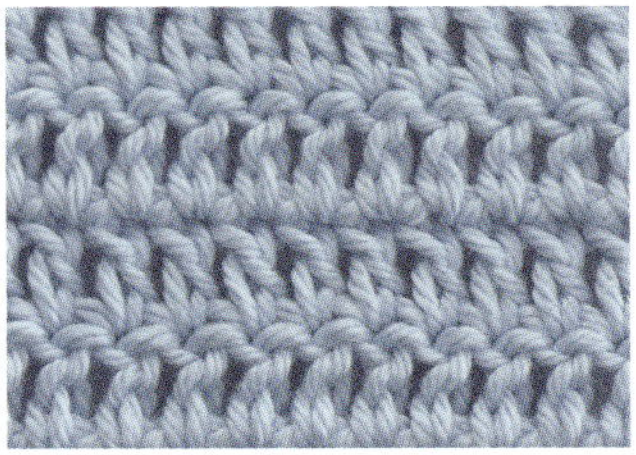

Stäbchen in Reihen

1 Vor dem Einstechen einen Umschlag auf die Nadel legen.

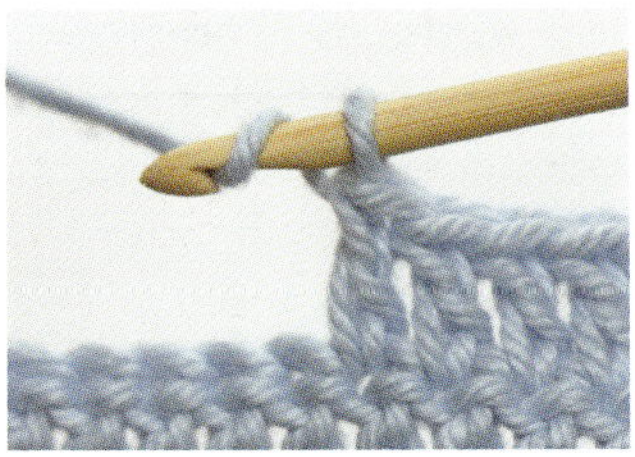

2 Danach einstechen und mit einem Umschlag den Faden durchholen. Es liegen 3 Schlingen auf der Nadel.

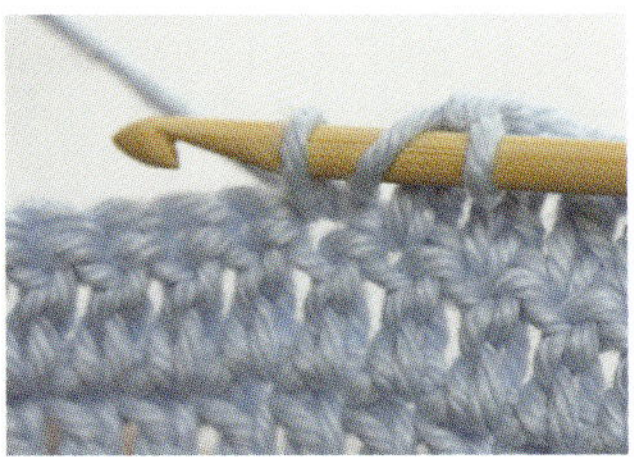

3 Mit einem weiteren Umschlag den Faden holen und durch die ersten 2 Schlingen auf der Nadel ziehen.

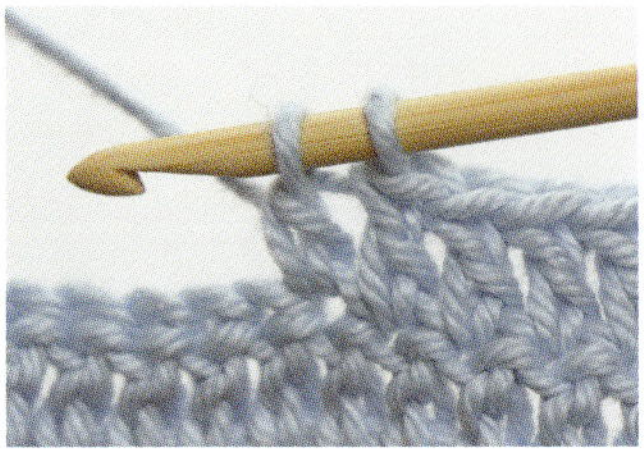

4 Nun mit einem neuen Umschlag den Faden holen und durch die übrigen 2 Schlingen auf der Nadel ziehen.

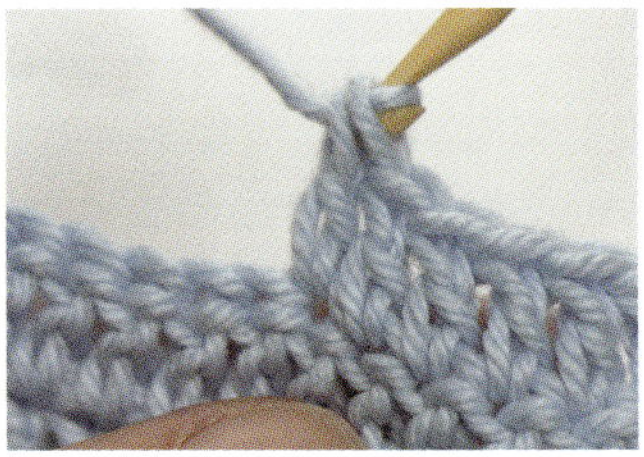

5 Das einfache Stäbchen erkennt man am länglichen Maschenkörper mit einer schräg liegenden Schlinge in der Mitte.

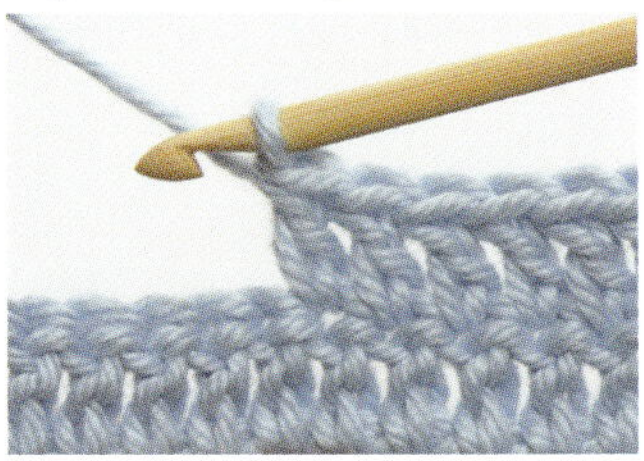

DOPPELSTÄBCHEN

Doppelstäbchen sind längliche, hohe Maschen. Das Maschenbild erscheint locker und durchscheinend. Doppelstäbchen finden beispielsweise in Verbindung mit anderen Grundmaschen zur Bildung von filigranen Mustern oder als Stege bei der Spitzenhäkelei Verwendung.

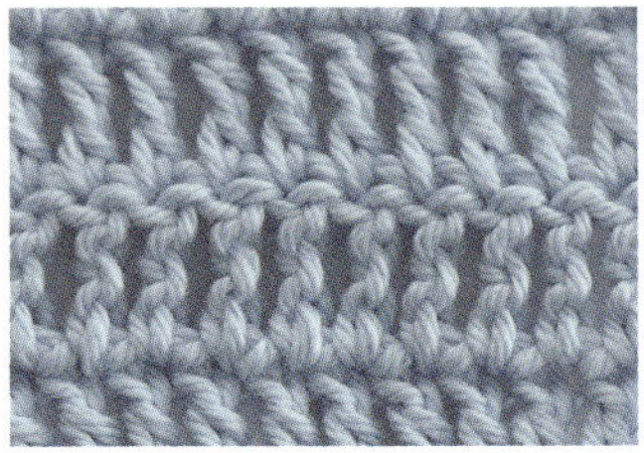

Doppelstäbchen in Reihen

1 Vor dem Einstechen 2 Umschläge auf die Nadel legen.

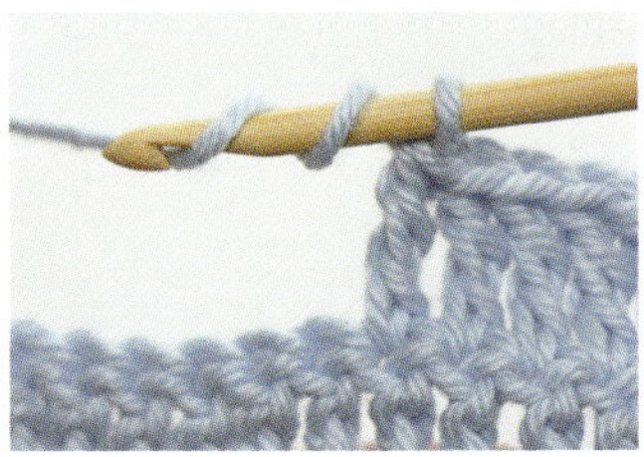

2 Danach einstechen und mit einem Umschlag den Faden durchholen. Es liegen 4 Schlingen auf der Nadel.

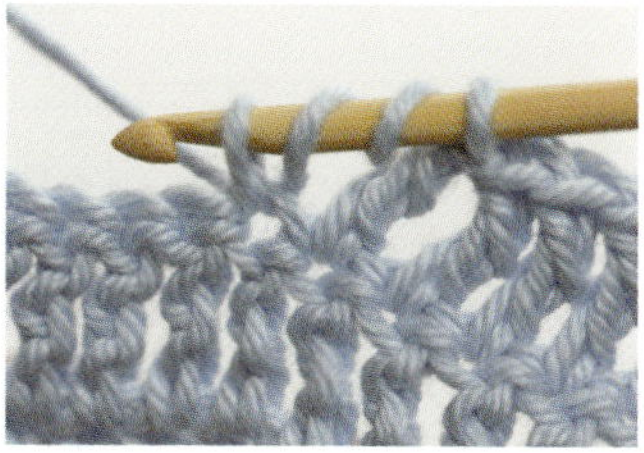

3 Mit einem weiteren Umschlag den Faden holen und durch die ersten 2 Schlingen auf der Nadel ziehen. Es liegen nun noch 3 Schlingen auf der Nadel.

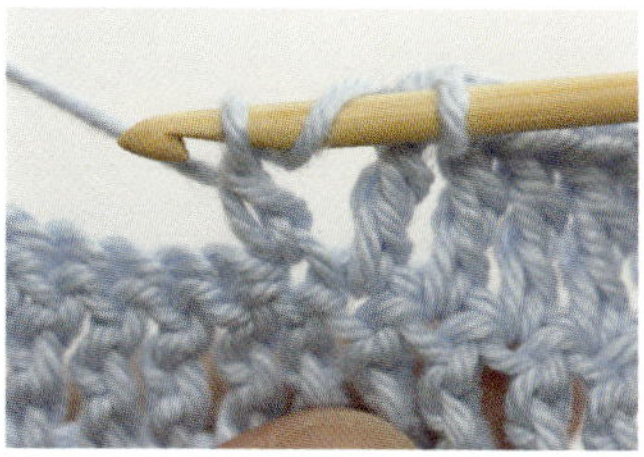

4 Mit einem weiteren Umschlag den Faden holen und erneut durch die ersten 2 Schlingen auf der Nadel ziehen. Es liegen nun noch 2 Schlingen auf der Nadel.

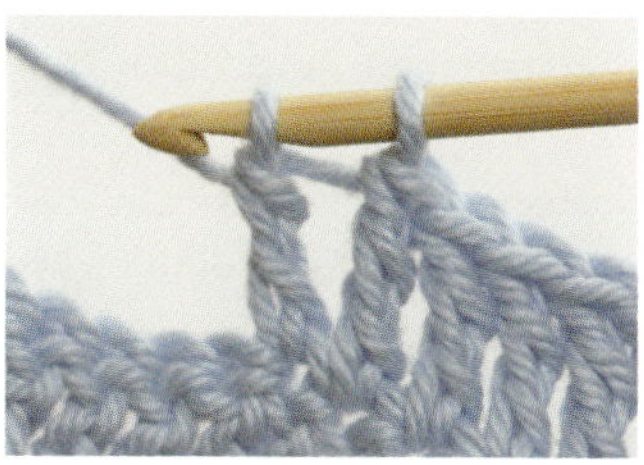

5 Nun mit einem neuen Umschlag den Faden holen und durch die übrigen 2 Schlingen auf der Nadel ziehen.

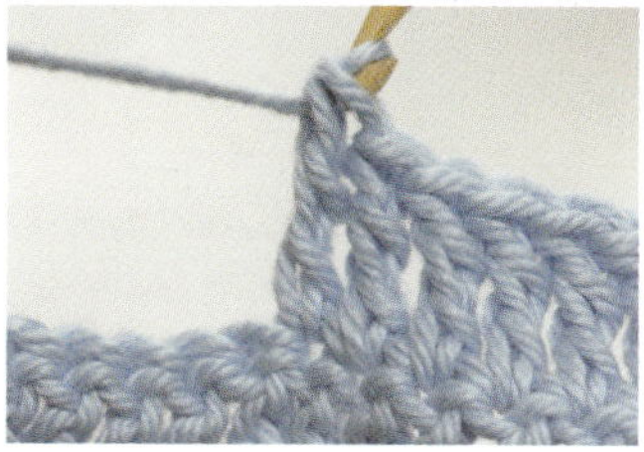

6 Das Doppelstäbchen erkennt man am langen Maschenkörper mit 2 schräg liegenden Schlingen, die übereinander liegen.

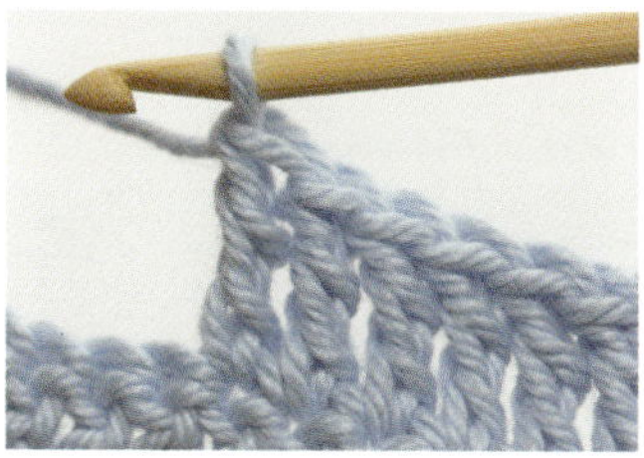

1½-FACHE STÄBCHEN, 2½-FACHE STÄBCHEN USW.

Halbe Stäbchen und Stäbchen unterscheiden sich in der Anzahl der Arbeitsschritte. Bei halben Stäbchen werden in einem Arbeitsschritt 3 auf der Nadel befindliche Schlingen zusammen abgemascht, bei Stäbchen werden die Schlingen in zwei Schritten nacheinander paarweise abgemascht. Bei Zwischenschritten von Stäbchen wird die Anzahl der Umschläge der nächsthöheren Masche auf die Nadel gelegt, dann werden die Schlingen wie bei Stäbchen üblich nacheinander paarweise abgemascht, bis zuletzt noch 3 Schlingen auf der Nadel liegen. Diese 3 Schlingen werden mit einem neuen Umschlag zusammen abgemascht.

MASCHEN-VARIANTEN

Grundmaschenarten können vielfältig variiert werden, z. B. durch Veränderungen an der Weise, wie in die Masche eingestochen wird. Muster und Effekte lassen sich auch erzielen, indem der Maschenkörper einbezogen wird oder indem nicht in die Masche, sondern in den Raum zwischen Maschen eingestochen wird.

IN DAS VORDERE ODER HINTERE MASCHENGLIED EINSTECHEN

Die Maschenglieder einer Masche können auch getrennt voneinander als Einstichstelle dienen. Unabhängig davon, ob die Vorder- oder die Rückseite der Arbeit oben liegt, wird das Maschenglied, das zum Betrachter liegt, als vorderes Maschenglied, das dahinterliegende als hinteres Maschenglied bezeichnet. Wird während einer Reihe nur in eines der beiden Maschenglieder eingestochen, bildet das nicht verwendete Maschenglied eine feine Rippe.

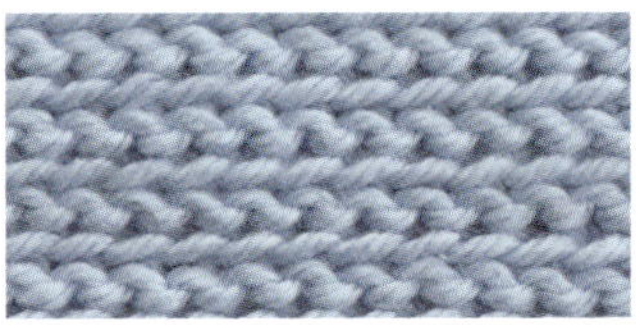

Kettmaschen ins hintere Maschenglied

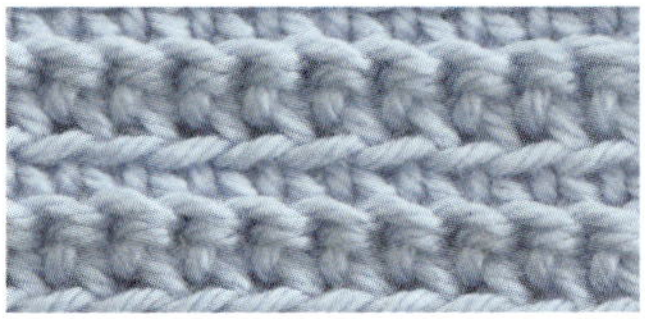

Feste Maschen, in Hinreihen ins hintere, in Rückreihen ins vordere Maschenglied eingestochen: So bildet sich in jeder Reihe eine feine Rippe.

NUR IN DAS VORDERE MASCHENGLIED EINSTECHEN

Beim Einstechen nur das vordere Maschenglied erfassen und darauf achten, dass das hintere Maschenglied nicht durchstochen wird. Die Masche wie gewohnt häkeln. Das hintere, nicht verwendete Maschenglied bildet eine feine Querrippe auf der Rückseite.

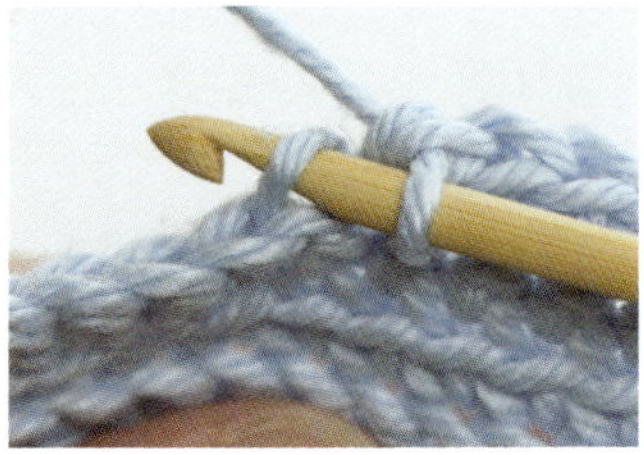

NUR IN DAS HINTERE MASCHENGLIED EINSTECHEN

Beim Einstechen nur das hintere Maschenglied erfassen und darauf achten, dass das vordere Maschenglied nicht durchstochen wird. Die Masche wie gewohnt häkeln. Das vordere, nicht verwendete Maschenglied bildet eine feine Querrippe auf der Vorderseite.

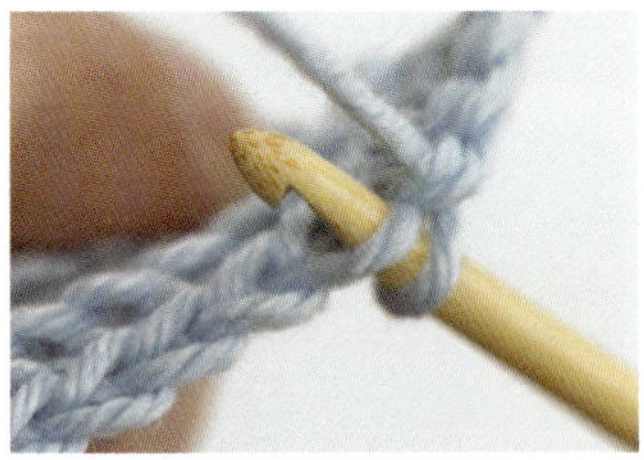

AUF DER RÜCKSEITE EINER MASCHE EINSTECHEN

Rippenstrukturen entstehen auch, wenn man auf der Rückseite einer Masche einsticht. Die Maschenglieder legen sich auf den Häkelgrund und bilden eine zopfähnliche Querrippe.

IN REIHEN

Beim Häkeln in Reihen liegt jeweils die Rückseite der Vorreihe oben, es wird also auf der Vorderseite eingestochen. Die Maschenglieder legen sich nach hinten. Sollen die Maschenglieder auf einer Seite liegen, so muss in jeder 2. Reihe auf der Rückseite der Masche eingestochen werden. Für die feste Masche auf der Vorderseite von unten nach oben in die kurze, quer liegende Schlinge unter dem vorderen Maschenglied einstechen, mit einem Umschlag den Faden holen und die Masche wie gewohnt abmaschen.

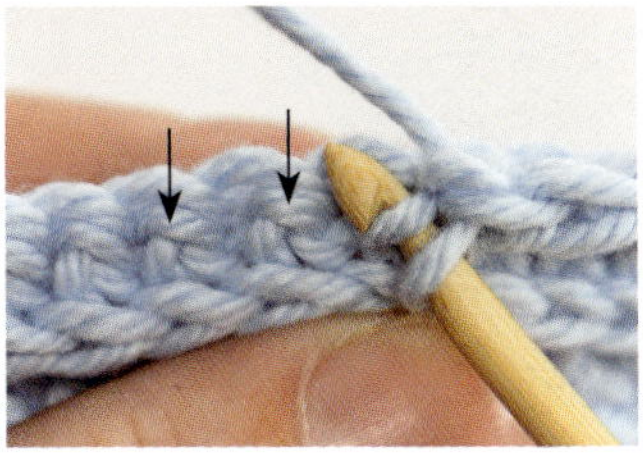

Bei halben Stäbchen oder Stäbchen einen Umschlag auf die Nadel nehmen, auf der Vorderseite von unten nach oben in die quer liegende Schlinge unter dem vorderen Maschenglied einstechen, mit einem Umschlag den Faden holen und die Masche wie gewohnt abmaschen.

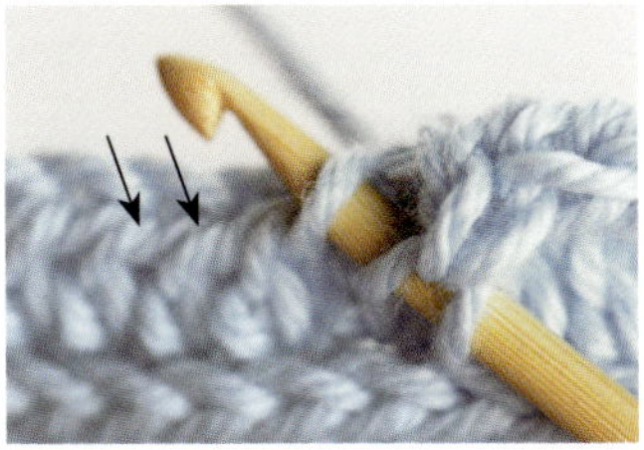

IN RUNDEN

Beim Häkeln in Runden liegt die Rückseite der Masche stets auf der Rückseite des Häkelteils. Das bedeutet, dass sich die Maschenglieder in jeder Runde nach vorne legen, wenn man auf der Rückseite der Maschen einsticht.

Für die feste Masche auf der Rückseite von oben nach unten in die kurze, quer liegende Schlinge unter dem hinteren Maschenglied einstechen, mit einem Umschlag den Faden holen und die Masche wie gewohnt abmaschen.

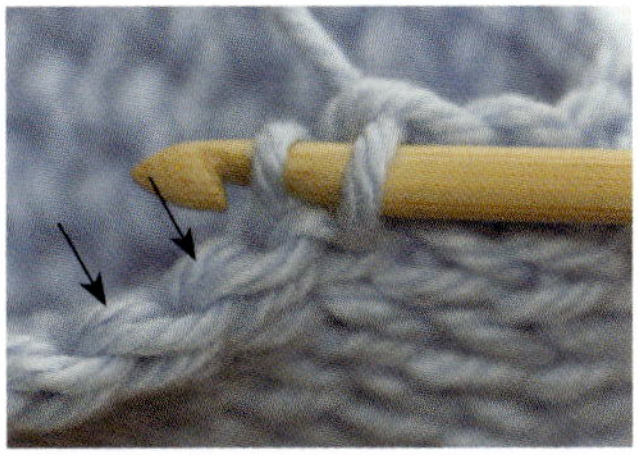

Bei halben Stäbchen oder Stäbchen einen Umschlag auf die Nadel nehmen, auf der Rückseite von oben nach unten in die quer liegende Schlinge unter dem hinteren Maschenglied einstechen, mit einem Umschlag den Faden holen und die Masche wie gewohnt abmaschen.

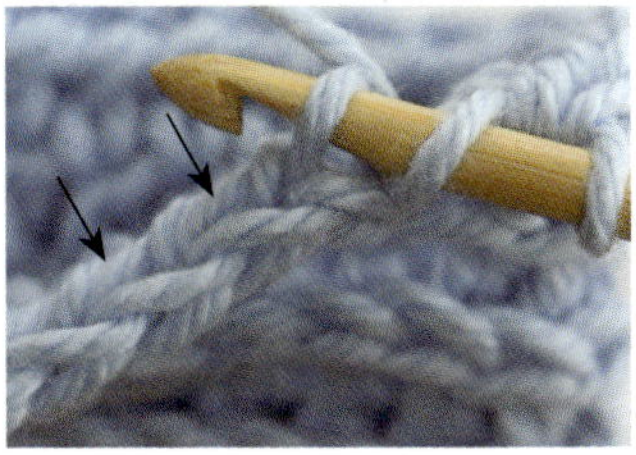

IN DEN ZWISCHENRAUM HÄKELN

Für diese Art des Einstechens sind alle höheren Maschen geeignet, also alle Maschen der Stäbchenfamilie. Aufgrund ihrer Höhe bilden sich zwischen den Maschen Zwischenräume, in die bequem eingestochen werden kann.

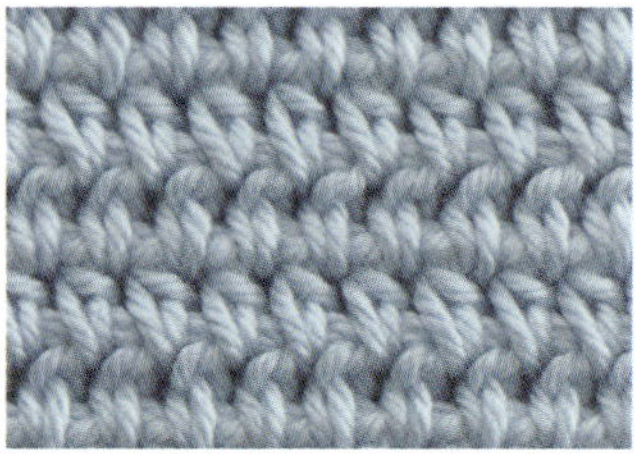

Hier wurde zwischen halben Stäbchen eingestochen.

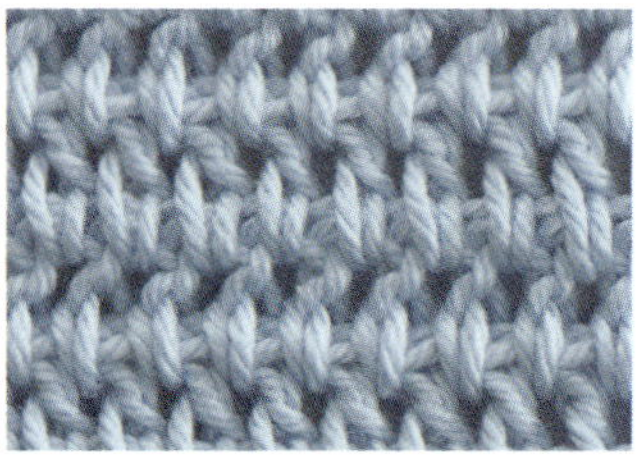

Hier wurde zwischen Stäbchen eingestochen.

1 Für eine Masche einen Umschlag auf die Nadel nehmen und in den Raum zwischen 2 Maschen der Vorreihe/Vorrunde einstechen.

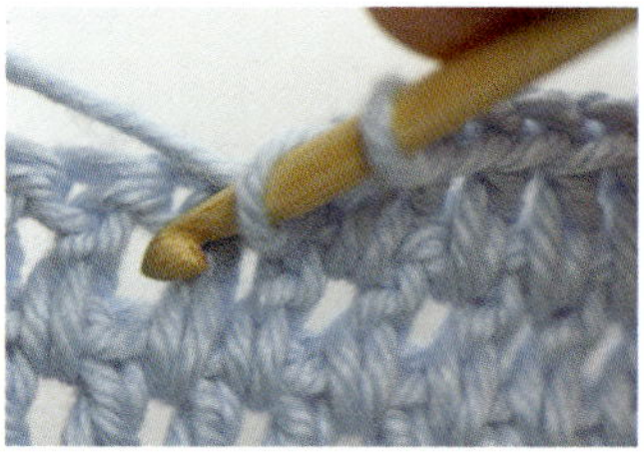

2 Den Faden durchholen und die Masche wie gewohnt häkeln. Die Maschen werden zueinander leicht versetzt.

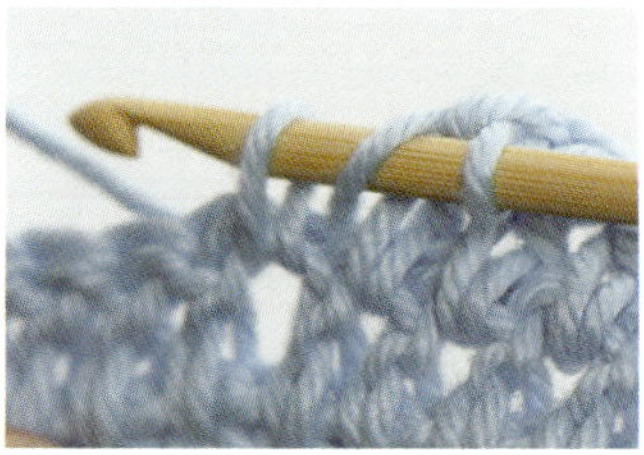

VERDREHTE MASCHEN

Wird in umgekehrter Richtung, also von hinten nach vorne in die Maschen eingestochen, so verdrehen sich die Maschen und erscheinen im Maschenbild verändert.

VERDREHTE FESTE MASCHEN

1 Durch beide Maschenglieder von hinten nach vorne in die Masche einstechen, der Arbeitsfaden liegt hinter der Nadel.

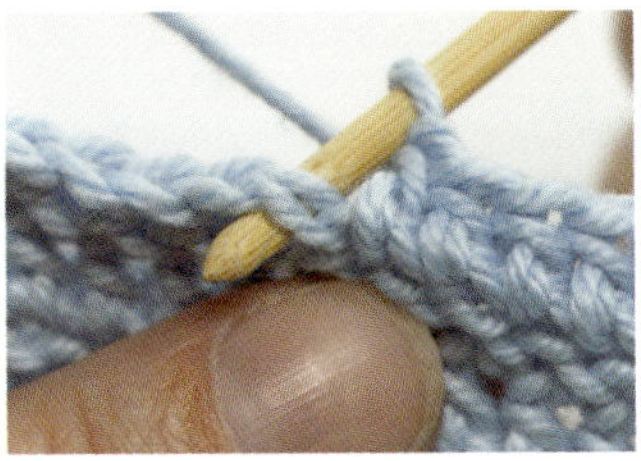

2 Den Faden von hinten auf die Vorderseite bringen und mit einem Umschlag durchholen …

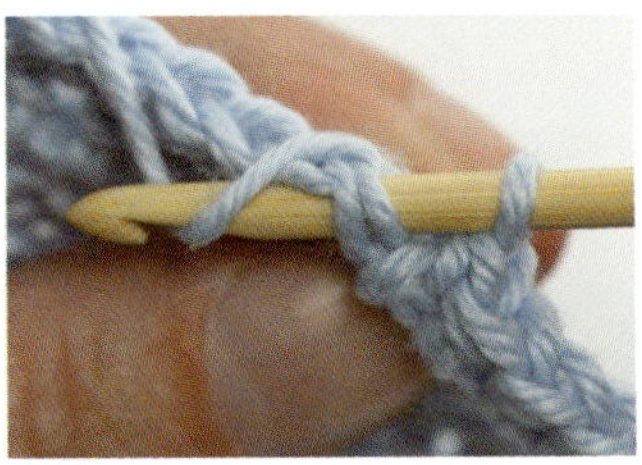

3 … und links neben der Arbeitsschlinge zur oberen Häkelkante ziehen.

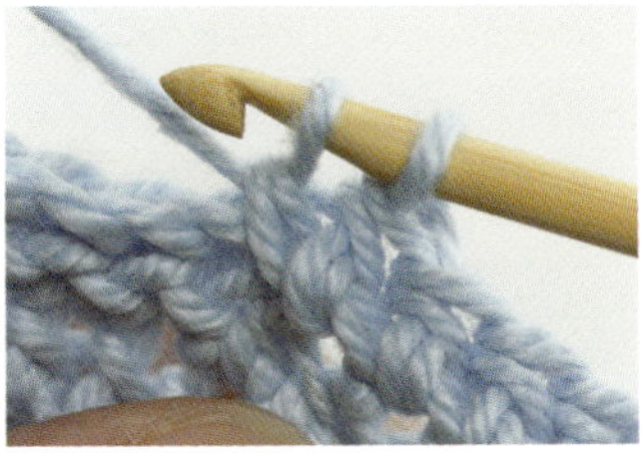

4 Danach die Masche wie gewohnt abmaschen.

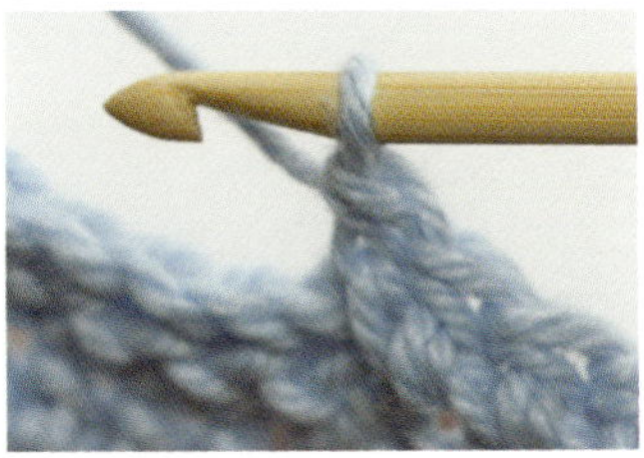

VERDREHTE STÄBCHEN

1 Für das Stäbchen einen Umschlag auf die Nadel legen und wie bei der verdrehten festen Masche von hinten nach vorne einstechen.

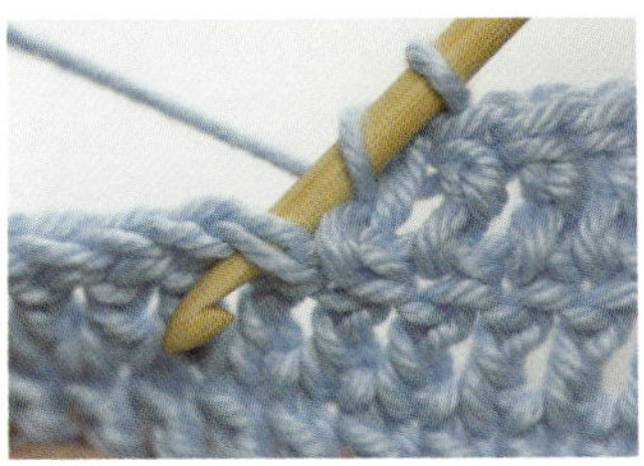

2 Den Faden von hinten auf die Vorderseite bringen, mit einem Umschlag durchholen …

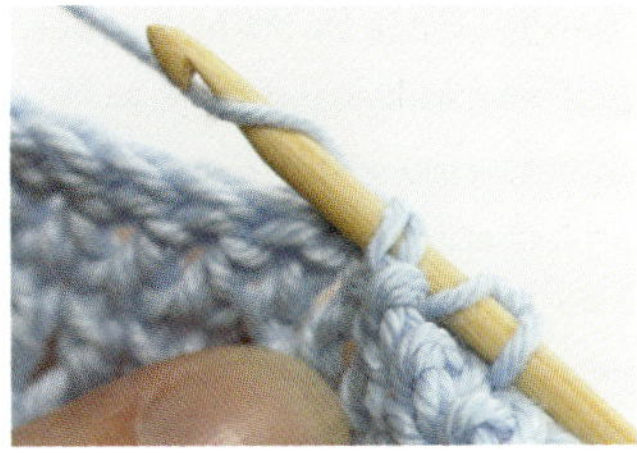

3 … und links neben dem Umschlag zur oberen Häkelkante ziehen. Die neue Schlinge und der Umschlag erscheinen bereits verdreht.

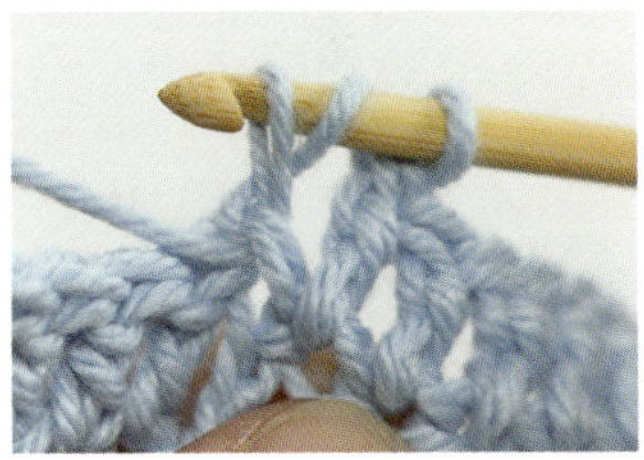

4 Nun das Stäbchen wie gewohnt abmaschen.

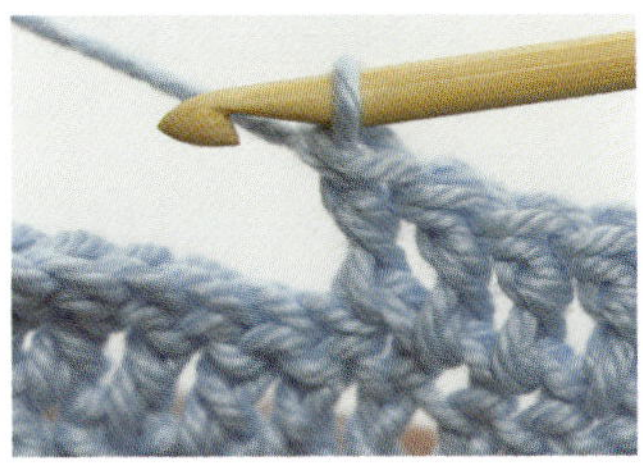

RELIEFMASCHEN

Bei Reliefmaschen wird nicht in die Maschenglieder einer Masche eingestochen, sondern der Faden wird um den Maschenkörper einer Masche herumgeführt. Dadurch werden plastische Effekte erzielt. Geeignet sind feste Maschen, jedoch vor allem alle Maschen der Stäbchenfamilie, da sich um den länglichen Maschenkörper herum sehr gut arbeiten lässt.

Es gibt zwei verschiedene Möglichkeiten, Reliefmaschen zu arbeiten: Sie werden von vorne oder von hinten eingestochen.

FESTE MASCHEN ALS RELIEFMASCHEN

FESTE MASCHEN VON VORNE

1 Mit der Häkelnadel auf der Vorderseite unter den Maschengliedern der Vorreihe von rechts nach links einstechen, sodass sich der Maschenkörper der Masche nach vorne wölbt.

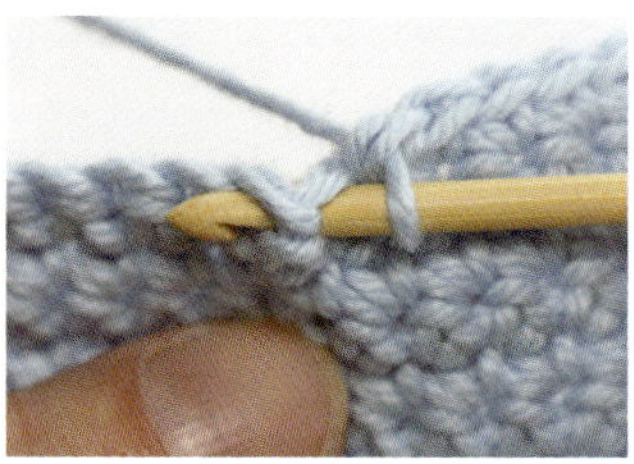

2 Den Faden holen, hinter der Masche durchziehen ...

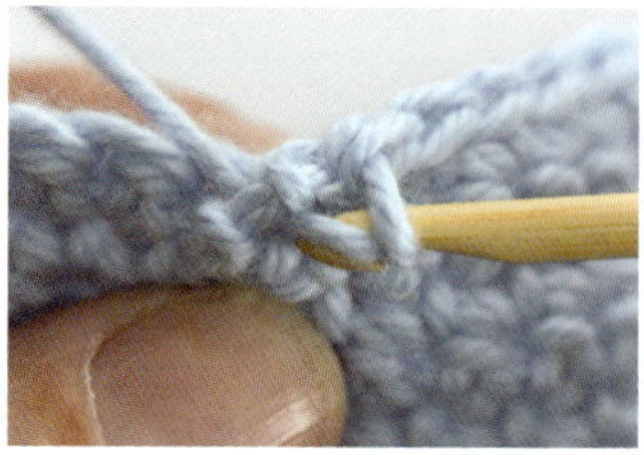

3 ... und zur oberen Häkelkante ziehen. Es liegen nun 2 Schlingen auf der Nadel.

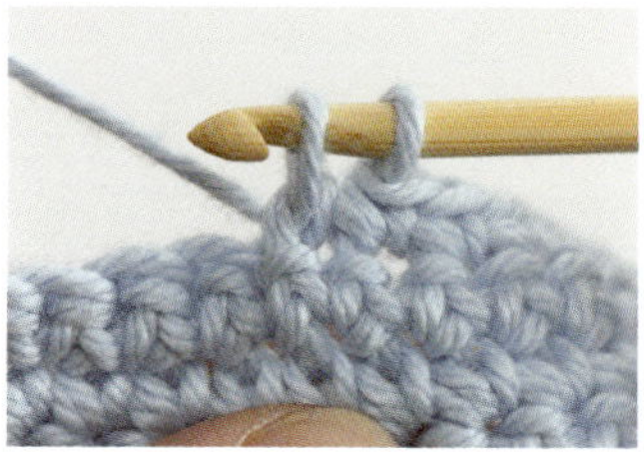

4 Die feste Masche wie gewohnt abmaschen.

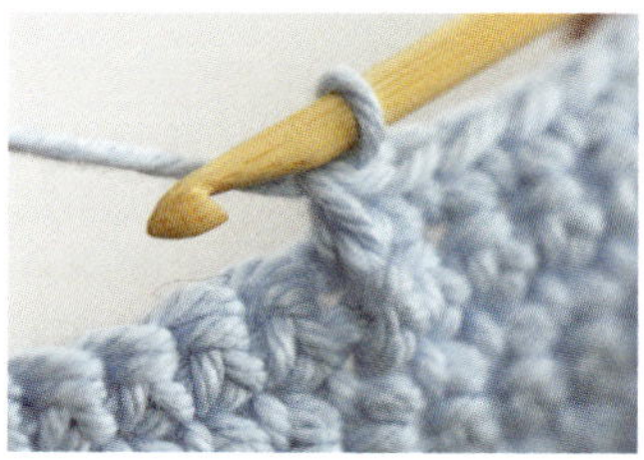

FESTE MASCHEN VON HINTEN

1 Mit der Häkelnadel auf der Rückseite unter den Maschengliedern der Vorreihe von rechts nach links einstechen, sodass sich der Maschenkörper der Masche nach hinten wölbt. Den Faden als Umschlag auf die Nadel legen.

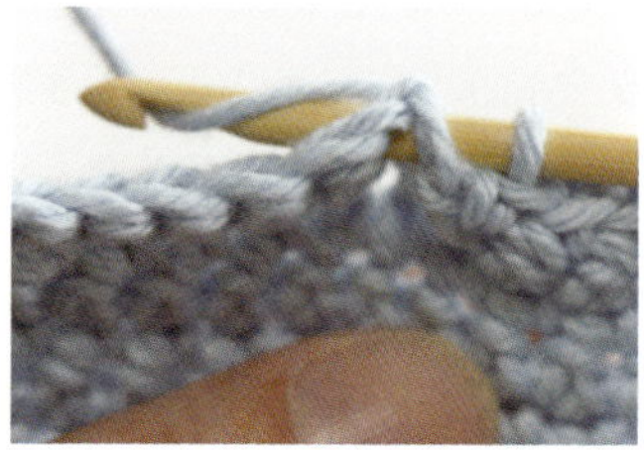

2 Den Faden vor der Masche durchziehen. Es liegen nun 2 Schlingen auf der Nadel.

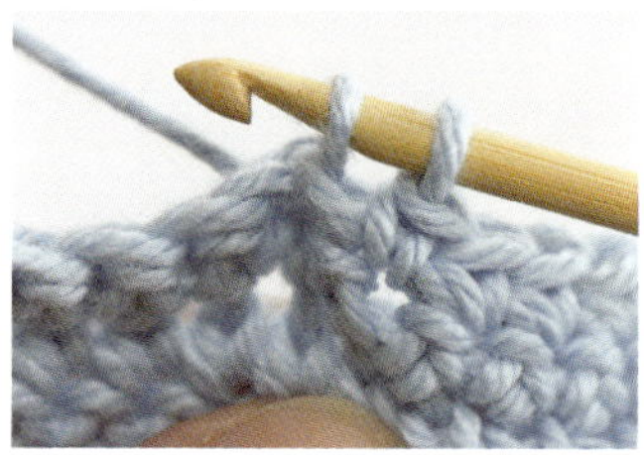

3 Die feste Masche wie gewohnt abmaschen.

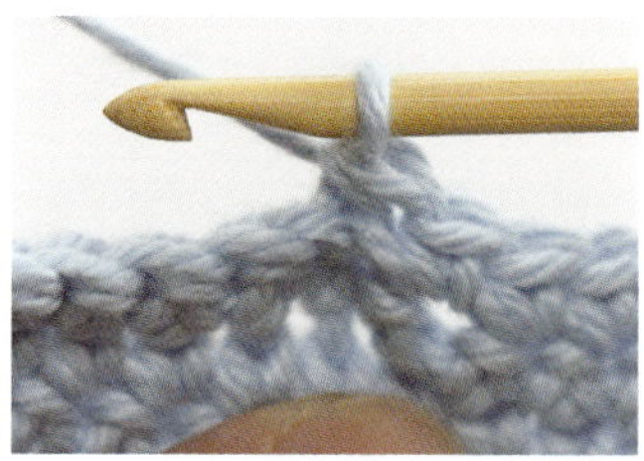

RELIEFSTÄBCHEN

Ist von „Reliefstäbchen" die Rede, so ist damit in der Regel das einfache Stäbchen gemeint. Auf die gleiche Art und Weise können jedoch auch alle anderen Stäbchenarten als Reliefstäbchen gearbeitet werden.

EINFACHE RELIEFSTÄBCHEN VON VORNE

1 Einen Umschlag auf die Nadel nehmen. Die Häkelnadel rechts neben dem Stäbchen, um das gehäkelt werden soll, von vorne nach hinten einstechen und hinter dem Maschenkörper, auch Stäbchenhals genannt, herum wieder nach vorne führen. Das Stäbchen wölbt sich nach vorne.

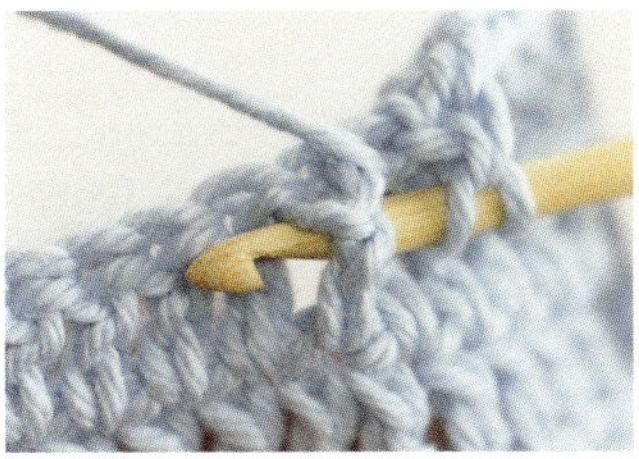

2 Den Faden holen und hinter dem Stäbchen durchziehen. Es liegen nun 3 Schlingen auf der Nadel.

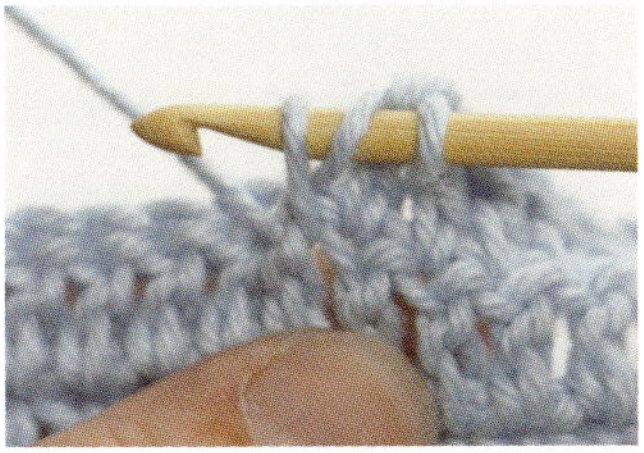

3 Nun das Stäbchen wie gewohnt abmaschen.

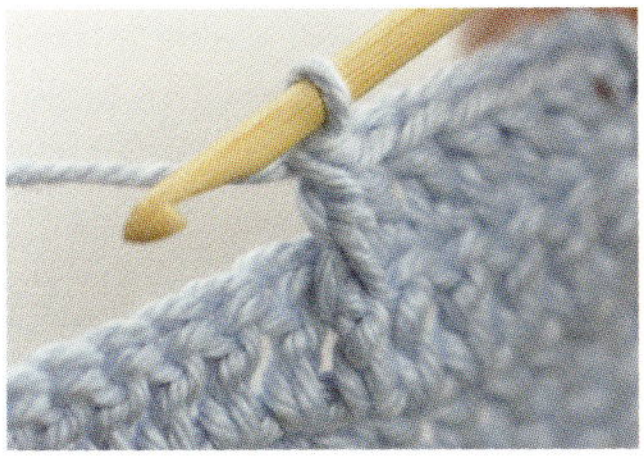

EINFACHE RELIEFSTÄBCHEN VON HINTEN

1 Einen Umschlag auf die Nadel nehmen. Die Häkelnadel von hinten nach vorne rechts neben dem Maschenkörper, auch Stäbchenhals genannt, einstechen. Die Nadel vor dem Stäbchen vorbei und links davon wieder nach hinten führen. Das Stäbchen wölbt sich nach hinten.

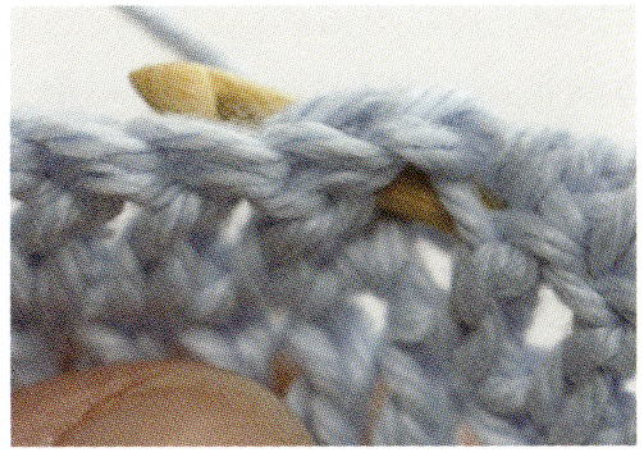

2 Den Faden holen und vor dem Stäbchen durchziehen. Es liegen nun 3 Schlingen auf der Nadel.

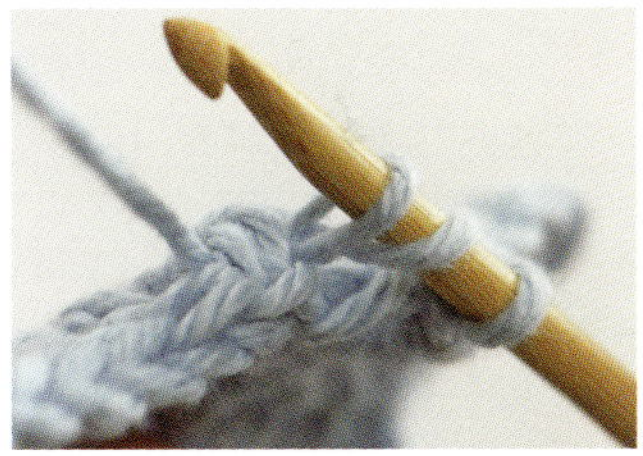

3 Nun das Stäbchen wie gewohnt abmaschen.

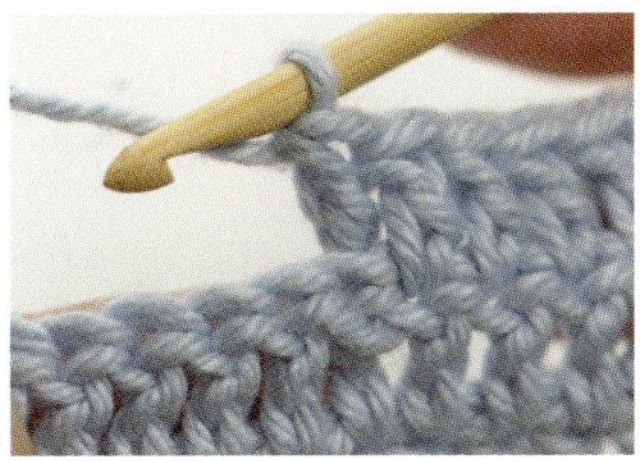

UM EINEN LUFTMASCHENBOGEN HÄKELN

In Mustern können Maschen durch eine oder mehrere Luftmaschen getrennt sein, die als Steg oder Luftmaschenbogen bezeichnet werden. Luftmaschenbogen überspringen meist eine bestimmte Anzahl von Maschen. Die Luftmaschen werden entweder einzeln als Masche gezählt oder in Lochmustern als Bogen benutzt, um z. B. netz- oder gitterartige Strukturen zu bilden. Es wird nicht in die einzelnen Luftmaschen eines Bogens eingestochen, sondern die Maschen werden um die Luftmaschen gehäkelt.

1 Für jede Masche mit der Nadel unter dem Luftmaschenbogen von vorne nach hinten einstechen und mit einem Umschlag den Faden holen.

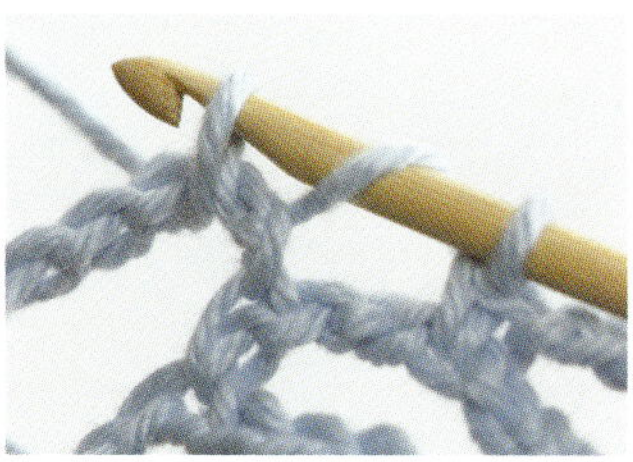

2 Die Maschen wie gewohnt abmaschen.

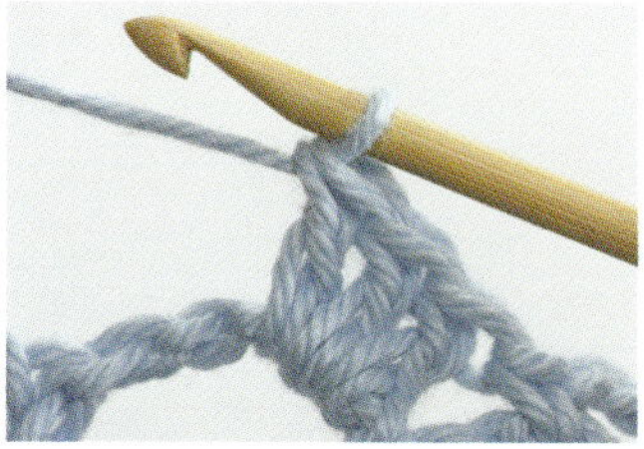

VIELE MASCHEN IN EINE EINSTICHSTELLE

Muschel- und Fächermuster entstehen aus Stäbchen oder Mehrfachstäbchen, die in eine Einstichstelle oder um einen Luftmaschenbogen gehäkelt werden. Dadurch verbreitern sich die Maschen zur gewünschten Form. Da sich dadurch die Maschenzahl insgesamt erhöht, müssen Maschen innerhalb des Musters an einer anderen Stelle wieder abgenommen oder übersprungen werden.

Für eine Muschel bzw. einen Fächer jeweils die angegebene Anzahl Maschen in eine Einstichstelle häkeln. Die Maschen laufen unten zusammen.

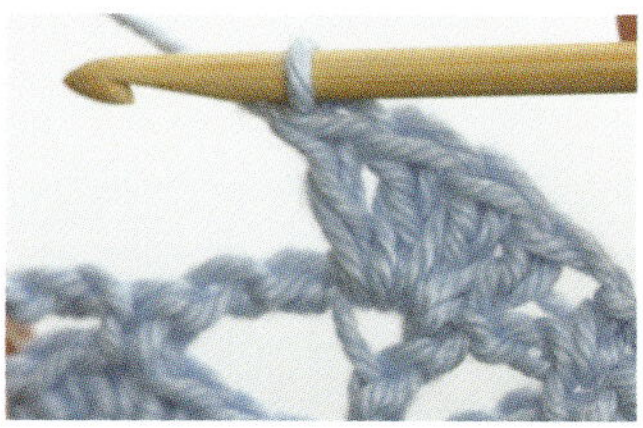

TIEFER GESTOCHENE MASCHEN

Als tiefer gestochene Maschen bezeichnet man Maschen, für die nicht in eine Masche der Vorreihe, sondern in die entsprechende Masche der darunterliegenden Reihen eingestochen wird. Das kann 2, 3 oder sogar 4 Reihen tiefer sein. So können plastische Strukturen und schöne Farbverläufe entstehen.

TIEFER GESTOCHENE MASCHEN AUF GESCHLOSSENEM HÄKELGRUND

Tiefer gestochene Maschen heben sich nicht vom Häkelteil ab, wenn der Faden durch einen geschlossenen Häkelgrund geholt werden muss. Der Faden verläuft dann auf der Vorder- und der Rückseite.

1 Soll z. B. eine feste Masche 3 Reihen tiefer eingestochen werden, so zählt man an der folgenden Masche von der Vorreihe beginnend 3 Reihen senkrecht nach unten. In diese Masche einstechen, ...

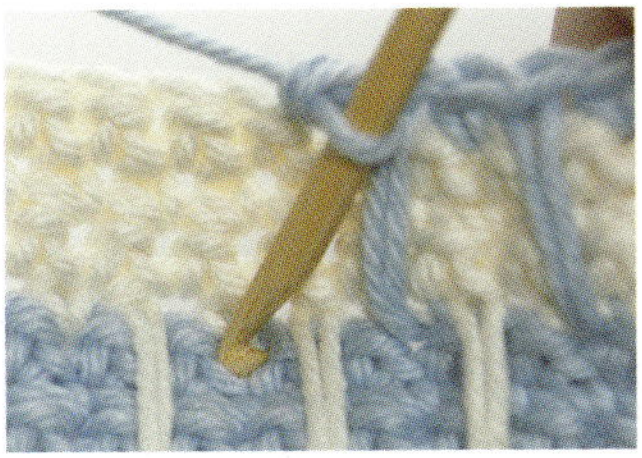

2 ... den Faden holen ...

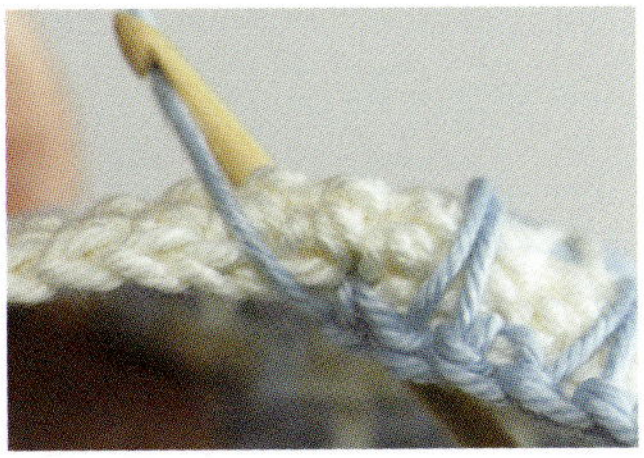

3 ... und die Schlinge bis zur oberen Häkelkante nach oben ziehen.

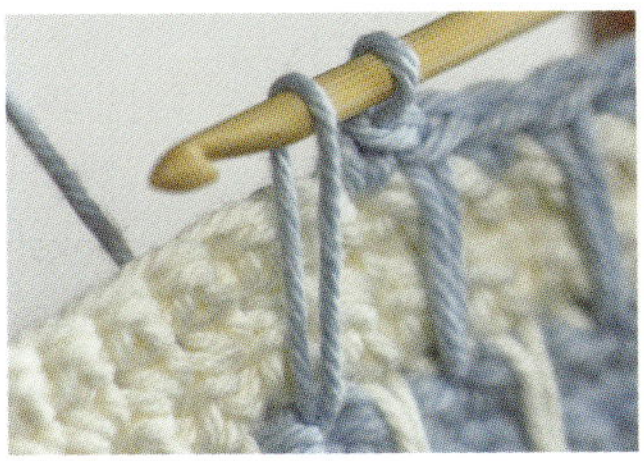

4 Danach die feste Masche wie gewohnt abmaschen.

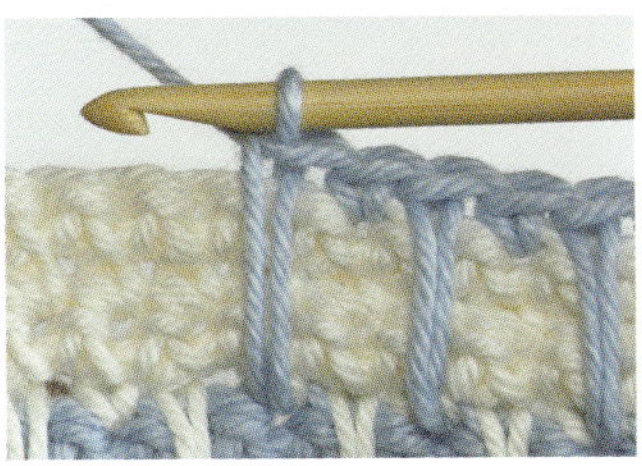

TIEFER GESTOCHENE STÄBCHEN ALS PLASTISCHE STRUKTUR

Mit einfachen Stäbchen oder Doppelstäbchen lassen sich plastische Strukturen erzielen, indem man die Maschen in übersprungene Maschen häkelt, die mehrere Reihen tiefer liegen. Die Höhe der Stäbchen „überbrückt" den Abstand zur oberen Häkelkante. Die Masche liegt dann auf dem Häkelgrund aus niedrigen Maschen.

1 Bei Doppelstäbchen 2 Umschläge auf die Nadel legen und erst dann in die gewünschte tiefer liegende Masche einstechen.

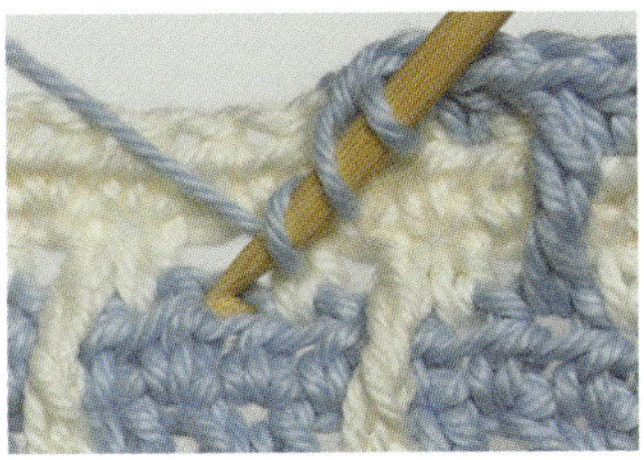

2 Dazu die Nadel zuerst von vorne nach hinten in die Masche einstechen und dann durch die Lücke wieder nach vorne holen.

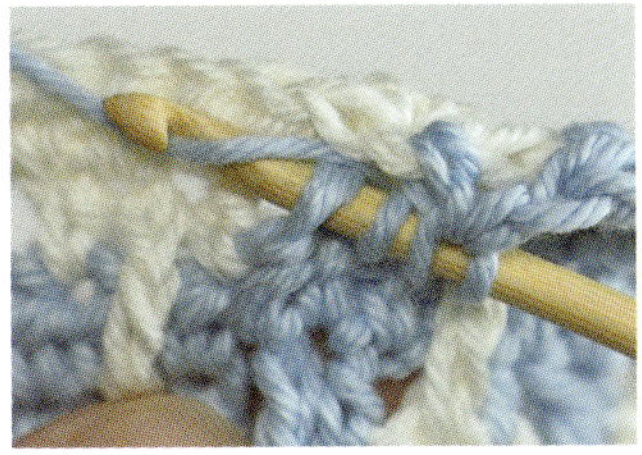

3 Den Faden mit einem Umschlag durchholen.

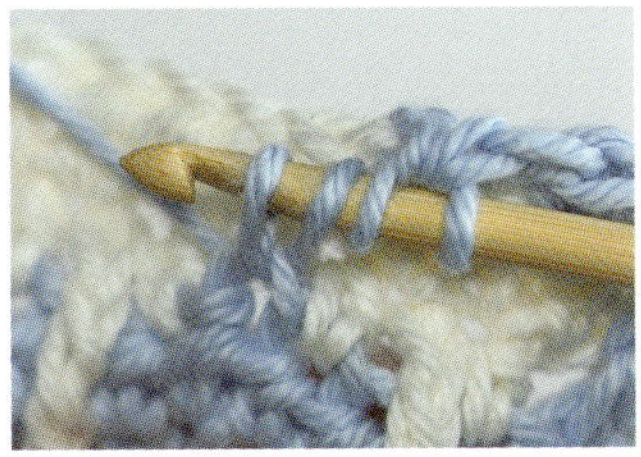

4 Danach das Doppelstäbchen wie gewohnt abmaschen, dabei die Fadenspannung gleichmäßig halten, sodass nach dem Abmaschen des Doppelstäbchens der Maschenkopf an der oberen Häkelkante ist und der Maschenkörper flach auf dem Häkelgrund aufliegt.

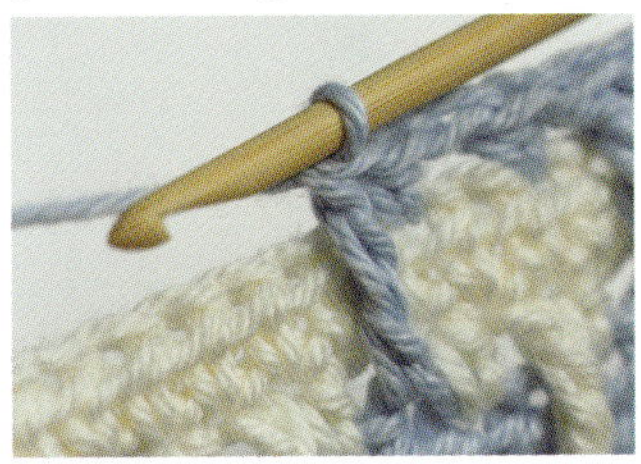

VERKREUZTE MASCHEN

Die einfachste Art Stäbchen zu kreuzen ist, 2 Stäbchen nacheinander zu häkeln, jedoch die Einstichstellen zu tauschen.

STÄBCHEN NACH RECHTS VERKREUZEN

1 Für das 1. Stäbchen einen Umschlag auf die Nadel legen, in die übernächste Masche einstechen und das Stäbchen wie gewohnt abmaschen.

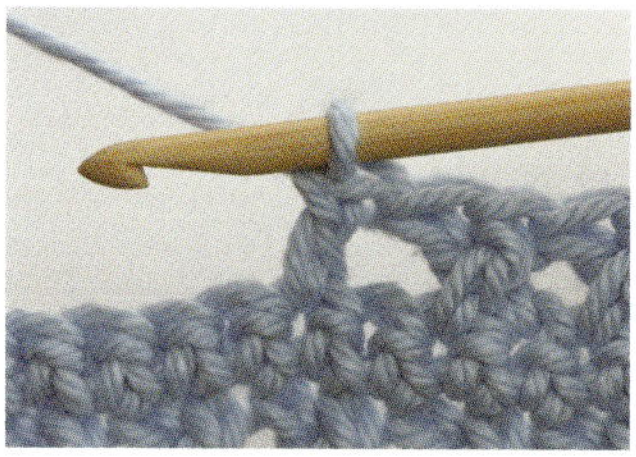

2 Für das 2. Stäbchen einen Umschlag auf die Nadel legen, hinter dem 1. Stäbchen in die übersprungene Masche einstechen.

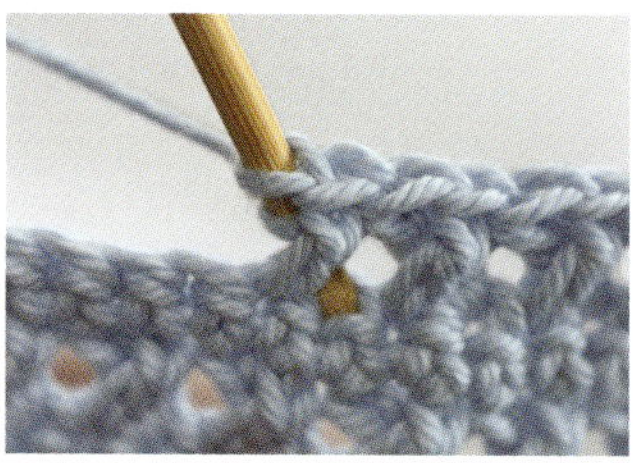

3 Den Faden durchholen. Das 1. Stäbchen liegt vorne.

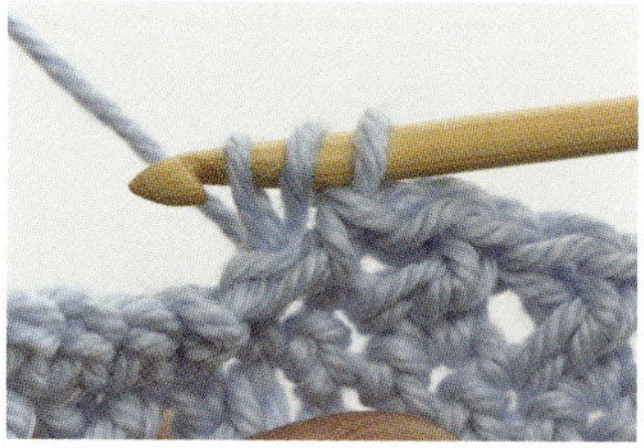

4 Danach das Stäbchen wie gewohnt abmaschen. Das vordere Stäbchen zeigt von links unten nach rechts oben.

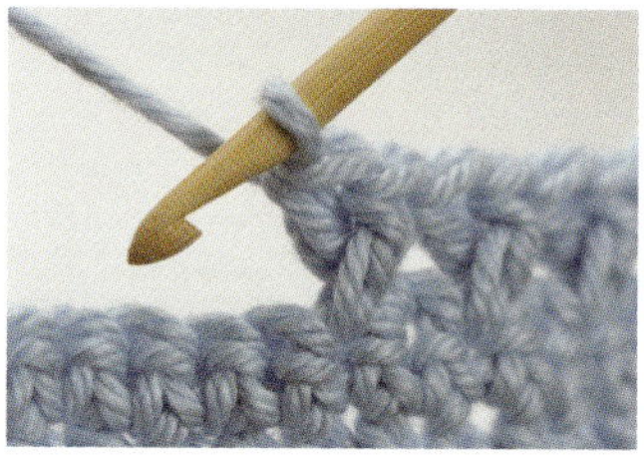

DOPPELSTÄBCHEN NACH LINKS VERKREUZEN

1 Für das 1. Doppelstäbchen 2 Umschläge auf die Nadel legen, in die übernächste Masche einstechen und das Doppelstäbchen wie gewohnt abmaschen.

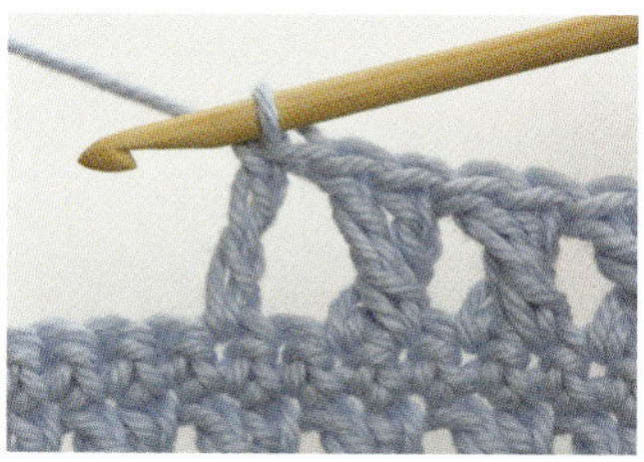

2 Für das 2. Doppelstäbchen 2 Umschläge auf die Nadel legen, vor dem 1. Doppelstäbchen in die übersprungene Masche einstechen …

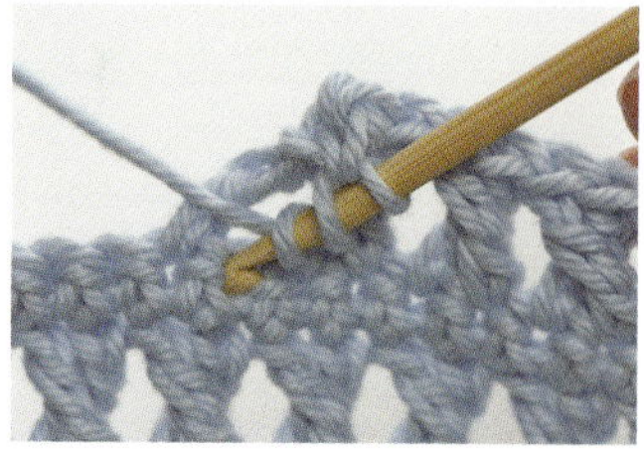

3 … und die Nadelspitze vor dem 1. Doppelstäbchen wieder nach vorne bringen.

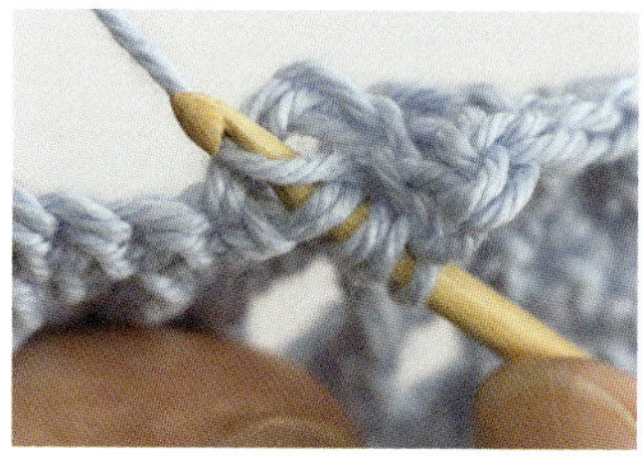

4 Den Faden durchholen. Das 1. Doppelstäbchen liegt hinten.

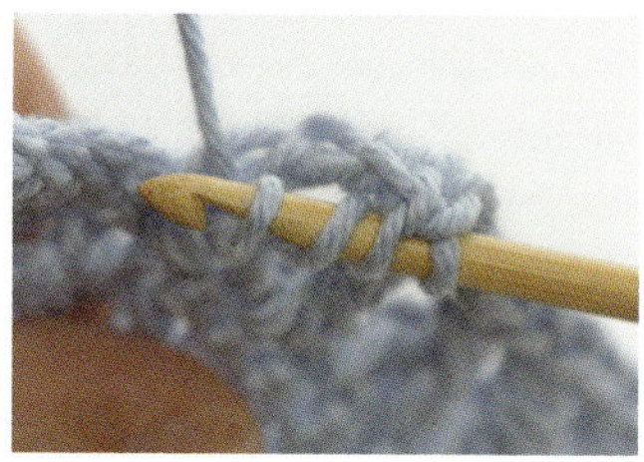

5 Danach das Doppelstäbchen wie gewohnt abmaschen. Das 2. Doppelstäbchen liegt vorne und zeigt von rechts unten nach links oben.

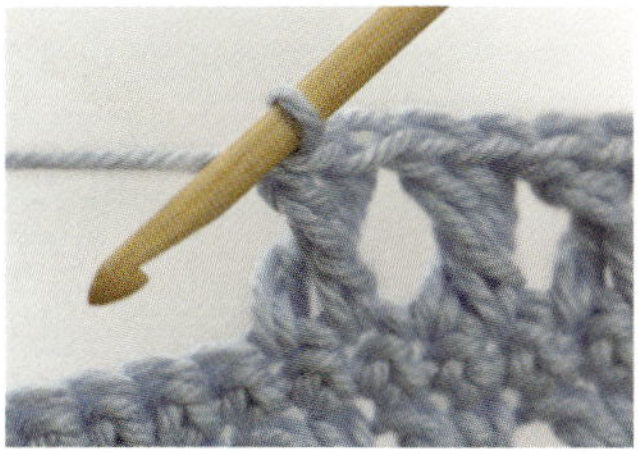

ZÖPFE HÄKELN

Zöpfe entstehen aus Reliefstäbchen, die auf einem Häkelgrund aus niedrigeren Maschen liegen (Reliefmaschen > Seite 20). Die Maschen der Zöpfe werden in regelmäßigen Abständen verkreuzt. In Hinreihen auf der Vorderseite werden die Zopfmaschen als Reliefmaschen von vorne gehäkelt. Zwischen den Zöpfen werden die Maschen des Häkelgrundes gearbeitet. In Rückreihen werden alle Maschen in der Maschenart des Häkelgrundes ausgeführt.

ZOPF 2/2 AUS 4 RELIEFDOPPELSTÄBCHEN AUF EINEM HÄKELGRUND AUS HALBEN STÄBCHEN

Als Basis für dieses Zopfmuster wie folgt häkeln:

1. und 2. Reihe: Halbe Stäbchen häkeln.

3. Reihe (Hinreihe): Über die gewünschte Zopfbreite Reliefdoppelstäbchen um die halben Stäbchen der 1. Reihe häkeln, die restlichen Maschen als halbe Stäbchen häkeln.

Alle weiteren Rückreihen: Halbe Stäbchen häkeln.

Alle weiteren Hinreihen: Halbe Stäbchen mit halben Stäbchen behäkeln, Reliefdoppelstäbchen immer um die Reliefdoppelstäbchen der Vorreihe arbeiten.

ZOPF NACH RECHTS VERKREUZEN

1 Für einen Zopf aus 4 Reliefdoppelstäbchen die ersten 2 Maschen um das 3. und 4. folgende Reliefdoppelstäbchen häkeln.

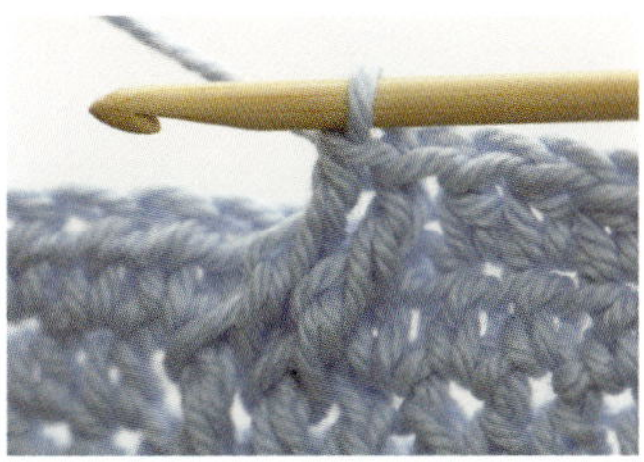

2 Nun für das nächste Reliefdoppelstäbchen 2 Umschläge auf die Nadel nehmen und hinter den beiden bereits gehäkelten Stäbchen nach rechts durchstechen.

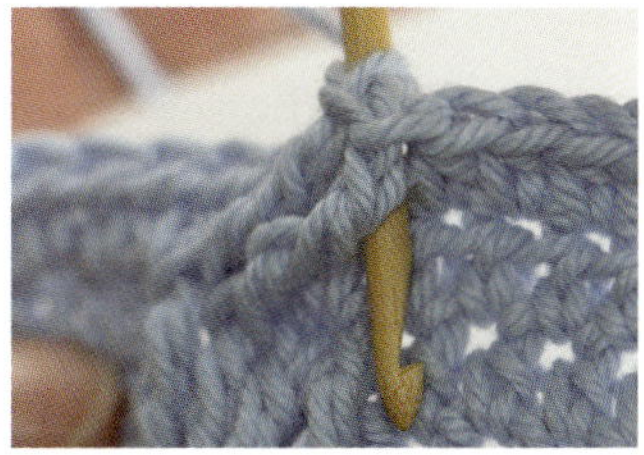

3 Hinter dem 1. übersprungenen Doppelstäbchen durchstechen und dieses zwischen den beiden gehäkelten Doppelstäbchen und dem Häkelgrund nach oben ziehen.

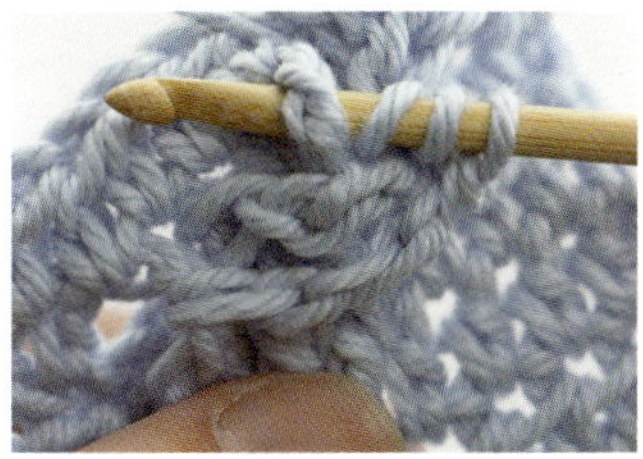

4 Den Faden unter dem Stäbchen durchholen und das Doppelstäbchen normal zu Ende häkeln.

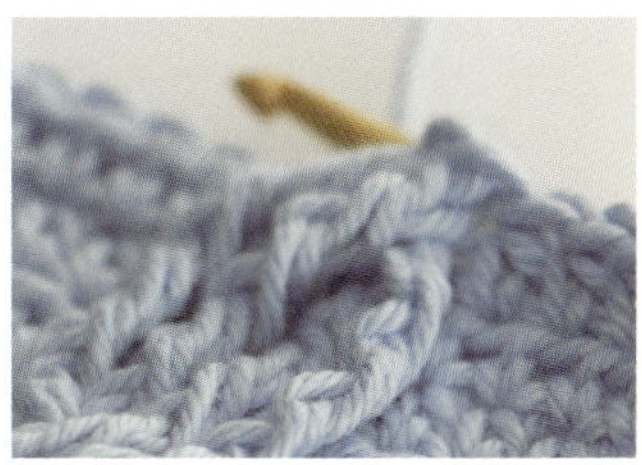

5 Danach die 4. Masche hinter den bereits gehäkelten Maschen in die 2. übersprungene Masche arbeiten. Die zuerst gehäkelten beiden Reliefdoppelstäbchen liegen vorne und zeigen von links unten nach rechts oben.
Nun bis zur nächsten Verkreuzung in der folgenden und jeder weiteren Hinreihe über die Reliefdoppelstäbchen nebeneinander 4 Reliefdoppelstäbchen häkeln.

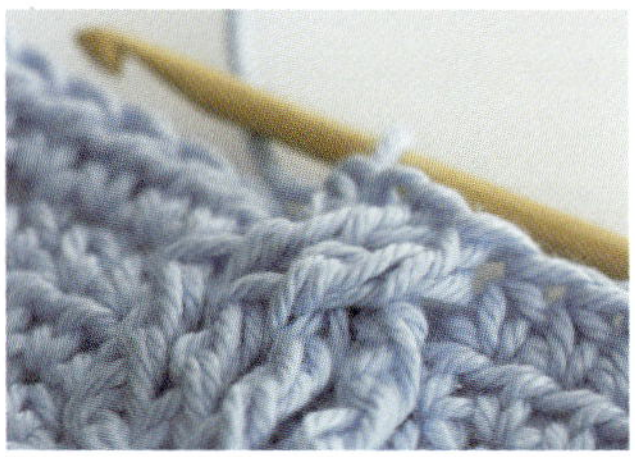

ZOPF NACH LINKS VERKREUZEN

1 Für einen Zopf aus 4 Reliefdoppelstäbchen die ersten 2 Maschen um das 3. und 4. folgende Reliefdoppelstäbchen häkeln.

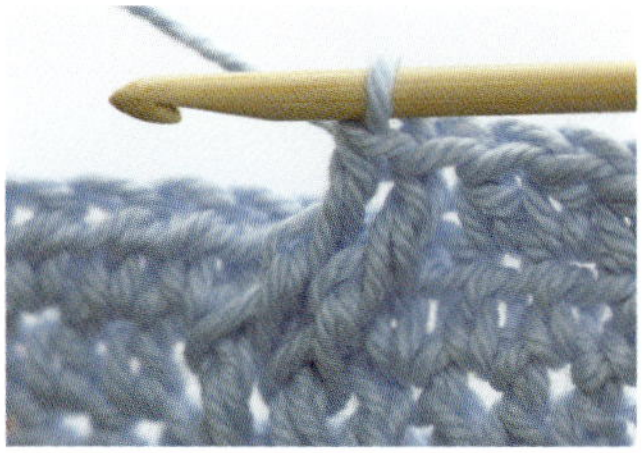

2 Nun für das nächste Reliefdoppelstäbchen 2 Umschläge auf die Nadel nehmen und vor den beiden bereits gehäkelten Stäbchen hinter dem 1. übersprungenen Doppelstäbchen einstechen.

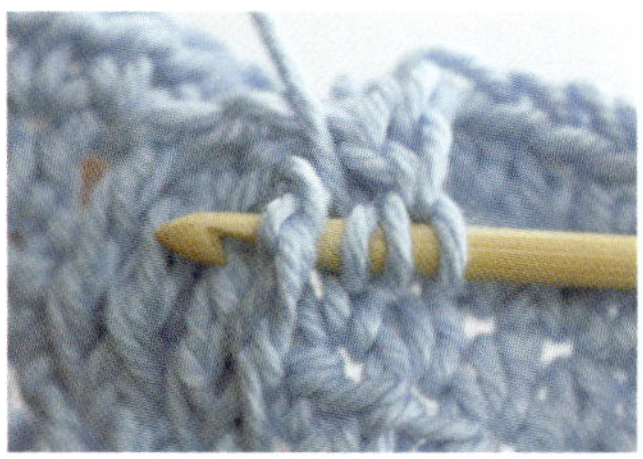

3 Das Reliefdoppelstäbchen wie gewohnt zu Ende häkeln.

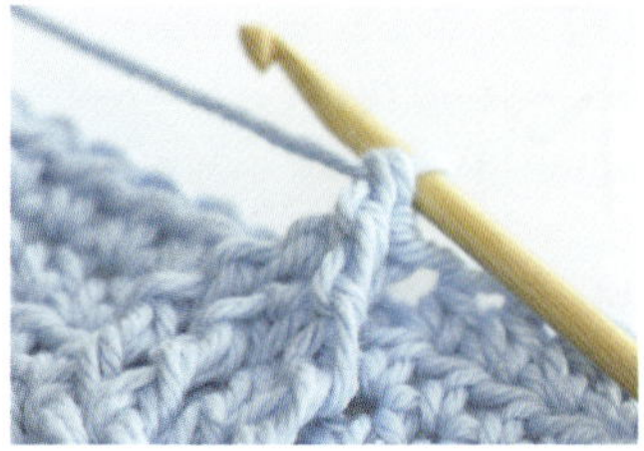

4 Danach die 4. Masche vor den bereits gehäkelten Maschen um die 2. übersprungene Masche arbeiten. Die zuletzt gehäkelten beiden Reliefdoppelstäbchen liegen vorne und zeigen von rechts unten nach links oben. Nun bis zur nächsten Verkreuzung in der folgenden und jeder weiteren Hinreihe über die Reliefdoppelstäbchen nebeneinander 4 Reliefdoppelstäbchen häkeln.

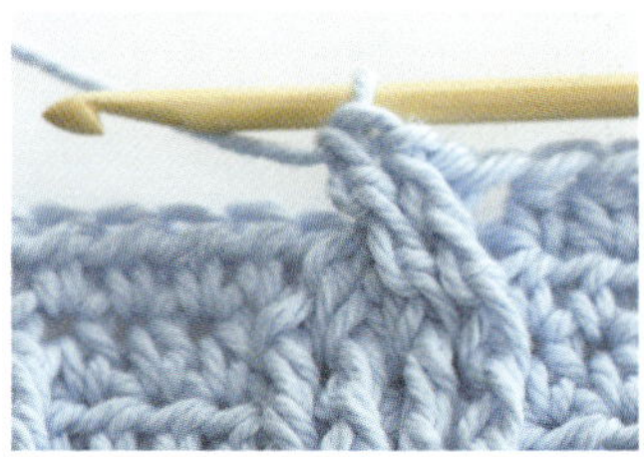

BESONDERE MASCHEN

Manche Maschen werden auf eine ganz andere Art als Grundmaschen gehäkelt. Es gibt auch Maschengruppen, die aus mehreren zusammengefassten Grundmaschen bestehen, aber als eine Masche gezählt werden, wie z. B. Noppen.

MEHRFACH-STÄBCHEN

Mehrfachstäbchen nennt man alle Stäbchen der Stäbchenfamilie, die höher als einfache Stäbchen sind. Sie unterscheiden sich durch die Anzahl der Umschläge, die vor dem Einstechen auf die Nadel gelegt werden. Bei Doppelstäbchen sind es 2 Umschläge, bei Dreifachstäbchen 3 Umschläge, bei Vierfachstäbchen 4 Umschläge usw. Der Vorgang des Abmaschens verlängert sich mit jedem weiteren Umschlag um einen Arbeitsschritt (Doppelstäbchen > Seite 14).

DREIFACHSTÄBCHEN

1 Für ein Dreifachstäbchen 3 Umschläge auf die Nadel nehmen, in die nächste Masche einstechen und den Faden mit einem Umschlag durchholen. Es liegen 5 Schlingen auf der Nadel.

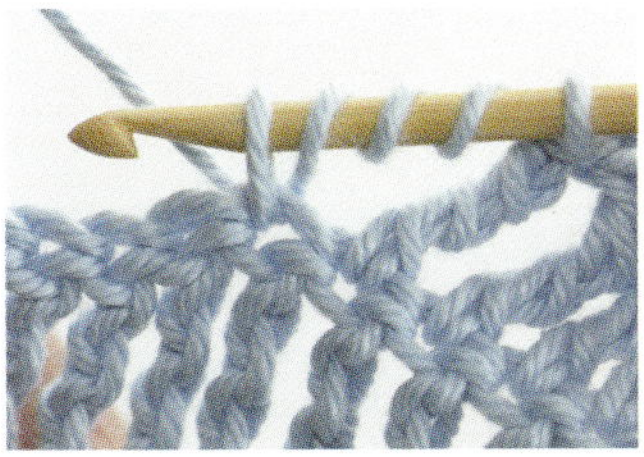

2 Nun nacheinander immer die vorderste Schlinge und 1 Umschlag zusammen abmaschen. Es liegen zuerst noch 4 Schlingen, ...

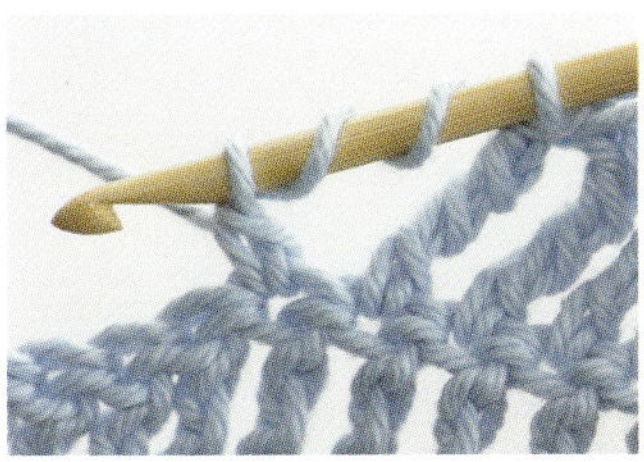

3 ... dann 3 Schlingen ...

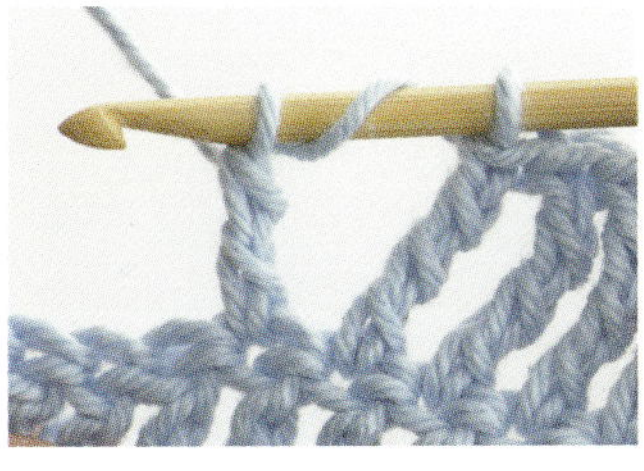

4 ... und zuletzt noch 2 Schlingen auf der Nadel.

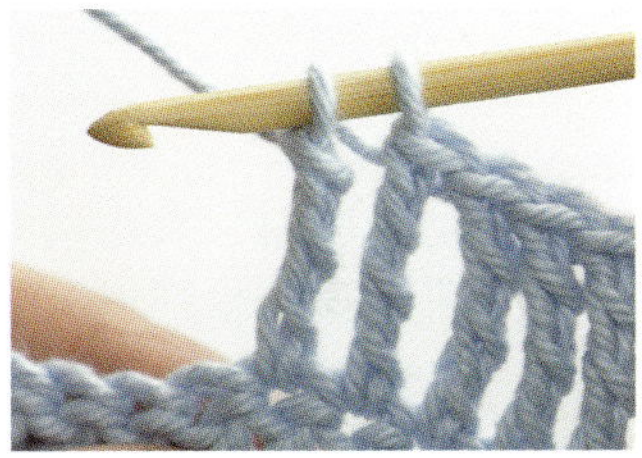

5 Diese 2 Schlingen zusammen abmaschen. Die Umschläge bilden 3 schräg liegende Schlingen im Maschenkörper des Stäbchens.

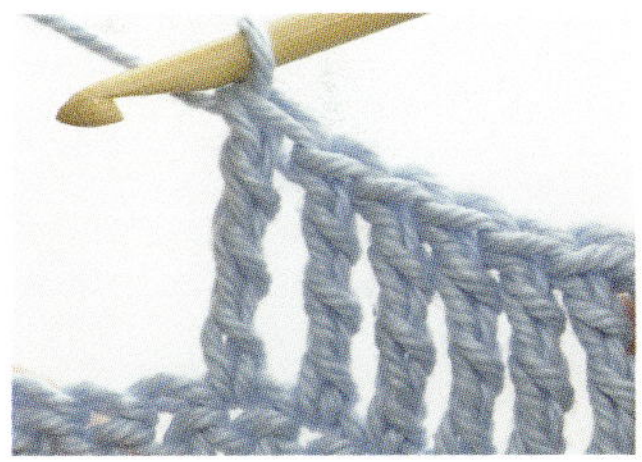

NOPPEN

Noppen sind Maschengruppen aus Stäbchen, die gleichzeitig in eine Einstichstelle gehäkelt und zusammen abgemascht werden. Die eng aneinanderliegenden Maschen verdichten sich so zu kleinen, kugeligen Formen.

Noppen aus einfachen Stäbchen wölben sich besonders stark. Je niedriger die Maschen des Häkelgrundes sind, dest stärker wölben sich die Noppen. Noppen aus einfachen Stäbchen in Rückreihen häkeln, da sich die Maschen durch die niedrigeren Umgebungsmaschen nach hinten wölben. So liegen sie später auf der Vorderseite. Zwischen den Noppen können beliebig viele normale Maschen gearbeitet werden.

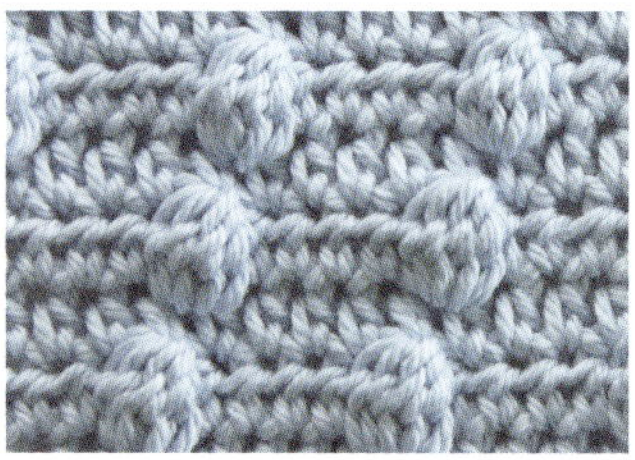

Noppen aus einfachen Stäbchen auf einem Häkelgrund aus halben Stäbchen

1 Für jedes Stäbchen je einen Umschlag auf die Nadel nehmen, in dieselbe Einstichstelle einstechen, den Faden durchholen und die ersten 2 Schlingen abmaschen. Es liegen 1 Schlinge für jedes Stäbchen und die Arbeitsschlinge auf der Nadel.

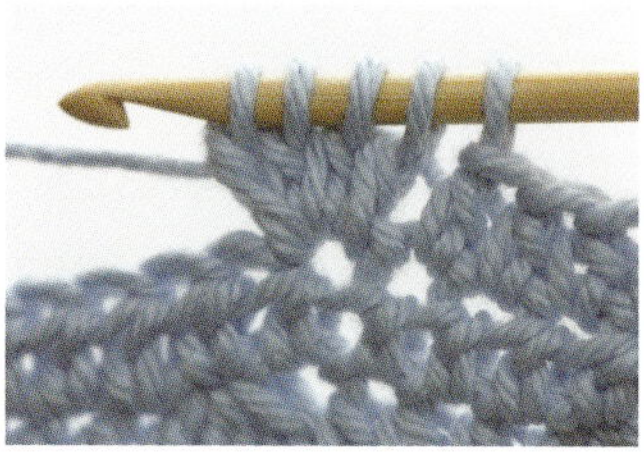

2 Den Faden erneut holen und durch alle Schlingen auf der Nadel ziehen.

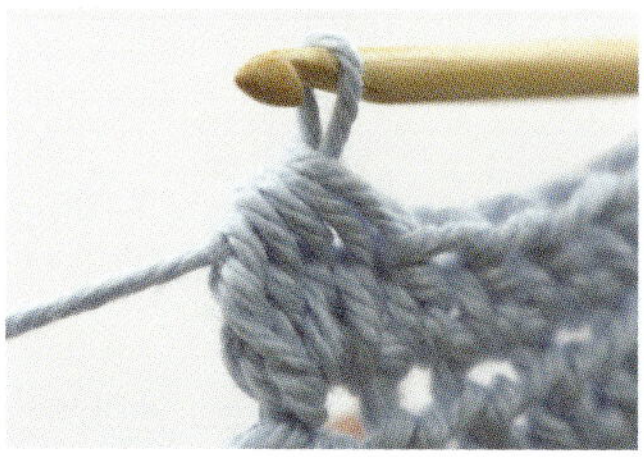

3 Zuletzt den Faden anziehen, die fertige Noppe wölbt sich nach hinten.

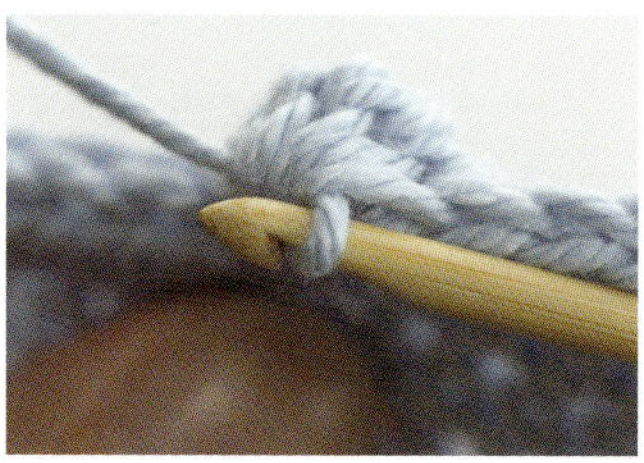

BÜSCHEL-MASCHEN

Bei Büschelmaschen werden mehrere Maschen in unterschiedliche Einstichstellen gehäkelt, jedoch werden die Maschen zusammen abgemascht, d. h., aus mehreren Maschen entsteht eine Masche. Da sich dadurch die Maschenzahl insgesamt verringert, müssen Maschen innerhalb des Musters an einer anderen Stelle wieder zugenommen oder durch Luftmaschen überbrückt werden. Häufig werden die Büschelmaschen der folgenden Reihe versetzt um diese Luftmaschenbogen gehäkelt.

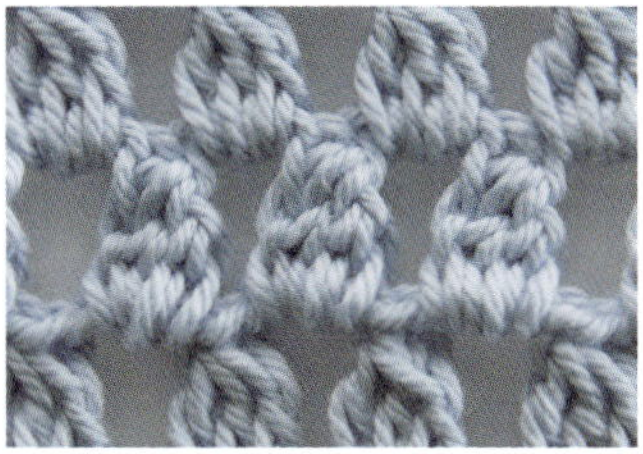

Büschelmaschen um Luftmaschenbogen

1 Für eine Büschelmasche aus einfachen Stäbchen ein Stäbchen bis auf die letzten 2 Schlingen abmaschen.

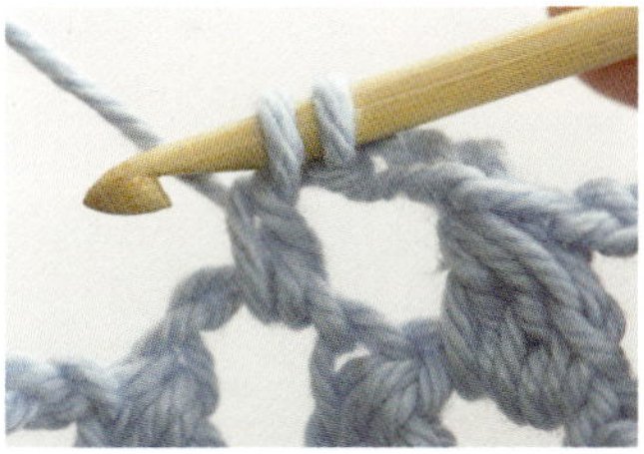

2 Alle weiteren benötigten Stäbchen ebenso bis auf die letzte Schlinge abmaschen. Es liegen nun für jedes Stäbchen 1 Schlinge und die Arbeitsschlinge auf der Nadel.

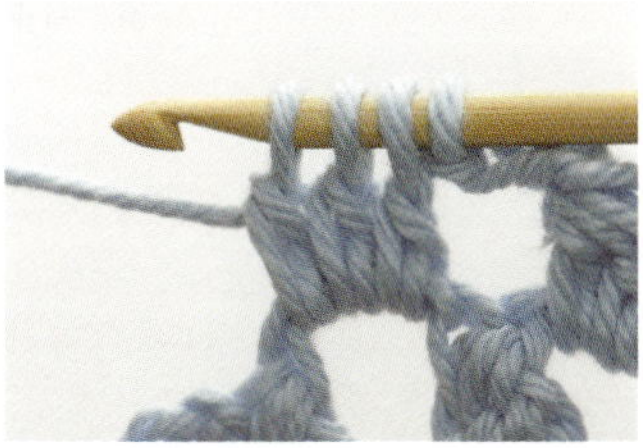

3 Nun mit einem neuen Umschlag den Faden durch alle auf der Nadel befindlichen Schlingen ziehen. Die Maschen laufen oben zusammen.

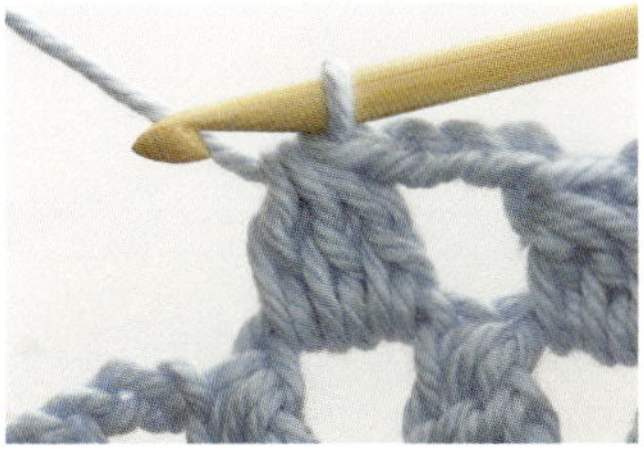

POPCORN (MASCHEN)

Popcorns sind stark plastisch hervortretende Maschengruppen, die sich effektvoll in Mustern einsetzen lassen. Sie werden in eine Einstichstelle gehäkelt, jedoch werden die Maschen im Gegensatz zu Noppen nicht zusammen abgemascht, sondern jede Masche wird einzeln gehäkelt und später alle am oberen Rand zusammengezogen. Im Vergleich zu Noppen haben Popcornmaschen eine eher längliche Form.

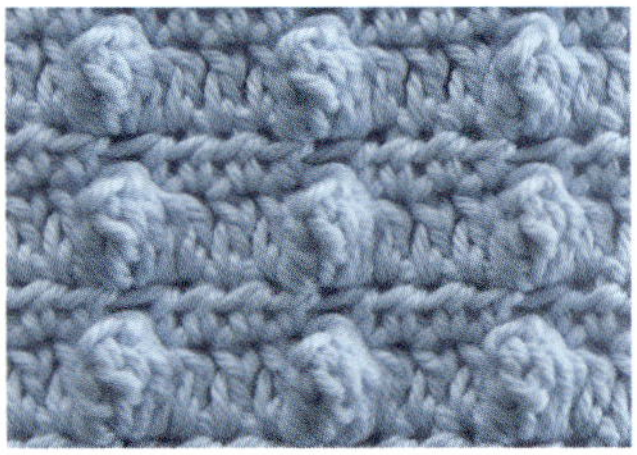

Popcornmaschen auf einem Häkelgrund aus Stäbchen

1 Für ein Popcorn in einer Hinreihe z. B. 5 Stäbchen in dieselbe Einstichstelle häkeln. Jedes Stäbchen einzeln abmaschen.

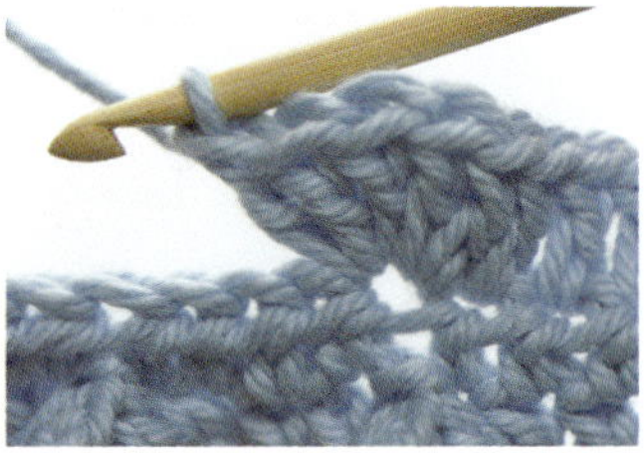

2 Nun die Nadel aus der Arbeitsschlinge ziehen, zurückgehen zum 1. Stäbchen und von vorne nach hinten in dieses Stäbchen einstechen.

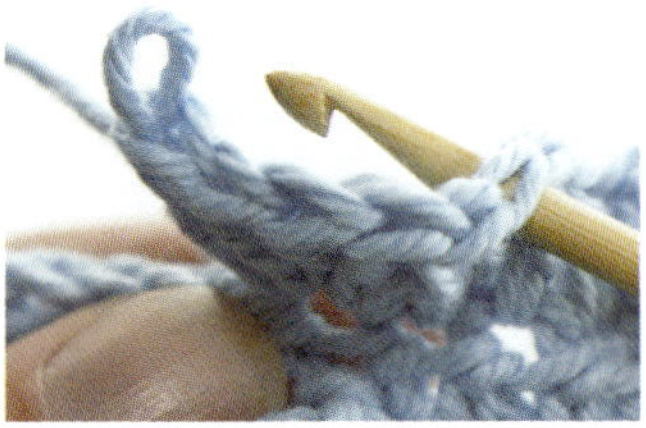

3 Mit der Nadel die Arbeitsschlinge wieder fassen und durch das Stäbchen ziehen. Die 5 Stäbchen ziehen sich am oberen Rand zusammen.

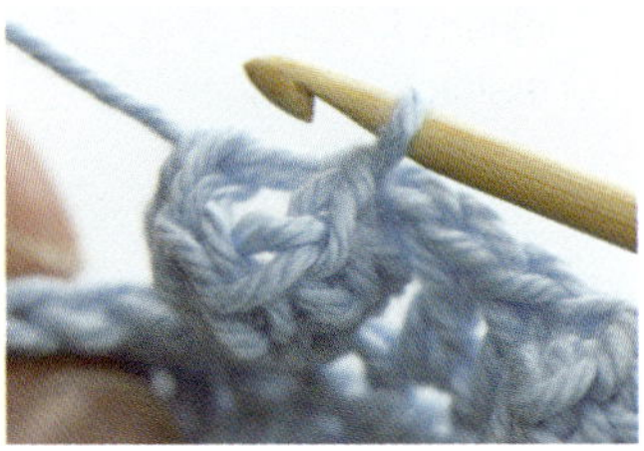

4 Das fertige Popcorn wölbt sich stark plastisch nach vorne.

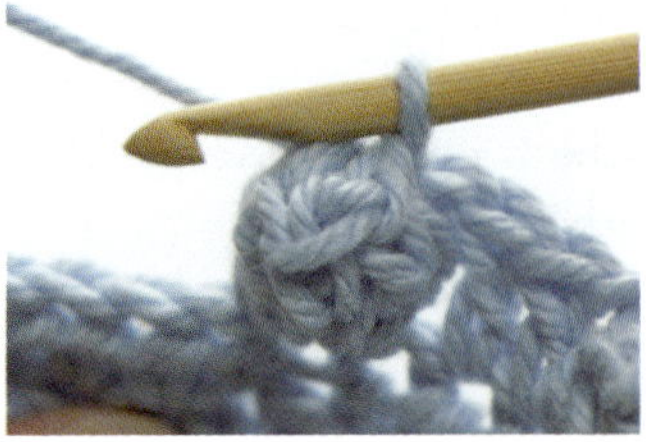

5 Die Popcornmasche durch 1 fest gehäkelte Luftmasche fixieren. In der nächsten Rückreihe die Luftmasche als 1 Masche behäkeln, das Popcorn zählt als 1 Masche.

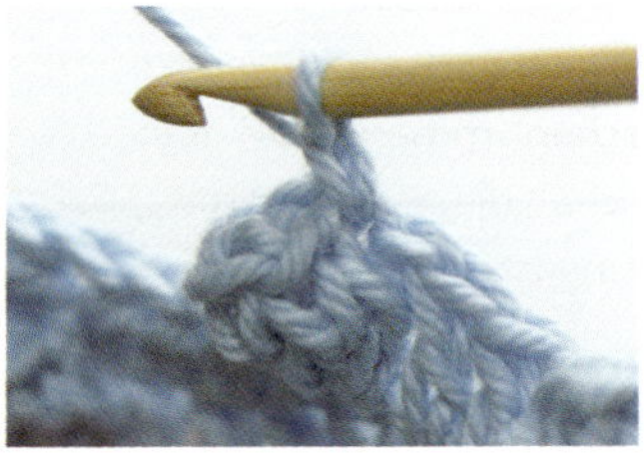

SALOMONSKNOTEN

Salomonsknoten (engl. Salomon's knot), Jagdtaschenknoten, Liebesknoten, Netzmasche oder Gittermasche, Schlingenmasche (frz. point de boucle) – diese Masche hat viele Namen.

Gemeint ist eine lang gezogene Luftmasche, die an der Spitze mit einer festen Masche gesichert wird. So entsteht eine lockere, filigrane Masche, die sich zu netzartigen Mustern verarbeiten lässt. Beim Häkeln von Salomonsknoten werden weitere Maschen immer in die feste Masche, die zur Sicherung dient, eingestochen.

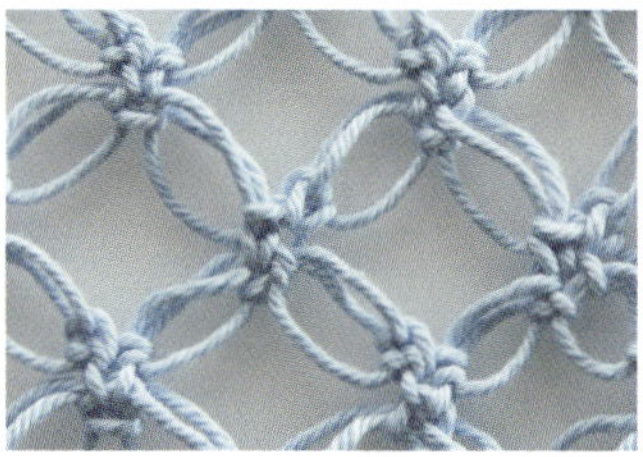

Netzmuster aus Salomonsknoten

1 Zuerst eine Luftmasche häkeln. Die Arbeitsschlinge auf eine Länge von ca. 10-15 mm ziehen (oder gemäß Angabe in der Anleitung).

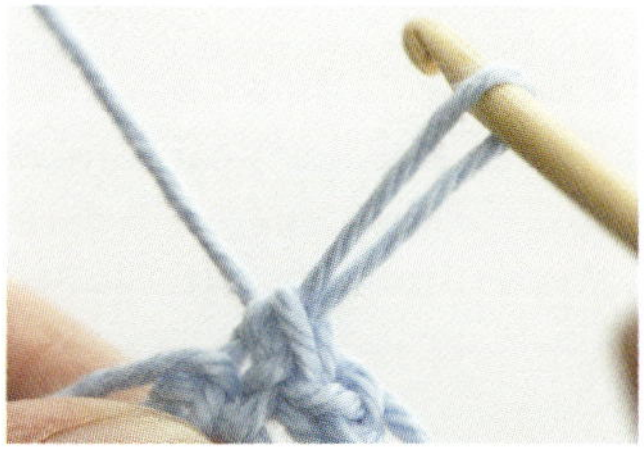

2 Den Faden mit einem Umschlag durch die verlängerte Schlinge holen, dabei die verlängerte Schlinge so halten, dass die beiden Fäden der Schlinge rechts und der Arbeitsfaden links liegen.

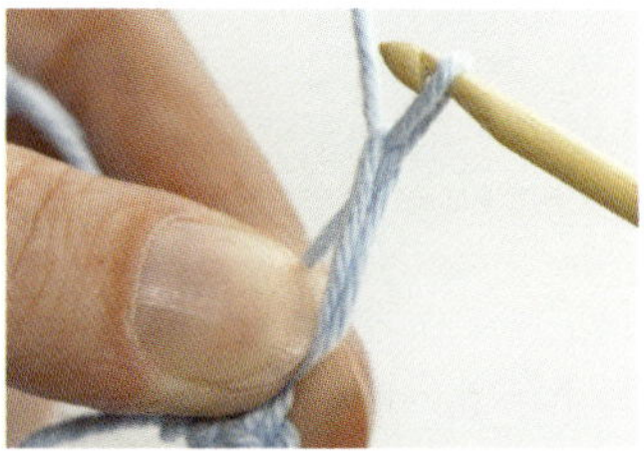

3 Nun zwischen der doppelten Schlinge und dem einfachen Arbeitsfaden einstechen, mit einem Umschlag den Faden holen und durchziehen.

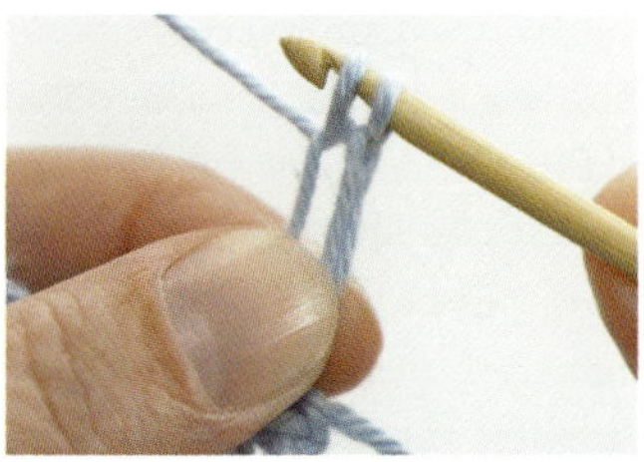

4 Eine feste Masche wie gewohnt zu Ende häkeln. Der Salomonsknoten ist durch die feste Masche gesichert.

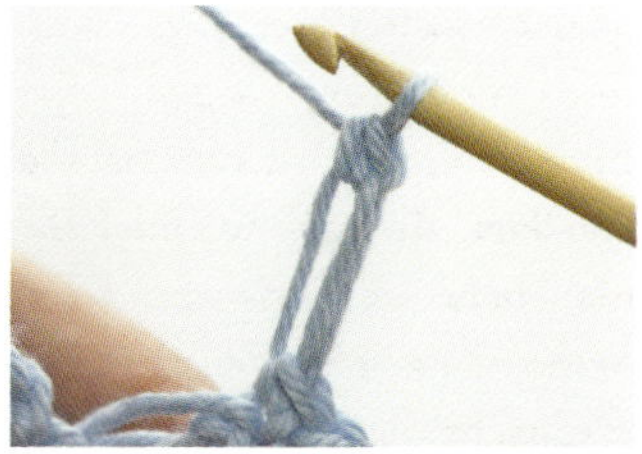

5 Um ein Netz zu formen, einen weiteren Salomonsknoten häkeln und dann in einen Knoten der Vorreihe einstechen, der noch frei liegt und nicht mit anderen Knoten verbunden ist.

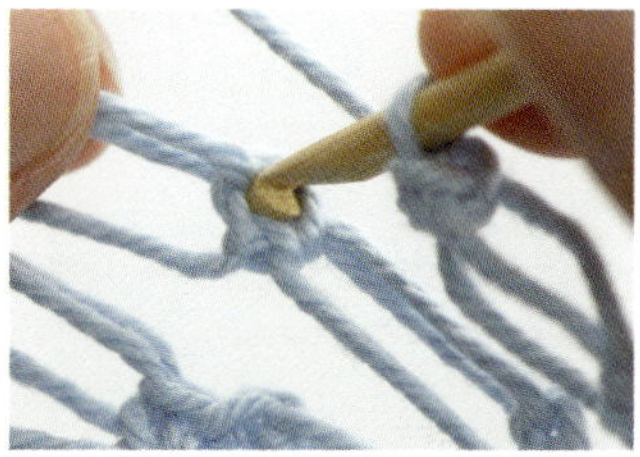

6 Eine feste Masche häkeln. Nun immer je 2 weitere Knoten häkeln und den 2. Knoten am übernächsten Knoten der Vorreihe befestigen.

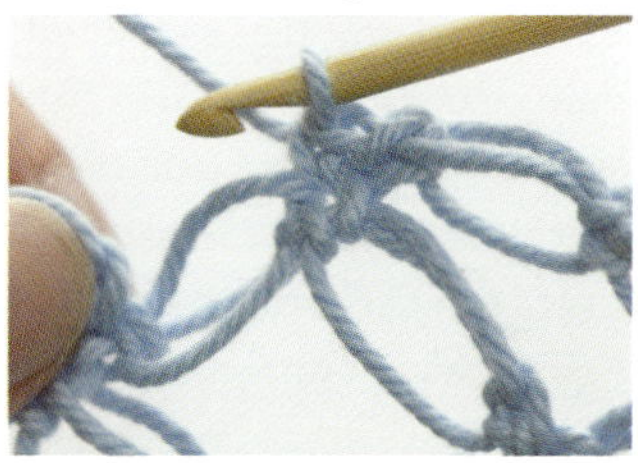

MASCHEN ANSCHLAGEN

Maschen und Muster müssen immer in eine Basis aus Maschen oder Schlingen gehäkelt werden. Am gebräuchlichsten ist dabei eine Luftmaschenkette. Der Anschlag zählt nicht als Reihe oder Runde. Die 1. Reihe oder Runde ist jedoch stark mit dem Anschlag verbunden, weil sie etwas anders gearbeitet wird als die folgenden Reihen oder Runden.

ANSCHLAG MIT LUFTMASCHEN

Nach der Anfangsschlinge werden so viele Luftmaschen gehäkelt, wie in der Anleitung angegeben und wie für das Muster und dessen Rapport nötig sind. In der 1. Reihe oder Runde der Arbeit wird dann in diese Luftmaschen eingestochen, die eine Luftmaschenkette bilden.

Die Luftmaschenkette sollte locker gehäkelt werden, damit man mühelos in die Luftmaschen einstechen kann, aber nicht zu locker, damit sie sich nicht verdreht. Die Seite der Luftmaschen mit den Maschengliedern, die ein V bilden, ist die Oberseite. Alle V-Formen müssen auf dieser Seite liegen. Die Rückseite der Luftmaschenkette zeigt eine Reihe kleiner Rippen oder Höcker.

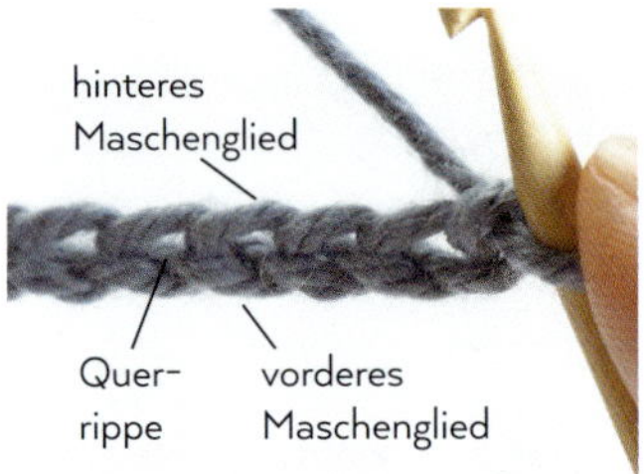

Für den Anschlag liegen die Luftmaschen der Luftmaschenkette praktisch quer zu den Maschen des späteren Musters und meist sind diese Luftmaschen nicht so lang, wie die Maschen des Häkelstückes breit sind. Wenn die Luftmaschenkette zu fest gehäkelt wird, nimmt daher ein in Reihen gehäkeltes Teil die Form eines umgedrehten Trapezes an. Damit ein sauberes Rechteck entsteht, sollte daher die Luftmaschenkette des Anschlags locker gearbeitet werden: Entweder bildet man höhere Luftmaschen oder man arbeitet die Luftmaschenkette für den Anschlag mit einer 0,5–1,0 mm dickeren Häkelnadel.

LUFTMASCHEN ZÄHLEN

Um zu kontrollieren, ob die korrekte Maschenzahl für ein Teil oder Motiv angeschlagen wurde, oder um bei Steigeluftmaschen (> Seite XX) die 1. Masche in die richtige Luftmasche zu häkeln, ist es wichtig, Luftmaschen richtig zählen zu können. Man beginnt dafür immer an der zuletzt gehäkelten Masche direkt unter der Häkelnadel und zählt bis zur Anfangsschlinge zurück.

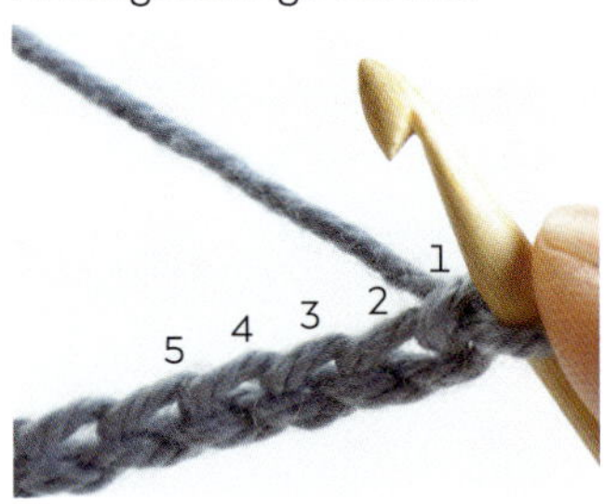

LUFTMASCHEN BEHÄKELN

Es gibt vier verschiedene Arten, in die Anschlagluftmaschen einzustechen.

UNTER DEM HINTEREN LUFTMASCHENGLIED

Für die Maschen der 1. Reihe nur unter den hinteren Maschengliedern der Luftmaschen einstechen.

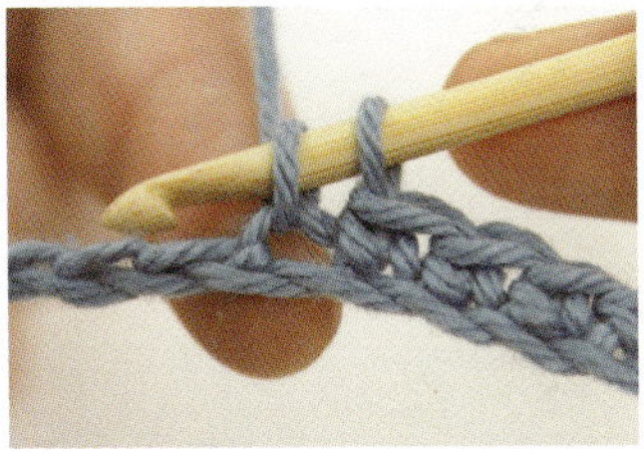

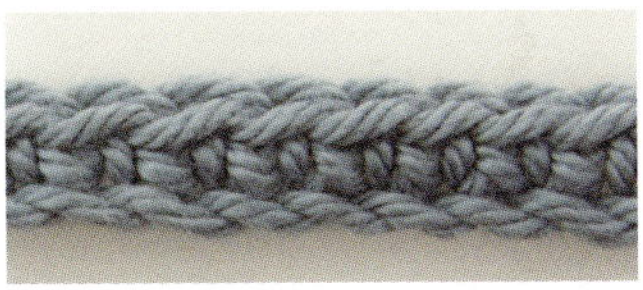

Die untere Kante sieht verdreht aus.

UNTER DEM HINTEREN LUFTMASCHENGLIED UND DER QUERRIPPE

Unter dem hinteren Maschenglied und der Querrippe der Luftmaschen einstechen. So entsteht eine kompaktere Anschlagkante.

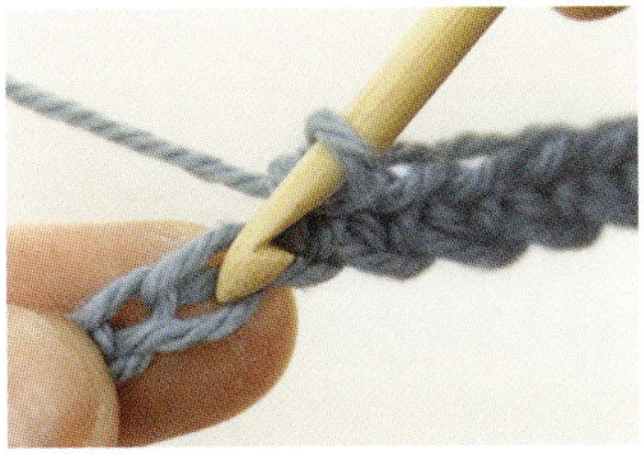

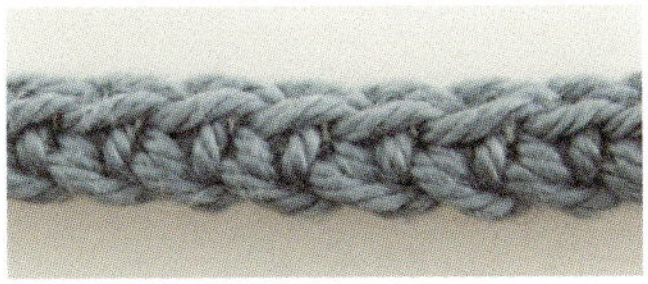

Die Kante erscheint weniger verdreht.

UNTER DEM VORDEREN UND DEM HINTEREN LUFTMASCHENGLIED

Man kann bei der Luftmaschenkette wie bei allen weiteren Grundmaschen auch unter dem vorderen und dem hinteren Maschenglied einstechen. Dieser Anschlag wird sehr stabil, gelingt aber nur mit etwas Übung.

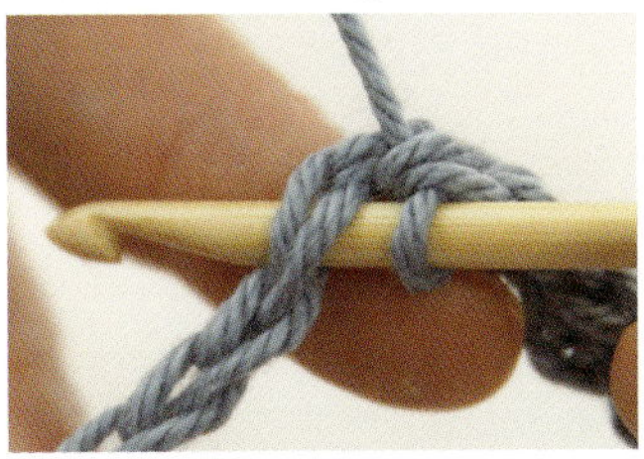

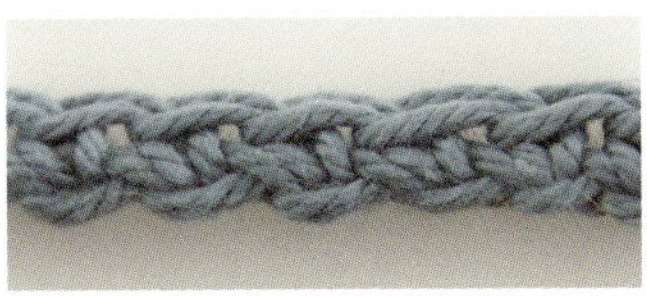

Auf der Unterseite sind nur noch die Rippen zu sehen.

UNTER DER QUERRIPPE

Für diesen Anschlag wird die Luftmaschenkette nach vorne gekippt, sodass man die Unterseite mit den kleinen Rippen vor Augen hat. Eingestochen wird jeweils unter den Rippen der Luftmaschen.

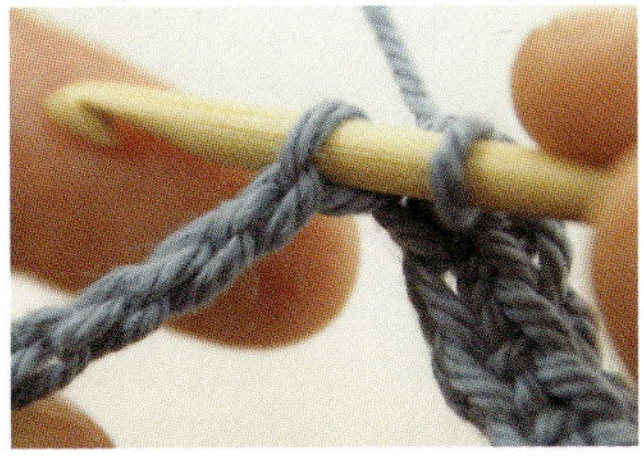

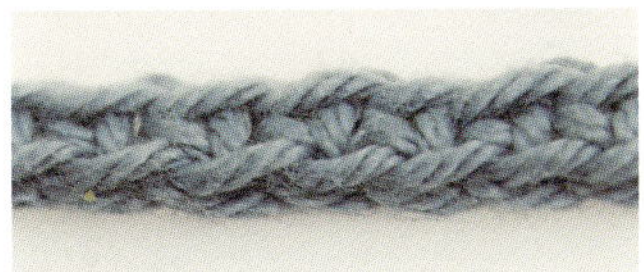

Es entsteht eine sehr saubere Anschlagkante.

ANSCHLAG MIT GRUNDMASCHEN UND FUSS-SCHLINGEN

Diese Art des Anschlags hat den großen Vorteil, dass sie im Vergleich zum Anschlag mit Luftmaschen sehr elastisch ist. Es werden Grundmaschen mithilfe von Fußschlingen angeschlagen: Eine Luftmasche als Basis wird vor der tatsächlichen Masche gearbeitet.

Die Zahl der Anschlagmaschen entspricht der Zahl der Grundmaschen, die man fortlaufend häkelt, und damit auch der für das Muster nötigen Maschen. Mit dieser Technik arbeitet man also den Anschlag und die 1. Reihe auf einmal.

MIT KETTMASCHEN

1 2 Luftmaschen häkeln, in die 2. Luftmasche ab der Häkelnadel einstechen und den Faden durchholen. Die so entstandene Schlinge stellt die Luftmasche als Basis für die eigentliche Masche dar.

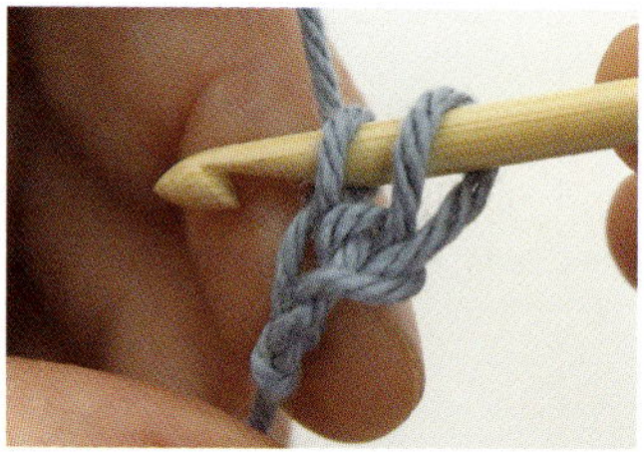

2 Den Faden erneut holen und beide Schlingen zusammen abmaschen.

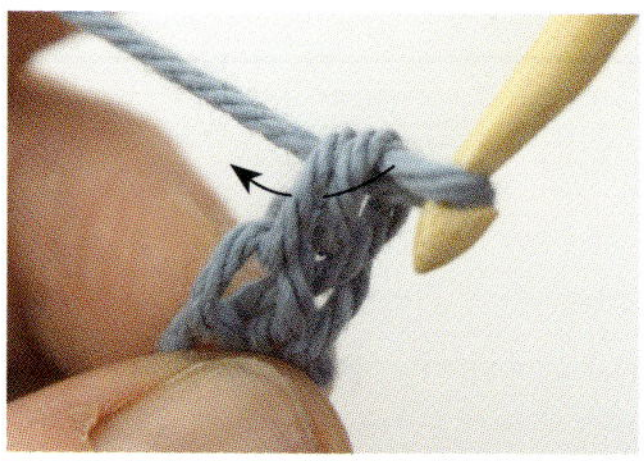

3 Unter dem Maschenglied links außen einstechen und den Faden durchholen. Den Faden erneut holen und durch beide Schlingen auf der Nadel ziehen.

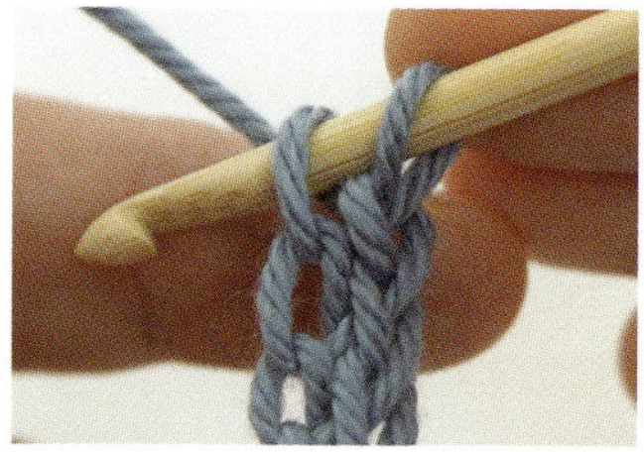

Schritt 3 fortlaufend wiederholen, bis die gewünschte Maschenzahl angeschlagen ist.

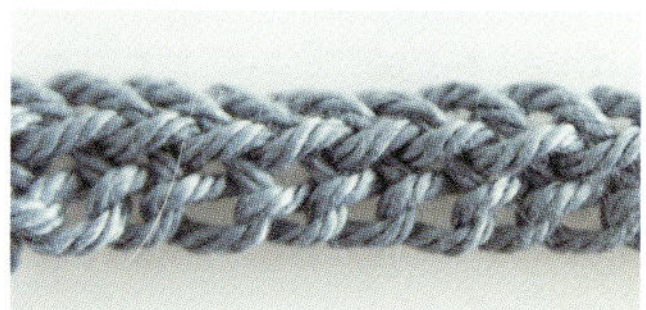

MIT FESTEN MASCHEN

1 2 Luftmaschen häkeln, in die 2. Luftmasche ab der Häkelnadel einstechen und den Faden durchholen.

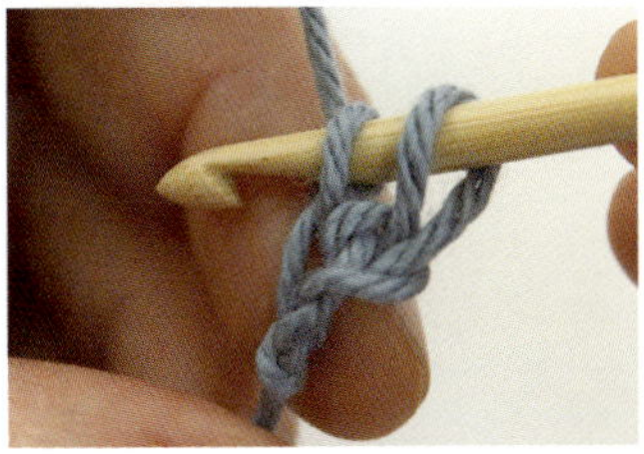

2 Den Faden holen und durch die 1. Schlinge auf der Nadel ziehen. Damit ist die Luftmasche als Basis für die feste Masche gehäkelt.

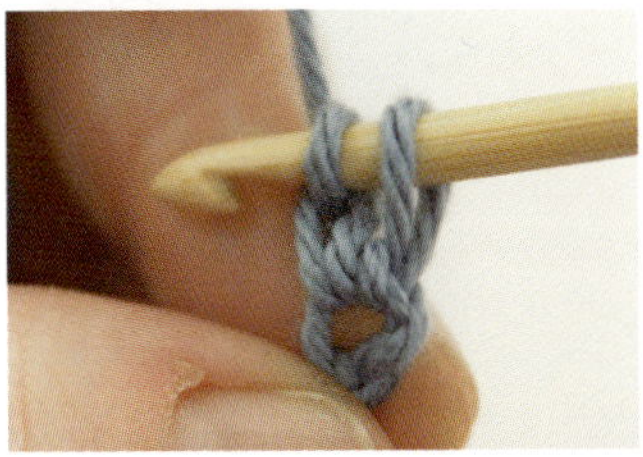

3 Den Faden ein weiteres Mal holen und beide Schlingen zusammen abmaschen. Die 1. feste Masche ist fertig.

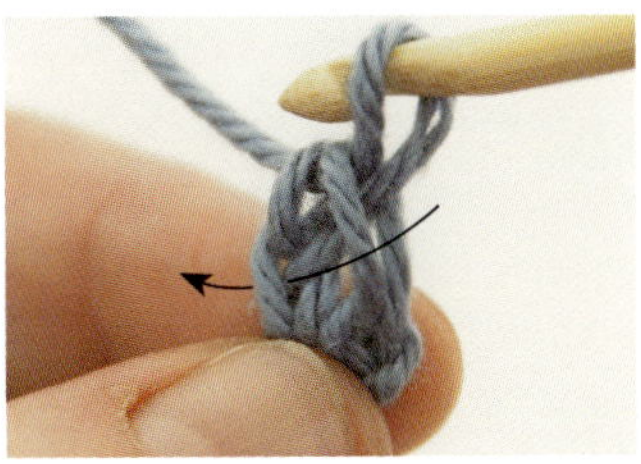

4 Für die Basis der nächsten festen Masche in die ganz links liegende 2. Schlinge von oben (= Luftmasche) einstechen und den Faden durchholen.

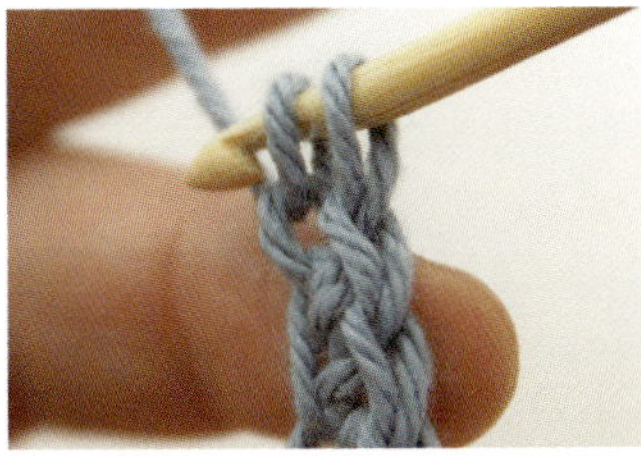

Die Schritte 2-4 fortlaufend wiederholen, bis die benötigte Maschenzahl angeschlagen ist.

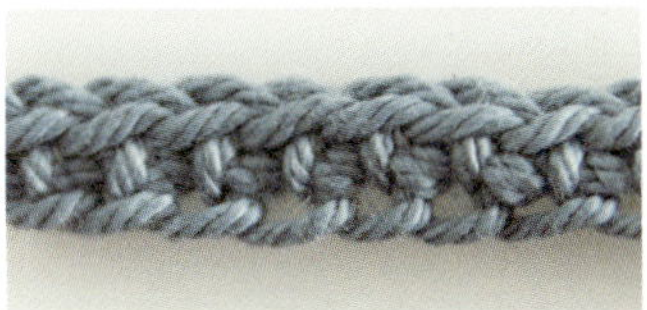

MIT HALBEN STÄBCHEN

1 3 Luftmaschen häkeln, 1 Umschlag auf die Nadel nehmen, in die 3. Luftmasche ab der Häkelnadel einstechen und den Faden durchholen.

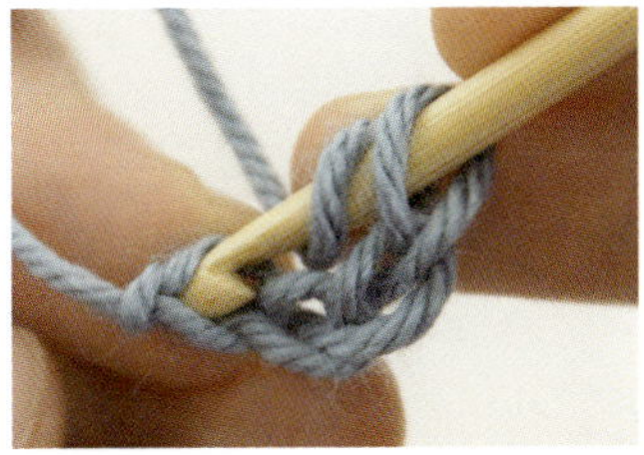

2 Den Faden holen und die 1. Schlinge auf der Nadel abmaschen. Damit ist die Luftmasche als Basis für das halbe Stäbchen gehäkelt.

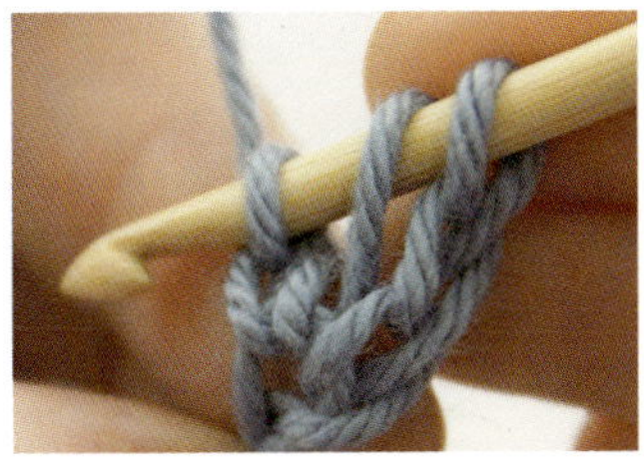

3 Den Faden erneut holen und alle 3 Schlingen zusammen abmaschen. Das 1. halbe Stäbchen ist fertig.

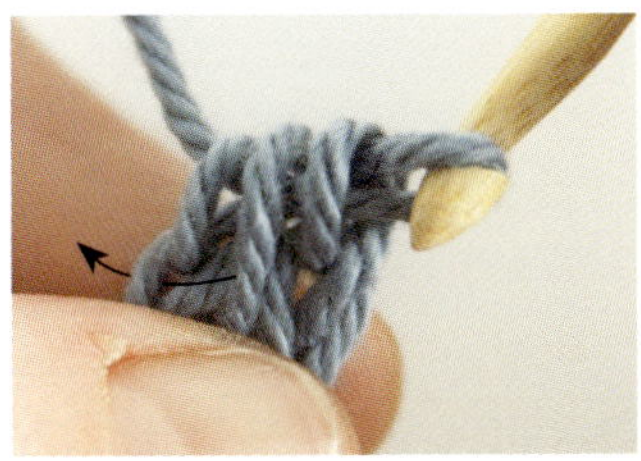

4 Für das nächste halbe Stäbchen 1 Umschlag auf die Nadel nehmen und in die ganz links liegende 2. Schlinge von oben (= Luftmasche) einstechen. Den Faden durchholen.

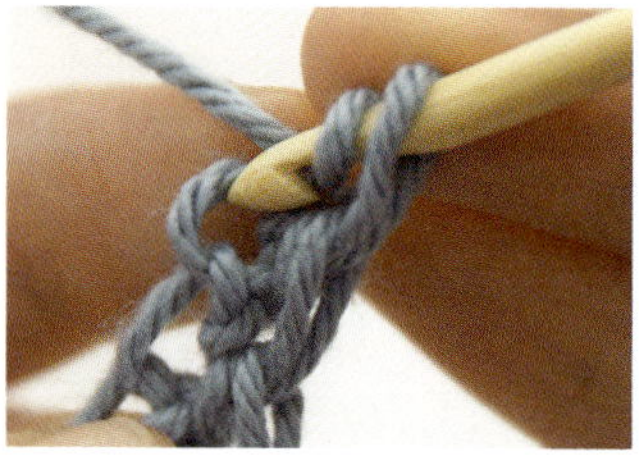

Die Schritte 2-4 fortlaufend wiederholen, bis die gewünschte Maschenzahl angeschlagen ist.

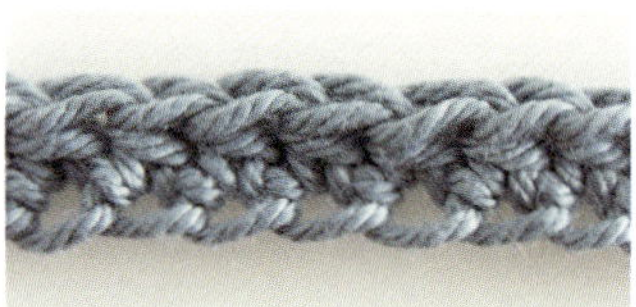

MIT STÄBCHEN

1 4 Luftmaschen häkeln, 1 Umschlag auf die Nadel nehmen, in die 4. Luftmasche ab der Häkelnadel einstechen und den Faden durchholen.

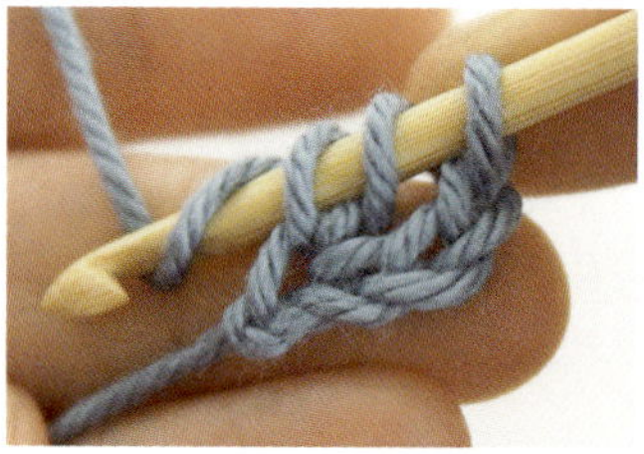

2 Den Faden holen und die 1. Schlinge abmaschen. Damit ist die Luftmasche als Basis für das Stäbchen gehäkelt.

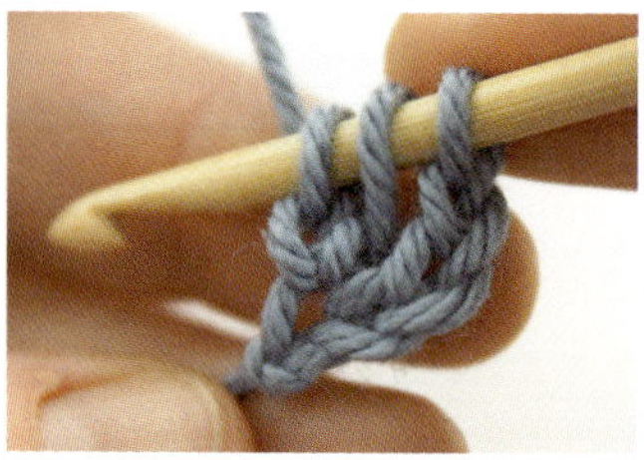

3 Den Faden erneut holen und die ersten 2 Schlingen zusammen abmaschen.

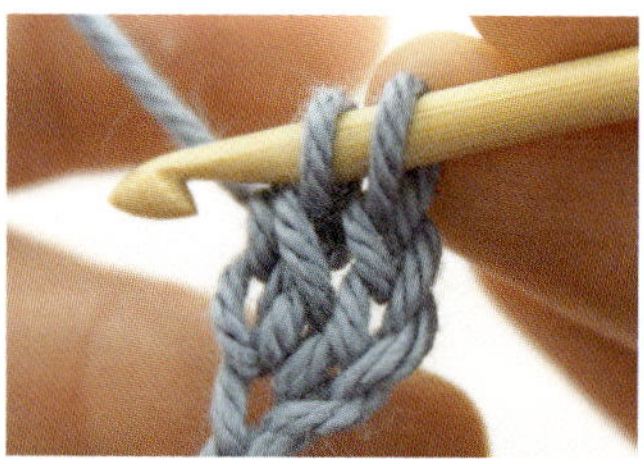

4 Den Faden ein drittes Mal holen und die ersten 2 Schlingen zusammen abmaschen. Das 1. Stäbchen ist fertig.

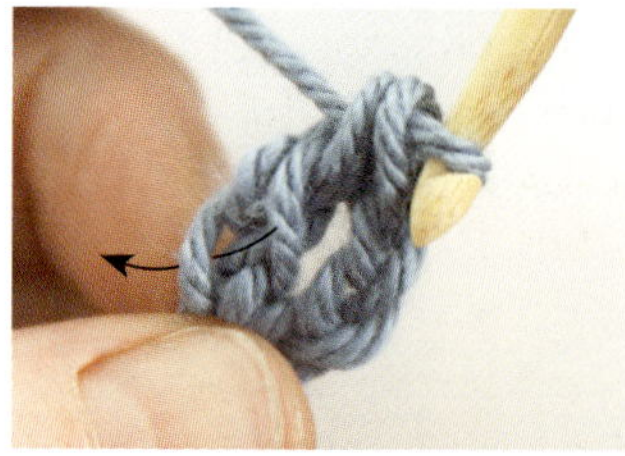

5 Für das nächste Stäbchen einen Umschlag auf die Nadel nehmen und unter der ganz links liegenden 2. Schlinge von oben (= Luftmasche) einstechen. Den Faden durchholen.

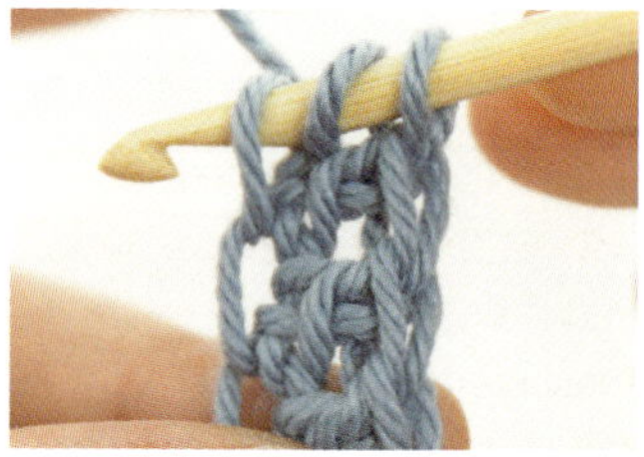

Die Schritte 2-5 fortlaufend wiederholen, bis die gewünschte Anzahl von Maschen angeschlagen ist.

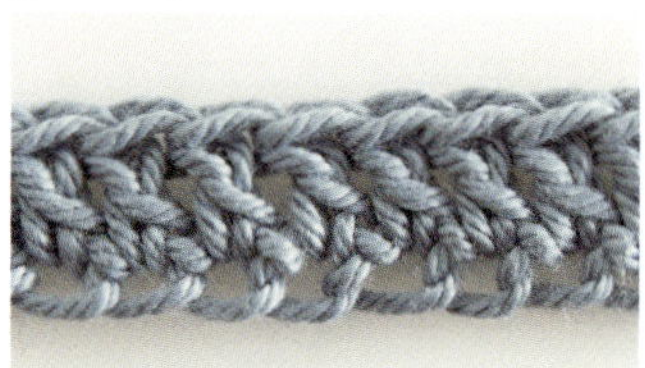

ANSCHLAG MIT PICOTS

Picots dienen oft als dekorativer Abschluss von Rändern und Bordüren, können aber auch sehr gut für den Anschlag eingesetzt werden. Man häkelt zuerst eine Art Kette mit Luftmaschen und anderen Maschen, die die Picots bilden. In der 1. Reihe oder Runde des Häkelstückes wird dann in die Maschen des entstandenen Musters eingestochen.

PICOTS AUS LUFTMASCHEN UND 1 KETTMASCHE

1 3 Luftmaschen häkeln und bei der 3. Luftmasche ab der Häkelnadel nur in das hintere Maschenglied einstechen.

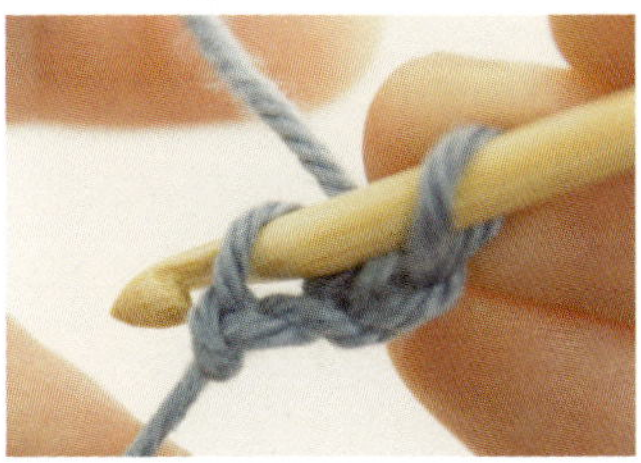

2 Den Faden holen und als Kettmasche durch die Luftmasche und die Schlinge auf der Nadel ziehen.

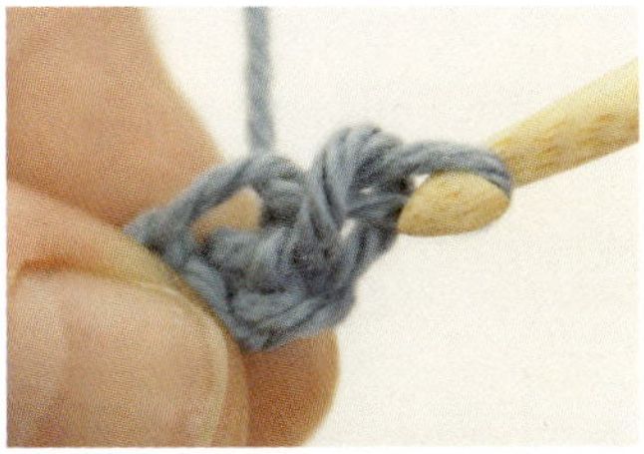

3 Die Schritte 1 und 2 fortlaufend wiederholen, bis die Anschlagkante die gewünschte Länge hat.

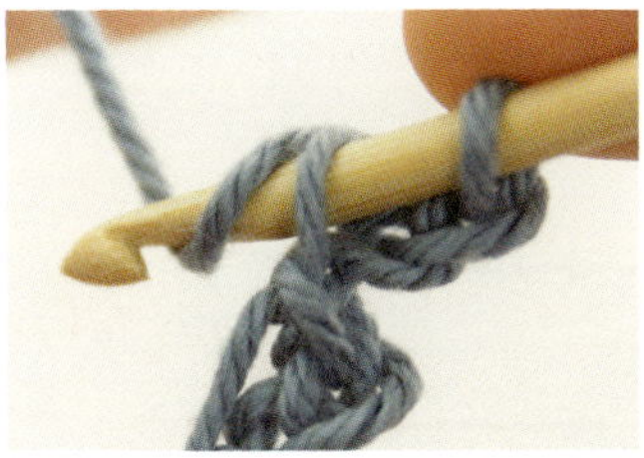

PICOTS AUS LUFTMASCHEN UND 1 FESTEN MASCHE

1 3 Luftmaschen häkeln und bei der 3. Luftmasche ab der Häkelnadel nur in das hintere Maschenglied einstechen.

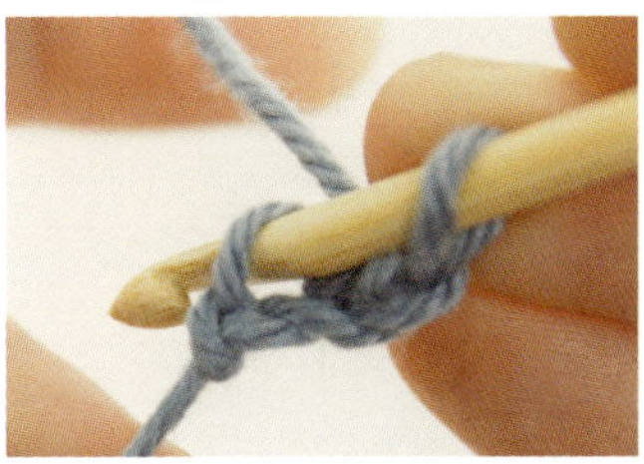

2 Den Faden durchholen und eine feste Masche häkeln.

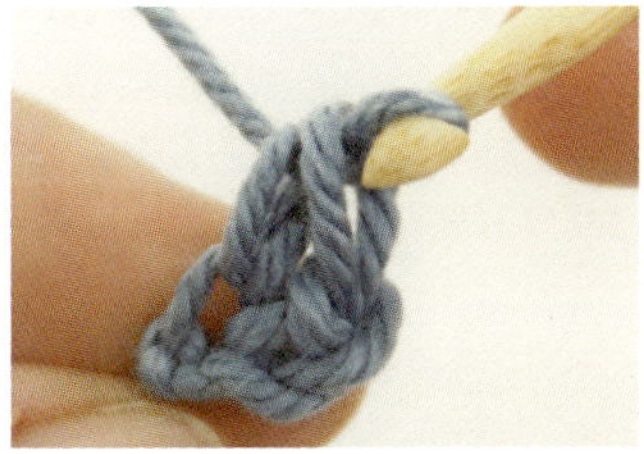

3 Die Schritte 1 und 2 fortlaufend wiederholen, bis die Anschlagkante die gewünschte Länge hat.
Die Variationsmöglichkeiten für diese Anschlagtechnik sind zahlreich. So kann man beispielsweise bei den hier gezeigten Beispielen die Einstichstelle für die Kettmasche oder die feste Masche verändern und statt unter dem hinteren Luftmaschenglied unter beiden Maschengliedern einstechen, um eine andere Optik zu erreichen.

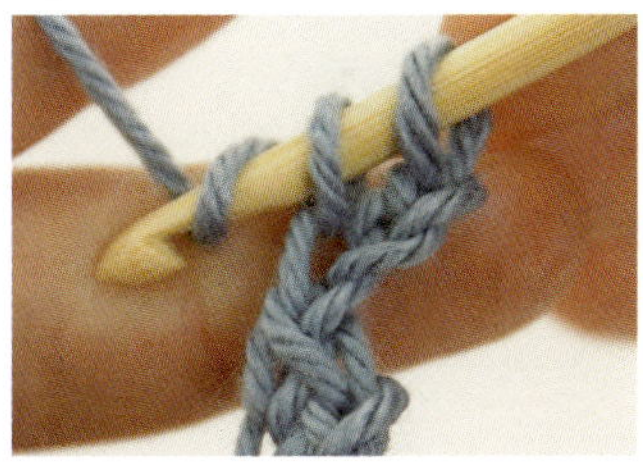

Picotkanten können anschließend auf unterschiedliche Weise behäkelt werden.

IN REIHEN HÄKELN

Vom Häkeln in Reihen spricht man, wenn man bis zu einem bestimmten Punkt – meist dem Reihenende – häkelt, die Arbeit wendet und auf der anderen Seite, der linken Seite der Arbeit, zum Ausgangspunkt zurückhäkelt.

Rechtshänder häkeln immer von rechts nach links in die Maschen der Vorreihe (bzw. des Anschlags am Anfang) und Linkshänder häkeln von links nach rechts.

Der Anschlag zählt praktisch als Reihe 0, die 1. Reihe und alle weiteren ungeraden Reihen sind die sogenannten Hinreihen und bilden die Vorderseite (die schöne oder rechte Seite) des Häkelstücks, die 2. und alle weiteren geraden Reihen sind die sogenannten Rückreihen und bilden die Rückseite (die linke Seite). Alle Maschen besitzen eine eindeutige Vorder- und Rückseite, die das Maschenbild beeinflussen.

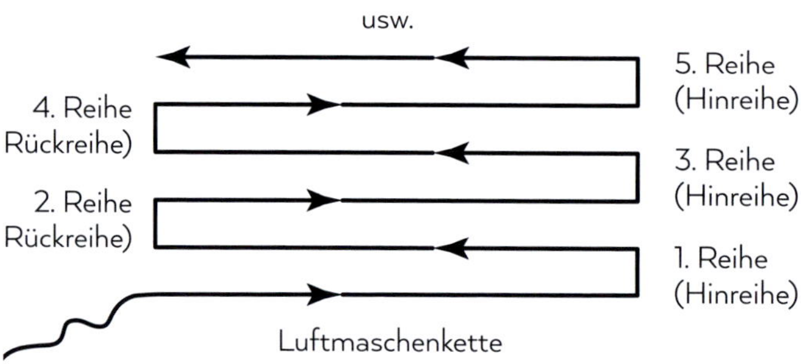

Gewendet werden kann in zwei Richtungen – wichtig ist aber, dass man immer auf dieselbe Art wendet, damit die 1. Masche jeder Reihe gleich ausfällt. Anfang und Ende jeder Reihe erfordern besondere Aufmerksamkeit, weil dort etwas anders gearbeitet werden muss als beim mittleren Teil der Reihe und die Gefahr besteht, versehentlich Maschen zu- oder abzunehmen, sodass das Häkelstück aus der Form gerät.

REIHENBEGINN

STEIGELUFTMASCHEN

Weil Häkelmaschen eine bestimmte Höhe besitzen, müssen Häkelnadel und Faden am Anfang der Reihe auf diese Höhe gebracht werden, damit die Reihe eine gerade Oberkante erhält. Nach dem Anschlag mit Luftmaschen werden hierfür die sogenannten Steigeluftmaschen gehäkelt. Die Zahl der erforderlichen Luftmaschen richtet sich nach der Maschenart, die gehäkelt werden soll (Tabelle > Seite 40).

Diese Steigeluftmaschen ersetzen in der Regel die 1. Masche der 1. Reihe, die nicht wie gewohnt gehäkelt werden kann. In Anleitungen kann bei den Steigeluftmaschen ein Vermerk wie „ersetzt die 1. Masche" oder „zählt als 1. Masche" stehen.

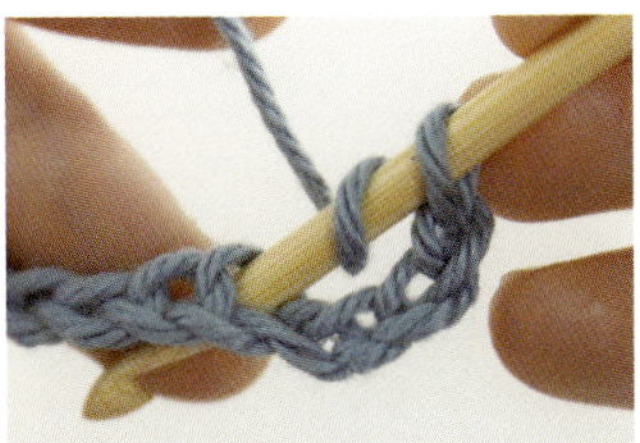

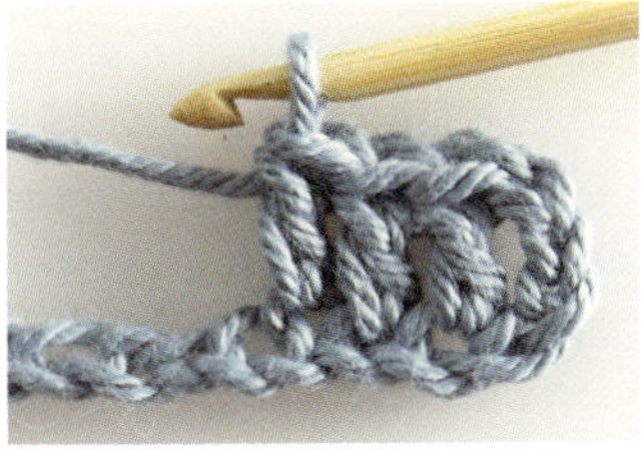

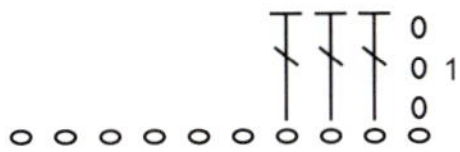

BEISPIEL EINER 1. REIHE AUS 20 MASCHEN

Nach einer Luftmaschenkette von 20 Maschen für den Anschlag dreht man die Arbeit um 90° und häkelt zusätzlich 3 Luftmaschen als Steigeluftmaschen. Die 20. Luftmasche des Anschlags wäre die Basis für das 1. Stäbchen der 1. Reihe, das aber durch die Steigeluftmaschen ersetzt wird. Für das 2. Stäbchen der 1. Reihe wird dann in die 19. Luftmasche des Anschlags eingestochen, d. h. in die 5. Luftmasche ab der Häkelnadel.

Man kann aber auch entscheiden, dass diese Steigeluftmaschen zusätzlich zu der Maschenzahl in der Reihe gehäkelt werden, mit dem entsprechenden Vermerk in den Anleitungen „ersetzt nicht die 1. Masche" oder auch „zählt nicht als Masche". Das Arbeiten der Maschen bleibt gleich, nur die Zählweise ändert sich.

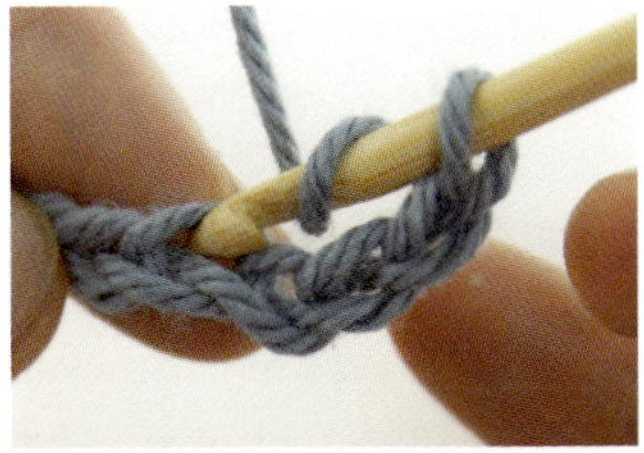

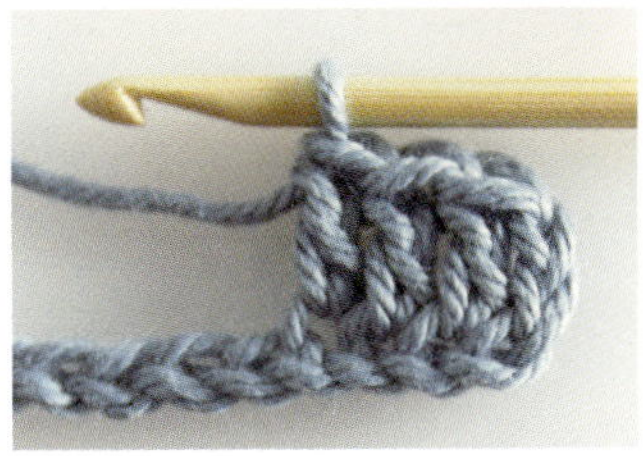

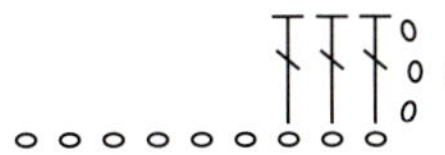

BEISPIEL EINER 1. REIHE AUS 20 MASCHEN

Nach einer Luftmaschenkette von 20 Maschen für den Anschlag dreht man die Arbeit um 90 ° und häkelt zusätzlich 3 Luftmaschen als Steigeluftmaschen. Wiederum ist die 20. Luftmasche die Basis für das 1. Stäbchen, das nun direkt in diese Luftmasche, also die 4. Luftmasche von der Häkelnadel aus, gehäkelt wird.

WENDELUFTMASCHEN

Da die Arbeit für die 2. und alle folgenden Reihen gewendet wird, spricht man ab der 2. Reihe nicht mehr von Steige-, sondern von Wendeluftmaschen.

Diese Wendeluftmaschen können am Ende der Vorreihe und vor dem Wenden gehäkelt werden. Man kann aber auch die letzte Masche der Vorreihe häkeln, die Arbeit dann wenden und die erforderlichen Wendeluftmaschen häkeln. Auch in diesem Fall können die Wendeluftmaschen als Masche oder nicht als Masche zählen.

Wenn die Wendeluftmaschen als Masche zählen, wird für die 2. Masche der Reihe in die vorletzte Masche der Vorreihe eingestochen. Diese Stelle steht etwas links vom Maschenkörper der vorletzten Masche der Vorreihe. Sofern nichts anderes in der Anleitung steht, sticht man unter beiden Maschengliedern der entsprechenden Masche ein.

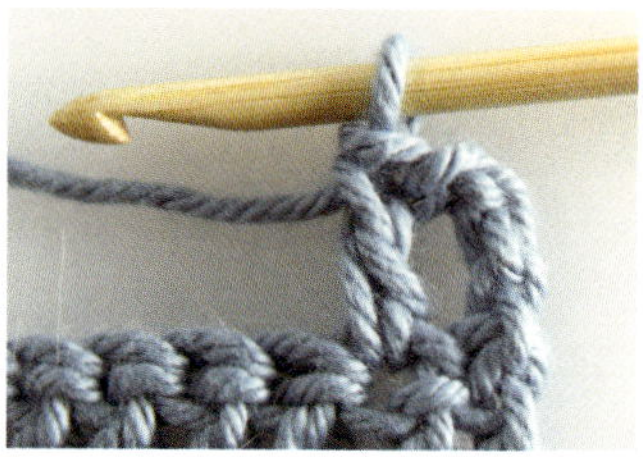

Wird die 1. Masche nicht durch die Wendeluftmaschen ersetzt, die 1. Masche direkt in die letzte Masche der Vorreihe häkeln.

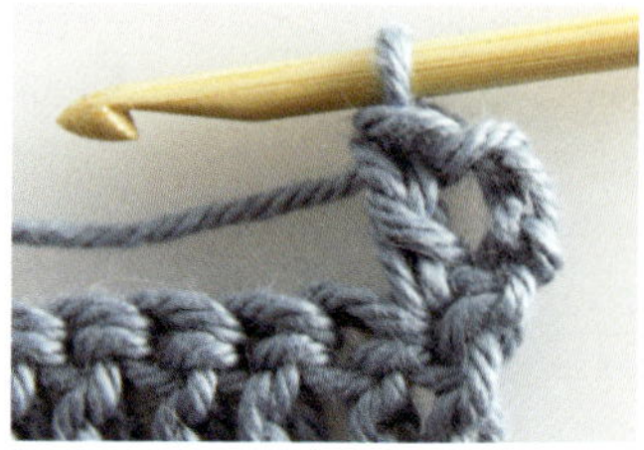

NOTWENDIGE STEIGE- BZW. WENDELUFTMASCHEN

Art der Maschen in der Reihe/Runde	Zahl der Steige- bzw. Wendeluftmaschen
Kettmasche	0
feste Masche	1
halbes Stäbchen	2
halbes Stäbchen mit Fußschlinge	2
Stäbchen	3
Stäbchen mit Fußschlinge	3
Doppelstäbchen	4
Doppelstäbchen mit Fußschlinge	4
Dreifachstäbchen	5
Dreifachstäbchen mit Fußschlinge	5

Bei den angegebenen Zahlen für die Steige- oder Wendeluftmaschen handelt es sich um Richtwerte. Wer sehr fest häkelt, muss möglicherweise 4 Luftmaschen als Ersatz für das 1. Stäbchen arbeiten, bei lockerer Häkelweise reichen manchmal schon 2 Luftmaschen aus.

Ersetzen die Luftmaschen die 1. Masche jeder Reihe, so wird die 2. Masche der Reihe jeweils in die vorletzte Masche der Vorreihe gehäkelt. Die letzte Masche jeder Reihe häkelt man in die oberste Steigeluftmasche.

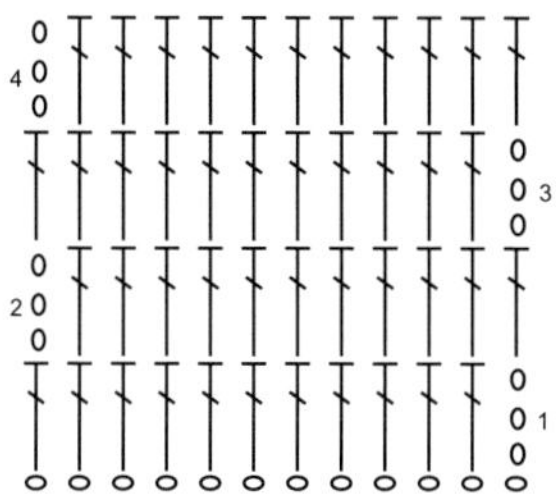

Liegen die Luftmaschen neben dem Rand und ersetzen keine Masche, so wird die 1. Masche jeder Reihe direkt in die letzte Masche der Vorreihe gearbeitet. Die letzte Masche der Reihe häkelt man in die 1. richtige Masche der Vorreihe, die Luftmaschen bleiben unbehäkelt.

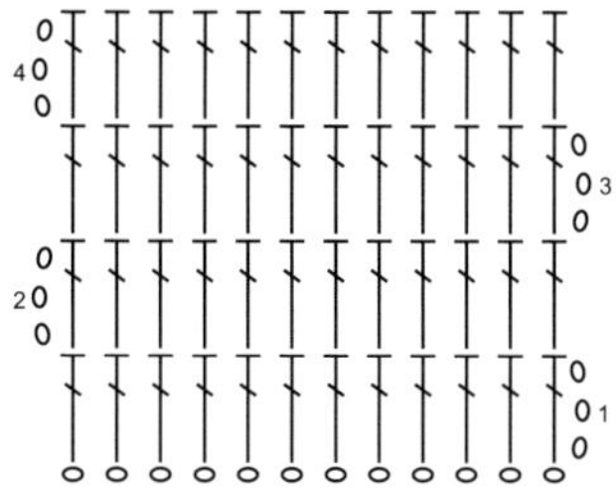

WENDEN MIT FALSCHEN STÄBCHEN

Um Häkelnadel samt Faden am Anfang der Reihe auf die richtige Höhe zu bringen und eine Reihe aus Stäbchen häkeln zu können, gibt es die Möglichkeit, ein sogenanntes „falsches" Stäbchen zu häkeln, das auch als 1. Masche zählt. Für das 2. Stäbchen der neuen Reihe wird dann in die vorletzte Masche der Vorreihe eingestochen.

Ein großer Vorteil dieser Anfangsmasche ist, dass kein Loch zwischen dieser und der folgenden Masche entsteht, wie es beim Reihenbeginn mit Wendeluftmaschen der Fall ist, und dass die 1. Masche ähnlich wie die anderen Maschen der Reihe aussieht.

1 Die Arbeit wenden, um die neue Reihe zu beginnen. Die Arbeitsschlinge auf die Höhe eines Stäbchens nach oben ziehen.

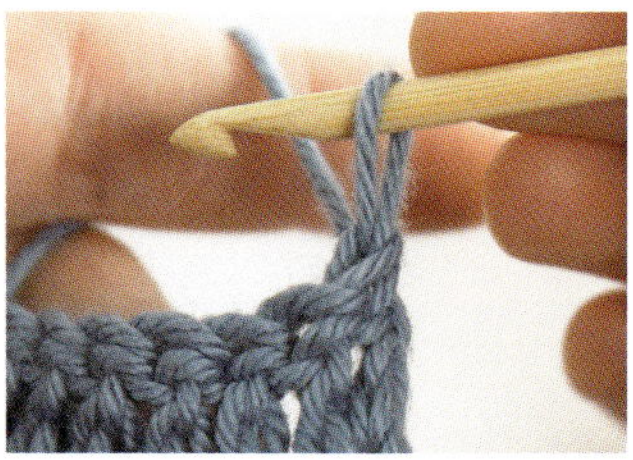

2 Die Schlinge mit dem Finger an die Häkelnadel drücken, um sie zu fixieren, und die Häkelnadel gegen den Uhrzeigersinn um die Schlinge führen.

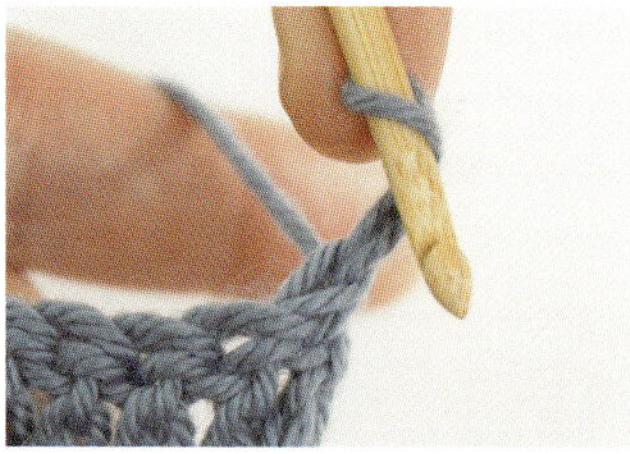

3 Die Oberseite der Schlinge ist nun ganz rechts als Arbeitsschlinge mit dem Finger fixiert, die doppelte Schlinge liegt als Umschlag über der Häkelnadel.

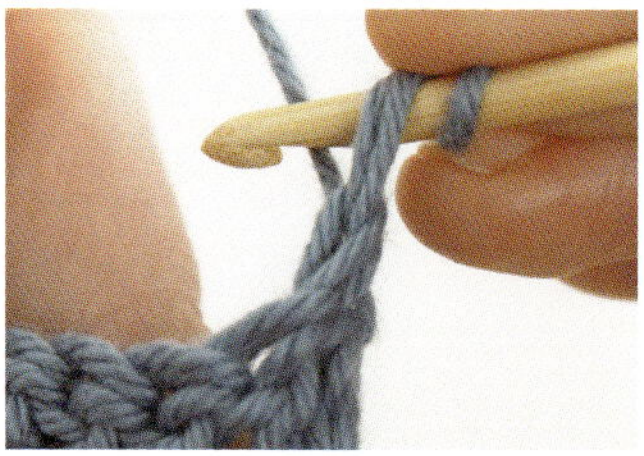

4 Nun den Faden holen und hinter dem Umschlag durch nach vorne ziehen.

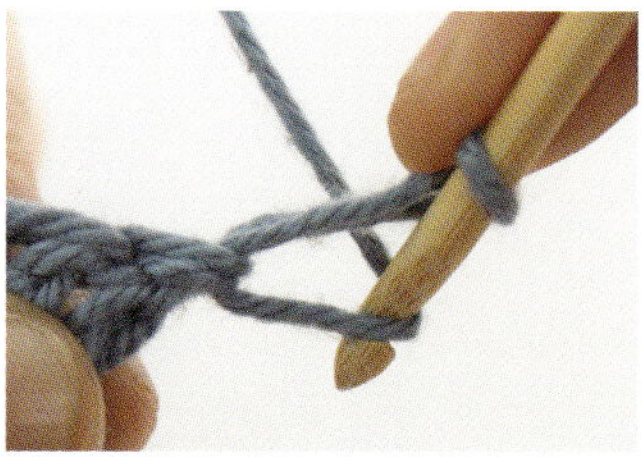

5 Es liegen nun 2 Schlingen auf der Nadel.

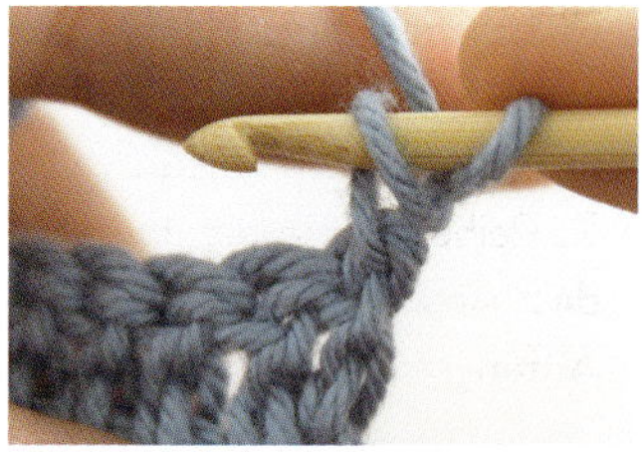

6 Den Faden erneut holen und durch beide Schlingen auf der Nadel ziehen. Das falsche Stäbchen ist fertig.

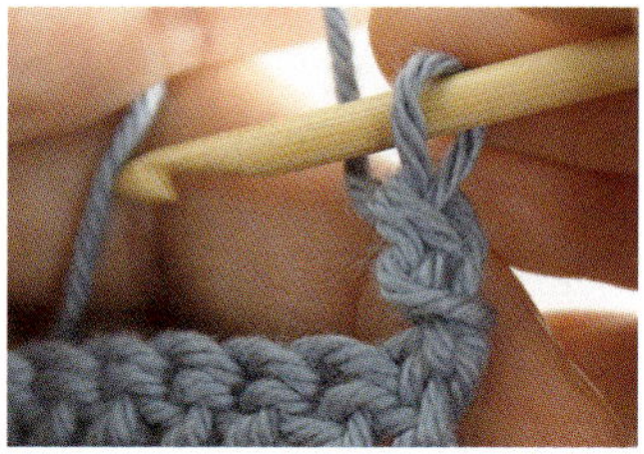

7 Mit Stäbchen fortfahren, dabei das 1. richtige Stäbchen der Reihe in die vorletzte Masche der Vorreihe häkeln.

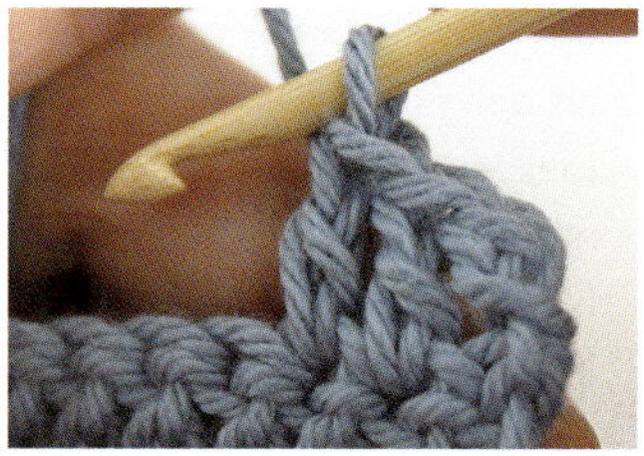

ENDE DER REIHE

Das Reihenende stellt in der Reihe nach dem Anschlag keine besondere Schwierigkeit dar. Für die letzte Masche der 1. Reihe wird in die 1. Masche des Anschlags direkt bei der Anfangsschlinge gehäkelt.

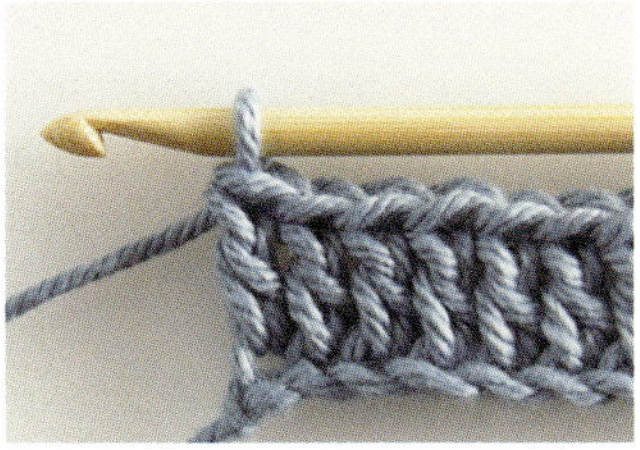

Ab der 2. Reihe ist es wichtig darauf zu achten, ob die 1. Masche jeder Reihe durch Steige- oder Wendeluftmaschen ersetzt wurde, oder ob diese nicht als Masche zählen und neben dem Rand liegen. Die 1. Masche der Vorreihe darf nicht übersehen werden, um versehentliche Abnahmen an den Rändern zu vermeiden. Liegen die Luftmaschen nur neben der 1. Masche am Rand und zählen nicht als Masche, so wird die letzte Masche in die 1. richtige Masche der Vorreihe gehäkelt, die Luftmaschen bleiben unbearbeitet.

Ersetzen die Luftmaschen hingegen die 1. Masche, so wird die letzte Masche der nächsten Reihe in die oberste der Steige- oder Wendeluftmaschen gehäkelt. Meist ist es dabei am einfachsten, nur unter ein Maschenglied einzustechen. Diese Steige-/Wendeluftmasche kann sich aber dehnen und ein größeres, hässliches Loch bilden. Am besten ist es deshalb, unter 2 Maschengliedern der obersten Steige-/Wendeluftmasche einzustechen: entweder unter dem hinteren Maschenglied und der Rippe oder – was nicht immer einfach ist, aber schöner aussieht – unter dem vorderen und hinteren Maschenglied, die das V bilden.

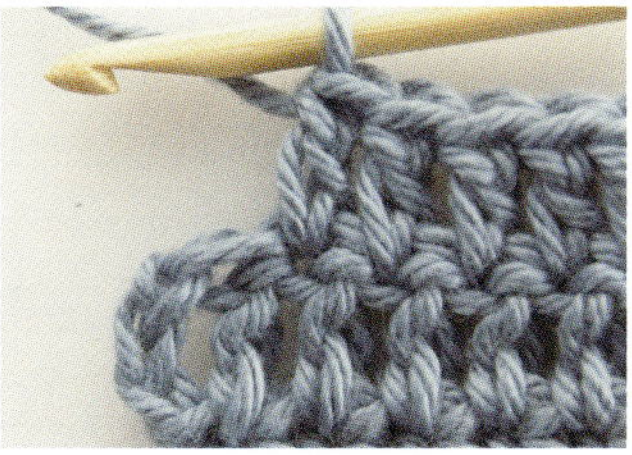

Luftmaschen ersetzen die 1. Masche nicht

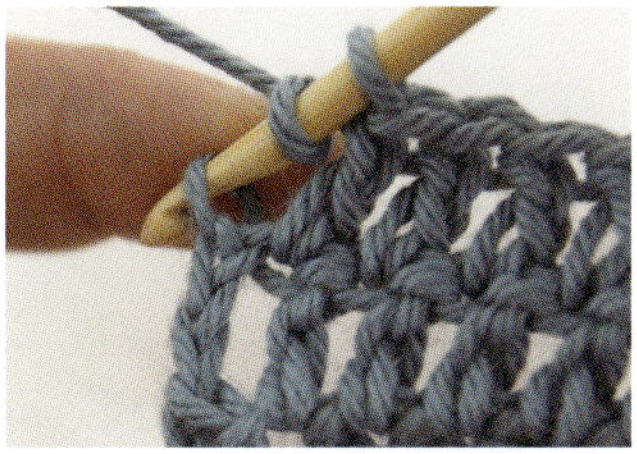

Einstechen unter hinterem Maschenglied

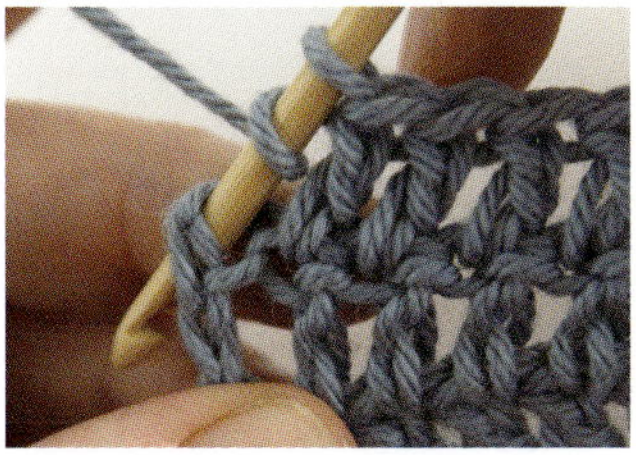

Einstechen unter hinterem Maschenglied und Rippe

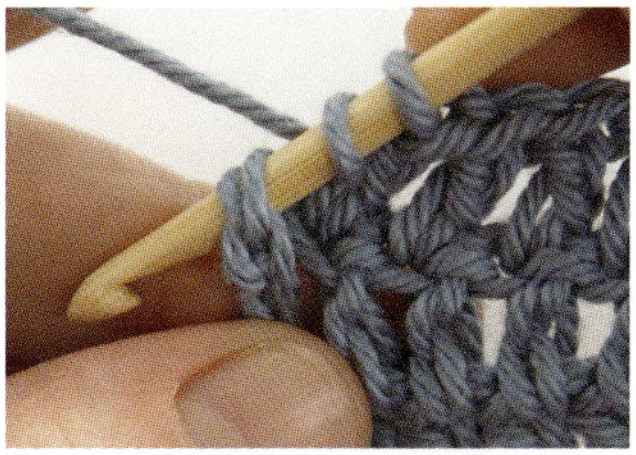

Einstechen unter beiden Maschengliedern

IN RUNDEN HÄKELN

Beim Häkeln in Runden wird die Arbeit nicht gewendet, sondern die letzte Masche einer Reihe wird mit der 1. Masche derselben Reihe verbunden und damit zur Runde geschlossen. Im Gegensatz zur Arbeit in Reihen wird hier immer auf der rechten Seite der Arbeit gehäkelt, sodass von allen Maschen stets nur die Vorderseite zu sehen ist. Dies hat erheblichen Einfluss auf die Maschenbilder der meisten Maschen.

ANSCHLAG UND RUNDENBEGINN

Es gibt zahlreiche Methoden, ein Häkelstück in Runden zu beginnen. Wie für das Arbeiten in Reihen wird meistens eine Basis gebraucht, in die oder um die eingestochen werden kann.

BEGINN MIT EINER LUFTMASCHE

Nach einer Anfangsschlinge häkelt man zuerst 1 Luftmasche. Dann werden so viele Steigeluftmaschen gearbeitet, wie für die Art der Maschen in der 1. Runde nötig sind: 1 Steigeluftmasche für feste Maschen, 2 für halbe Stäbchen, 3 für Stäbchen usw. (> Seite 40). Für alle Maschen der 1. Runde wird dann in die 1. Luftmasche nach der Anfangsschlinge eingestochen.

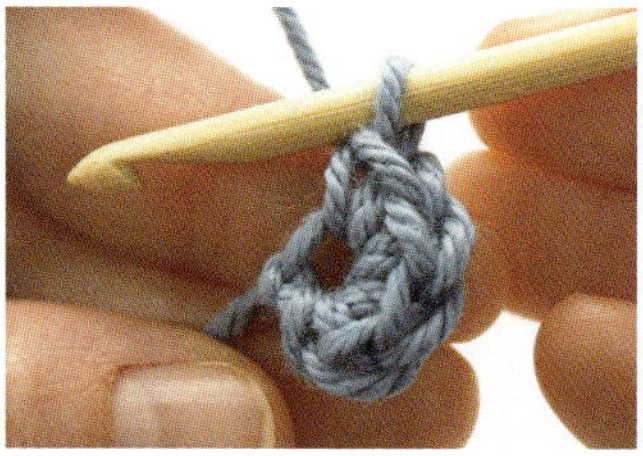

Mit einer einzelnen Luftmasche als Basis für die 1. Runde entsteht nur ein kleines Loch in der Mitte des Häkelstücks, allerdings ist die Größe der Luftmasche festgelegt, sodass die Anzahl der Maschen für die 1. Runde nicht stark variieren kann. Sie sollte zwischen 6 und 8 liegen. Für mehr oder weniger Maschen ist eine flexible Öffnung wie ein Magic-Ring (> Seite 46) besser geeignet.

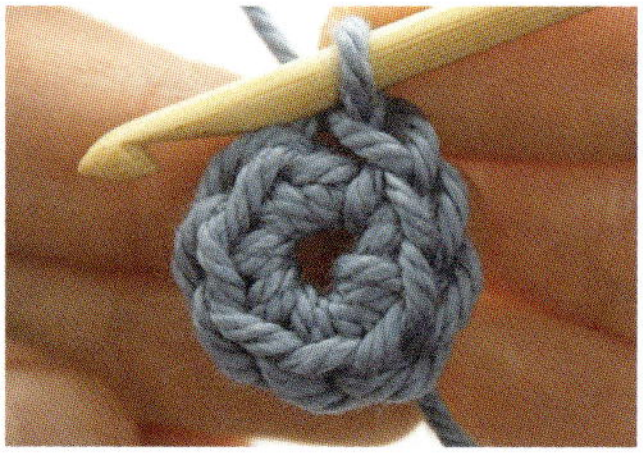

BEGINN MIT EINEM LUFTMASCHENRING

Eine rundgehäkelte Arbeit kann auch mit einer Luftmaschenkette begonnen werden, die man mit einer Kettmasche zum Ring schließt.

1 Am besten formt man zuerst den Ring mit der Luftmaschenkette und sticht in die 1. Masche der Luftmaschenkette ein. So wird das Fadenende zur Seite geschoben und stört nicht bei der weiteren Arbeit. Der Knoten der Anfangsschlinge vor der 1. Luftmasche verschwindet hinter den Maschen.

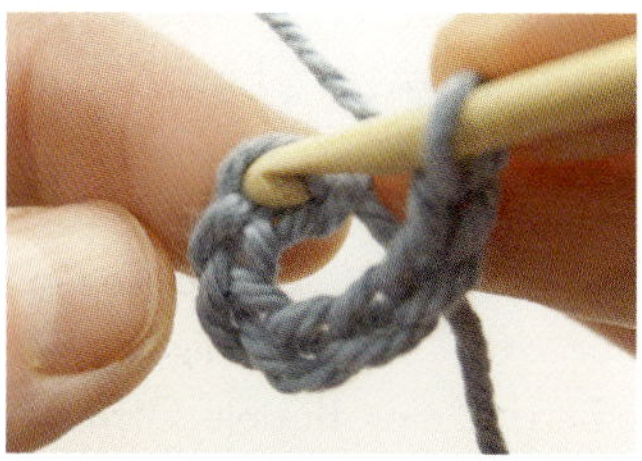

2 Ist der Ring geschlossen, die entsprechende Anzahl an Steigeluftmaschen für die gewünschte Maschenart häkeln. Die Maschen der 1. Runde werden nun nicht in die Luftmaschen, sondern um die Luftmaschenkette gearbeitet. Dafür für die erste Schlinge jeder Masche unter der Luftmaschenkette durchstechen.

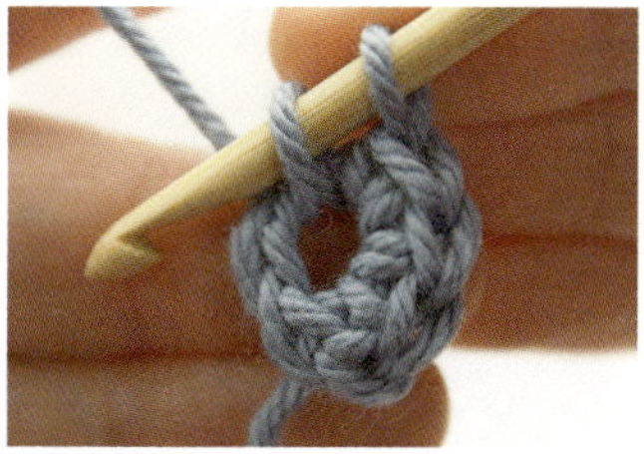

Bei dieser Art des Beginns kann die Größe der mittleren Öffnung durch die Anzahl der angeschlagenen Luftmaschen variiert werden. Außerdem können auch höhere Maschenzahlen in der 1. Runde gehäkelt werden als beim Beginn mit einer Luftmasche.

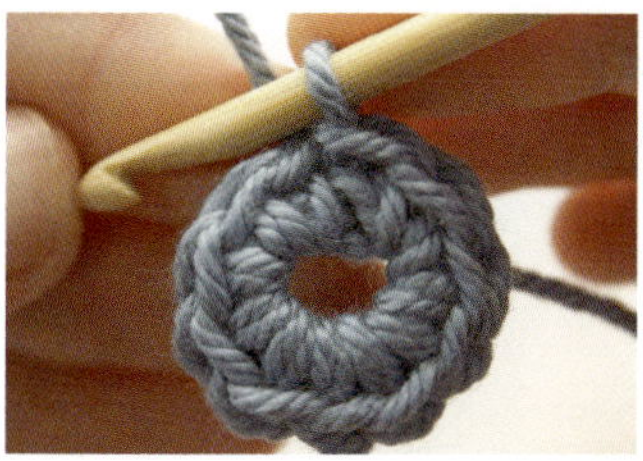

BEGINN MIT EINEM MAGIC-RING

Der Magic-Ring lässt sich sehr eng zusammenziehen, sodass die Öffnung komplett und dauerhaft geschlossen wird.

1 Den Faden über den Zeigefinger und 1x gegen den Uhrzeigersinn um den Daumen wickeln. Das Fadenende mit Mittelfinger, Ringfinger und kleinem Finger festhalten.

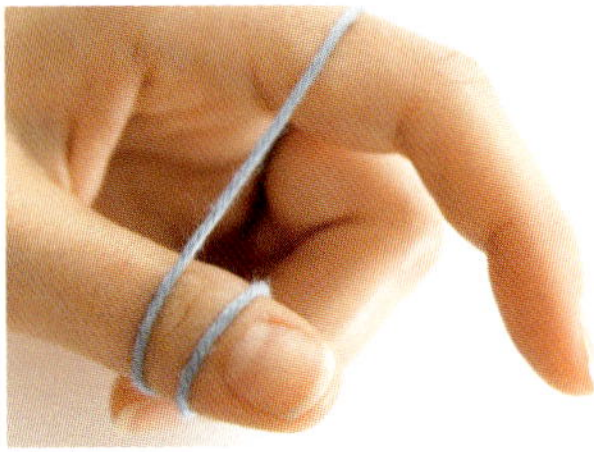

2 Mit der Häkelnadel von oben nach unten unter dem Daumenfaden durchstechen und den Zeigefingerfaden durchholen. Es entsteht eine kleine Schlinge.

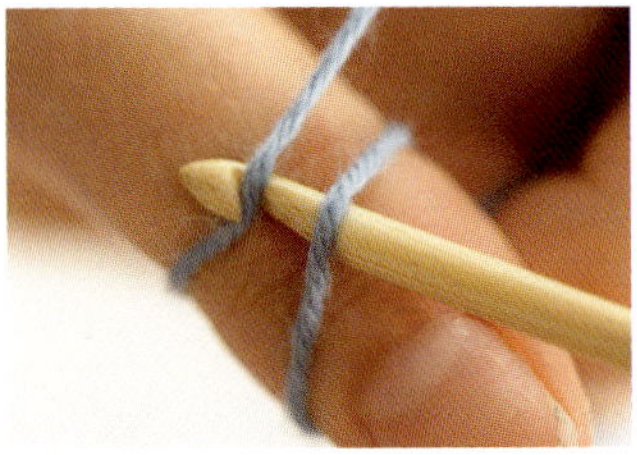

3 Den Faden erneut holen und durch die Schlinge ziehen. Um den Daumen liegt links ein doppelter, rechts ein einfacher Faden. Den Daumen aus der Schlinge ziehen.

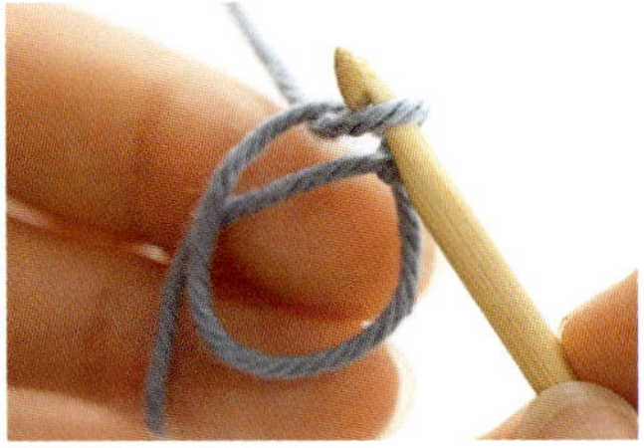

4 Die 1. Runde beginnt wie beim einfachen Fadenring mit den für die Maschen dieser Runde erforderlichen Steigeluftmaschen. Die Maschen der 1. Runde werden um den doppelten Fadenring gehäkelt.

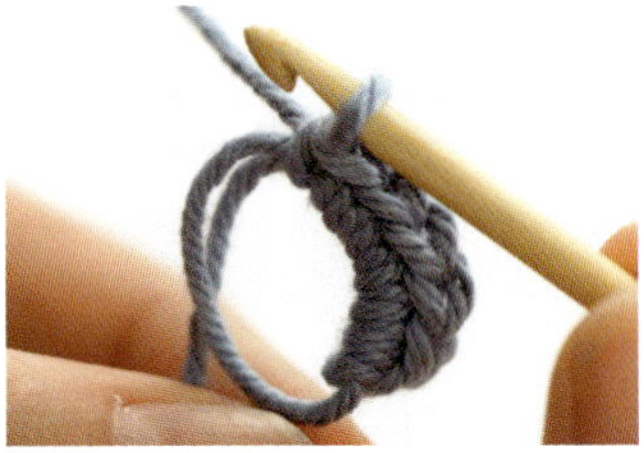

5 Ist die gewünschte Maschenzahl für die 1. Runde gehäkelt, kann der Ring durch Ziehen am Fadenende in einem Zug geschlossen werden.

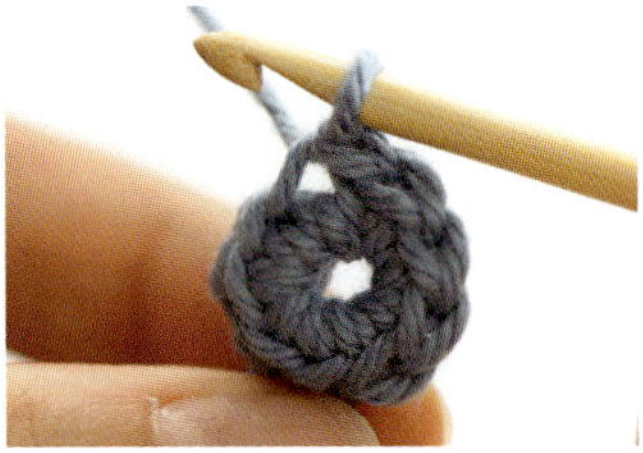

EINE LUFTMASCHEN-KETTE RUNDHERUM BEHÄKELN

Mit einer rundherum behäkelten Luftmaschenkette beginnt man ovale oder rechteckige, flache Häkelstücke, die von innen nach außen gearbeitet werden.

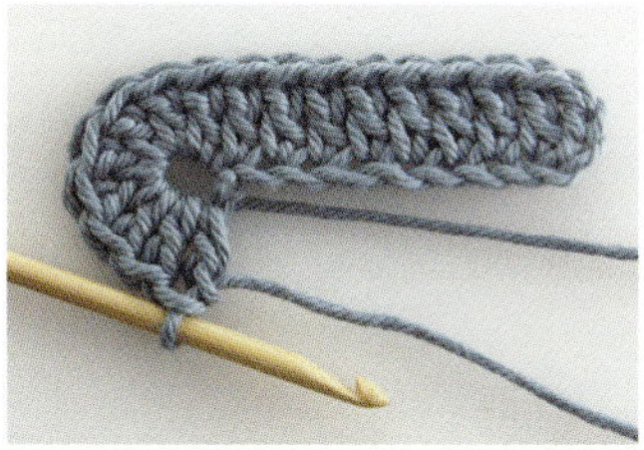

Man häkelt wie für die Arbeit in Reihen eine 1. Reihe mit den entsprechenden Steigeluftmaschen (die als Masche zählen) für die Art der ausgewählten Maschen auf eine Luftmaschenkette. Wenn man am Ende der Reihe angelangt ist, häkelt man 7 Maschen in die letzte Masche (d. h. die 1. Luftmasche des Anschlags) und dreht damit automatisch die Arbeit um 180° (anstatt sie wie beim Arbeiten in Reihen zu wenden). Je nachdem, wo für die 1. Seite in die Luftmaschenkette eingestochen wurde, ergeben sich die Einstichstellen für das Behäkeln der anderen Seite der Luftmaschenkette:

Einstichstelle 1. Seite → Einstichstelle 2. Seite

hinteres Maschenglied → vorderes Maschenglied und Querrippe

beide V-förmigen Maschenglieder → Querrippe

Querrippe → beide V-förmigen Maschenglieder

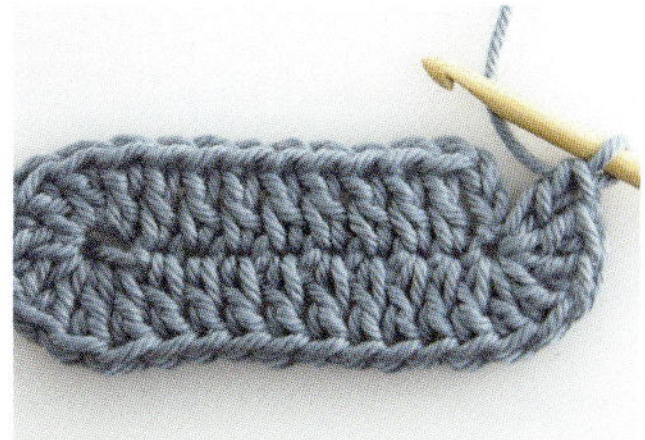

Wenn man am Ende der unteren Seite der Luftmaschenkette angelangt ist (also an der Basis der Steigeluftmaschen), häkelt man 6 Maschen in die letzte Masche (das ist auch die letzte Masche des Anschlags) und dreht somit wieder die Arbeit um 180° am Ende der Runde. Es sind in diesem Fall nur 6 Maschen nötig (statt 7 Maschen wie am anderen Ende der Luftmaschenkette), weil die ersten Steigeluftmaschen als Masche zählen. Die 1. Runde ist nun gehäkelt und muss nur noch mit einer Kettmasche geschlossen werden (> Seite 11), um mit der 2. Runde beginnen zu können.

Je nachdem, wie in den weiteren Runden zugenommen wird, kann aus der Basis einer rundherum behäkelten Luftmaschenkette ein Oval oder ein Rechteck werden.

RUNDEN SCHLIESSEN

Die gängigste Methode, eine Runde zu schließen, besteht darin, eine Kettmasche in die 1. Masche der Runde zu häkeln.

Bei Runden aus festen Maschen ist die 1. Masche die 1. feste Masche, die Steigeluftmasche am Anfang zählt nicht als Masche. Wenn in der Anleitung nicht anders angegeben, sticht man unter den beiden oberen Maschengliedern ein.

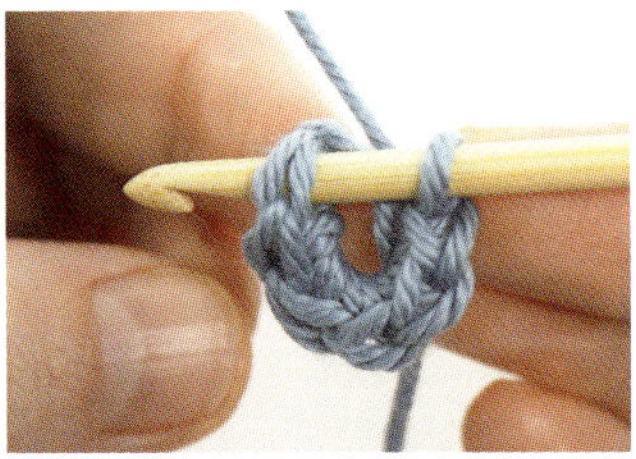

Bei höheren Maschen wird die Kettmasche in die oberste Steigeluftmasche gehäkelt.
Es ist am bequemsten, in das hintere Maschenglied und die Querrippe einzustechen, sodass die Vorderseite der Luftmaschen sichtbar bleibt.

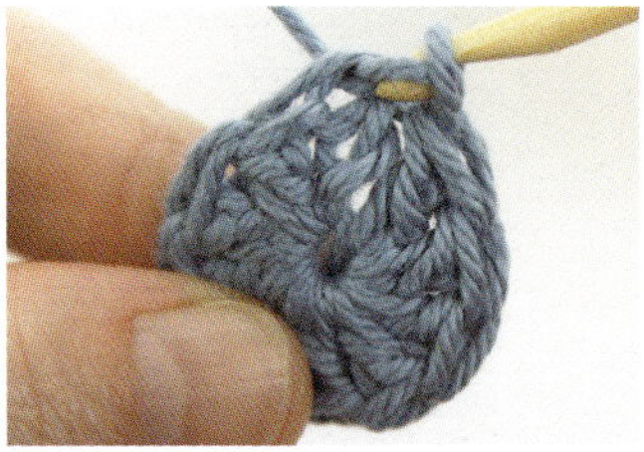

Es kann auch unter den beiden Maschengliedern eingestochen werden, die das V bilden, um ein ähnliches Bild wie bei den anderen Maschen zu erzielen.

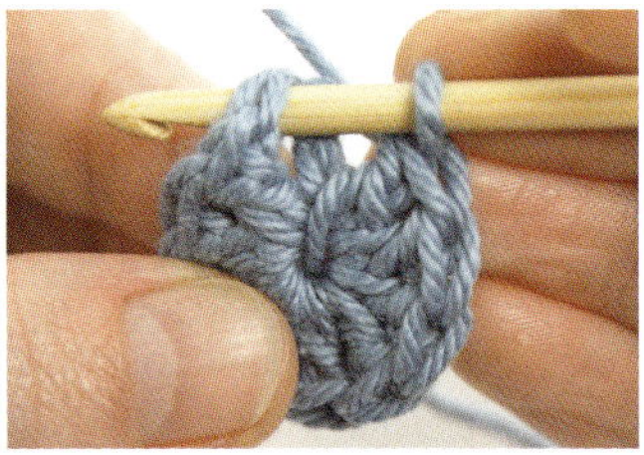

In jedem Fall befindet sich nun die Häkelnadel samt Faden an der richtigen Stelle, um mit der nächsten Runde zu beginnen: an der Basis der 1. Masche für die nächste Runde und oberhalb der 1. Masche der Vorrunde.

Für manche Modelle in Runden und mit Lochmustern ist es sinnvoll, die nächste Runde nicht oberhalb der 1. Masche der Vorrunde zu beginnen und zu schließen, sondern etwas nach rechts versetzt. Dazu schließt man die Vorrunde nicht mit einer Kettmasche, sondern mit einer festen Masche, einem halben oder ganzen Stäbchen – je nach der nötigen Entfernung zur 1. Masche der Vorrunde und dem gewählten Muster.

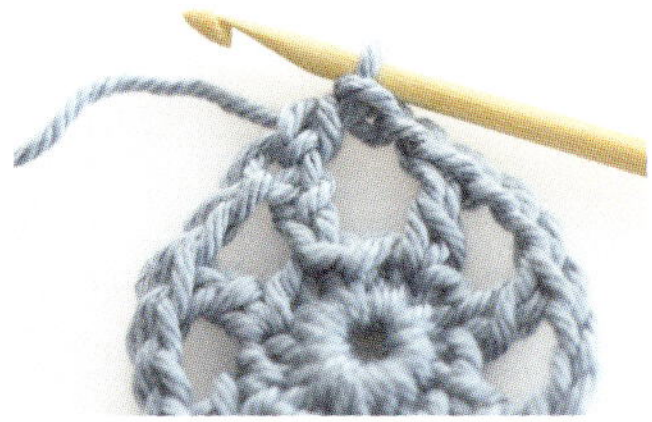

Für die Art des Einstechens gelten in diesem Fall die gleichen Prinzipien wie für das Schließen der Runde mit einer Kettmasche.

WEITERE RUNDEN BEGINNEN

Die 1. Runde ist geschlossen worden, Faden und Häkelnadel befinden sich oberhalb der 1. Masche der Vorrunde und müssen auf die richtige Höhe gebracht werden, um mit den nächsten Maschen weiterzumachen.

1 Es werden Steigeluftmaschen gehäkelt, die als Masche zählen: beispielsweise 2 für ein halbes Stäbchen, 3 für ein Stäbchen (> Seite 40).

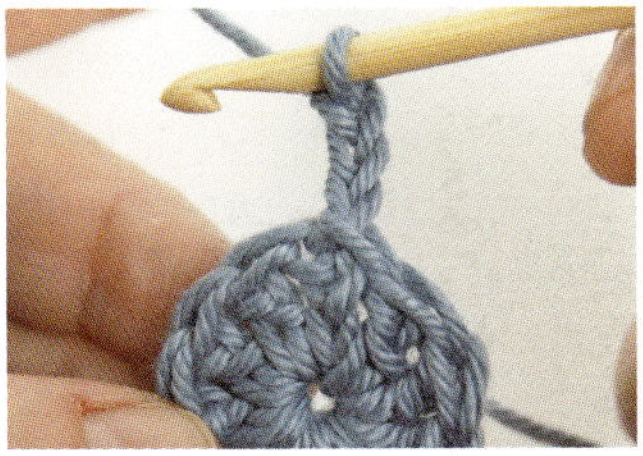

2 Nun wird die 2. Masche der 2. Runde in die nächste Masche der Vorrunde gehäkelt. Achtung! Diese Einstichstelle darf nicht mit der Basis der Steigeluftmaschen verwechselt werden, wenn laut Muster jede Masche in die entsprechende Masche der Vorrunde gearbeitet werden soll.

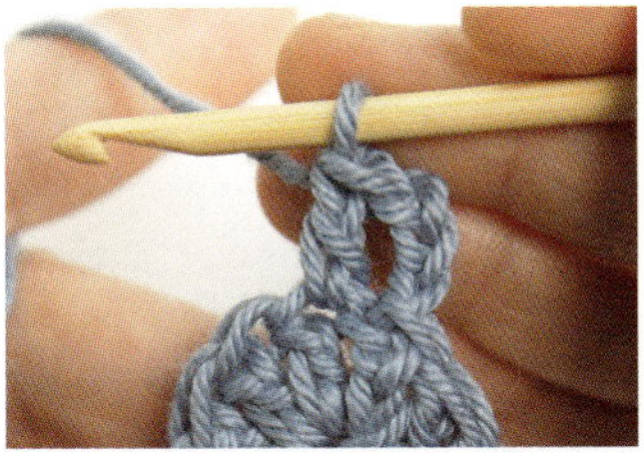

Nur wenn das Muster das Häkeln von 2 Stäbchen in die 1. Masche der Vorrunde vorsieht – beispielsweise für flache, runde Häkelstücke mit Zunahmen in jeder Runde –, wird in die Basis der Steigeluftmasche eingestochen.

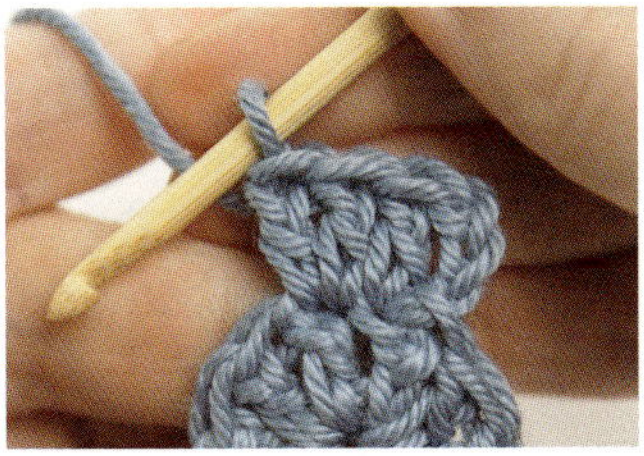

SPIRALRUNDEN

Wie für die Arbeit in normalen geschlossenen Runden wird das Häkelstück am Ende der Runde nicht gewendet. Es ist immer nur die Vorderseite der Maschen zu sehen. Allerdings werden die Runden nicht geschlossen: Die 1. Masche der neuen Runde wird einfach oberhalb der 1. Masche der Vorrunde gearbeitet, dadurch ergibt sich ein spiralförmiger Verlauf.

SPIRALRUNDEN AUS FESTEN MASCHEN

Man beginnt mit einer Luftmasche oder einem Magic-Ring (> Seite 46) und häkelt zuerst 1 Steigeluftmasche, die nicht als Masche zählt. In den Ring bzw. die Anfangs-Luftmasche werden 6 feste Maschen gearbeitet. Die 1. Masche kennzeichnet man mit einem Maschenmarkierer.
Ohne die Runde zu schließen, nun die 1. feste Masche der 2. Runde direkt in die 1. feste Masche der 1. Runde häkeln. Die Steigeluftmasche darf beim Übergang zur 2. Spiralrunde nicht behäkelt werden, sondern wird übergangen.

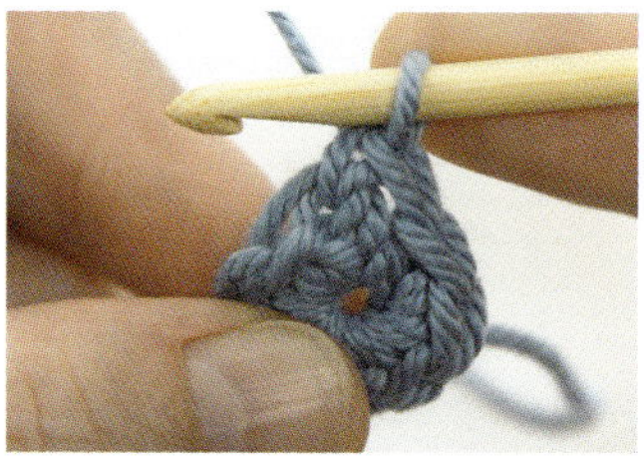

SPIRALRUNDEN AUS STÄBCHEN

Spiralrunden mit Stäbchen oder höheren Maschen werden prinzipiell genauso gehäkelt wie Spiralrunden aus festen Maschen. Jedoch ergibt sich durch die Höhe der Maschen zwischen 1. und 2. Runde ein wesentlich größerer Höhenunterschied als bei festen Maschen, sodass das 1. Stäbchen der 2. Runde nicht einfach in das 1. Stäbchen der 1. Runde gehäkelt werden kann. Daher werden die ersten Stäbchen der 1. Runde durch feste Maschen und halbe Stäbchen graduell ersetzt, um eine Art Rampe für die ersten Stäbchen der 2. Runde zu bilden. Die 1. Masche der Runde mit einem Maschenmarkierer kennzeichnen, der in jeder neuen Runde versetzt wird.

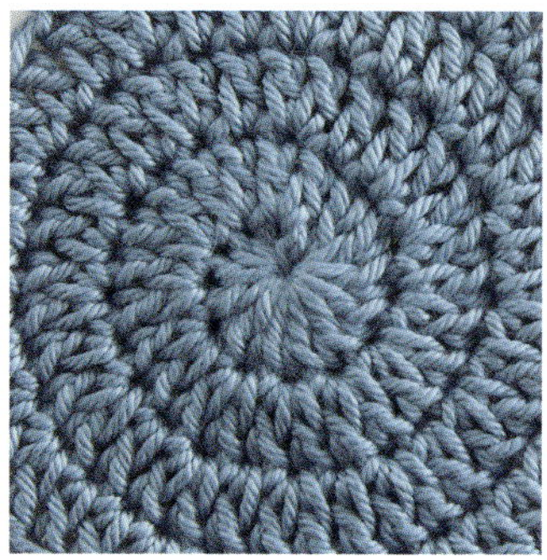

1 Mit einem Magic-Ring (> Seite 46) beginnen. 1 Steigeluftmasche (zählt nicht als Masche) häkeln, 2 feste Maschen (mit einem Maschenmarkierer in der 1. festen Masche), 2 halbe Stäbchen und 8 Stäbchen in den Ring häkeln.

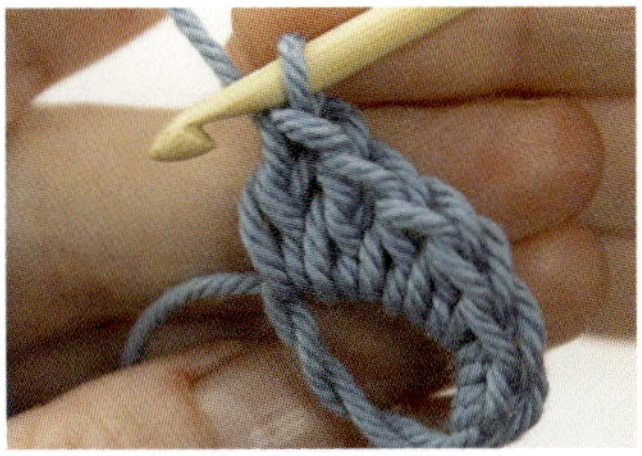

2 Die 1. Runde aus 12 Maschen ist fertig, der Ring kann zusammengezogen werden. Das 1. Stäbchen der 2. Runde direkt in die 1. feste Masche der 1. Runde arbeiten.

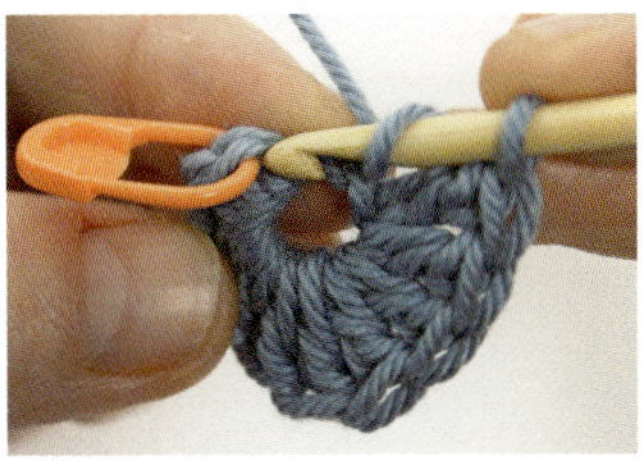

Um ein flaches Teil zu erhalten, in der 2. Runde jede Masche verdoppeln (2 Stäbchen in jede Masche häkeln), in den folgenden Runden jede 2., jede 3., jede 4. M verdoppeln usw. In allen weiteren Runden muss der Übergang nicht mehr angepasst werden.

BEENDEN VON SPIRALFÖRMIGEN HÄKELSTÜCKEN

Abschluss mit Stufe

Wen eine kleine Stufe am Ende der letzten Runde nicht stört, der kann einfach nach der letzten Masche (feste Masche oder Stäbchen) die Arbeit beenden (> Seite 56).

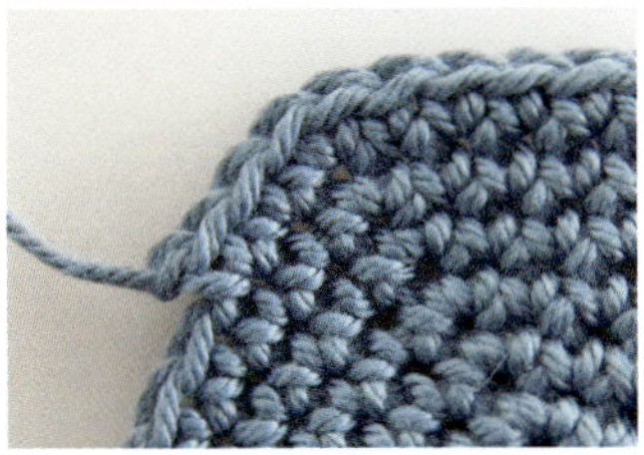

Spirale aus festen Maschen mit Stufenabschluss

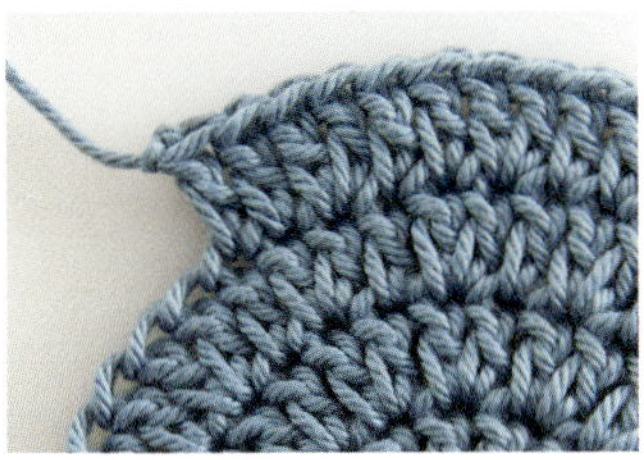

Spirale aus Stäbchen mit Stufenabschluss

GLATTER ABSCHLUSS

Damit die Kante des Häkelstücks stufenlos und glatt ausfällt, arbeitet man bei einem Häkelstück in festen Maschen nach der letzten Masche noch jeweils 1 Kettmasche in die nächsten 3 Maschen.

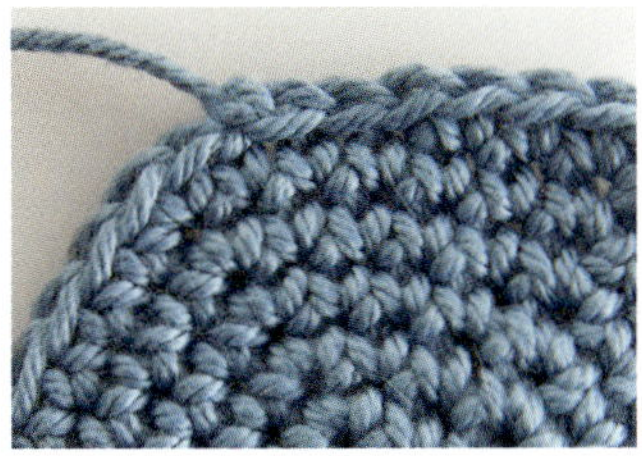

Bei einem Häkelstück aus Stäbchen, das eine glatte Kante erhalten soll, werden nach dem letzten Stäbchen der letzten Runde in die nächsten 9 Stäbchen noch 3 halbe Stäbchen, 3 feste Maschen und 3 Kettmaschen gearbeitet

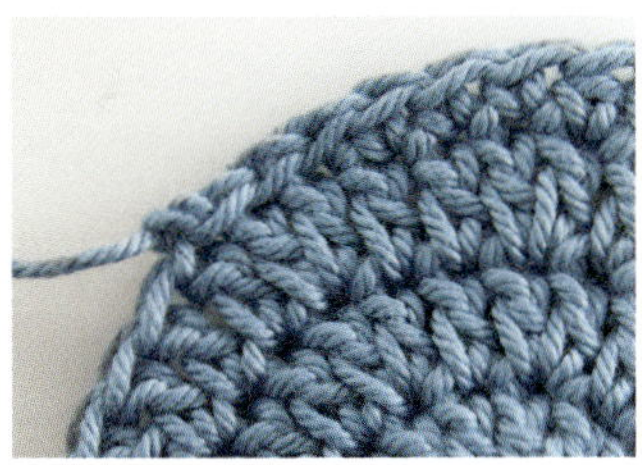

EINEN NEUEN FADEN ANSETZEN

Wenn man sieht, dass ein Knäuel bald zu Ende geht, kann man sich für das Ansetzen eines neuen Fadens am Ende einer Reihe entscheiden, damit man die Fäden in der späteren Naht vernähen kann, oder aber den neuen Faden mitten in der Reihe anfügen.

NEUER FADEN IN GLEICHER FARBE

Die folgenden Methoden eignen sich zum Ansetzen eines Fadens in der gleichen Farbe. Welche Methode im Einzelfall gewählt werden sollte, hängt von der Stärke, Art und Materialzusammensetzung des Garns ab.

RUSSIAN JOIN

Für dünnere Garne.

1 Wenn vom alten Faden noch ca. 15 cm übrig sind, fädelt man das Fadenende in eine Wollnadel ein und näht die letzten Zentimeter des Fadenendes zurück in den Faden, sodass eine Schlaufe entsteht.

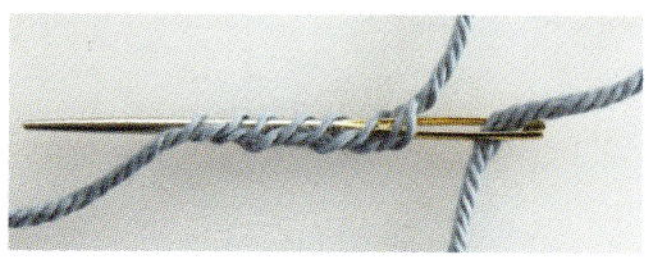

2 Dann fädelt man das Ende des neuen Fadens ein, führt ihn mit der Wollnadel durch die zuvor gebildete Schlaufe des alten Fadens und näht das Ende des neuen Fadens ebenfalls über ein paar Zentimeter zurück in den neuen Faden ein.

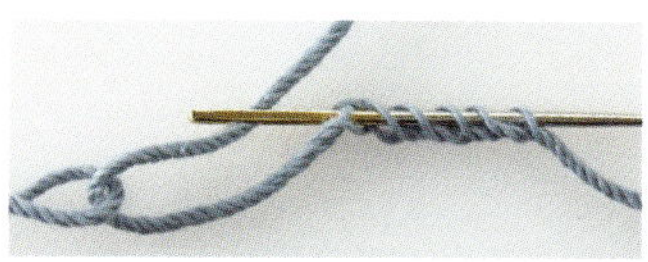

ZUSAMMENFILZEN

Für dünnere, filzbare Garne (Fasern tierischen Ursprungs ohne Superwash-Ausrüstung).

1 Das Ende des alten Fadens wird über ein paar Zentimeter auf das Ende des neuen Fadens gelegt und leicht darum herumgewickelt.

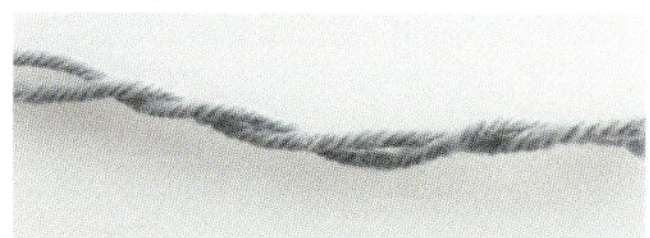

2 Mit den Handflächen und ein wenig Wasser die 2 Fäden so lange zusammenreiben, bis sie verfilzen.

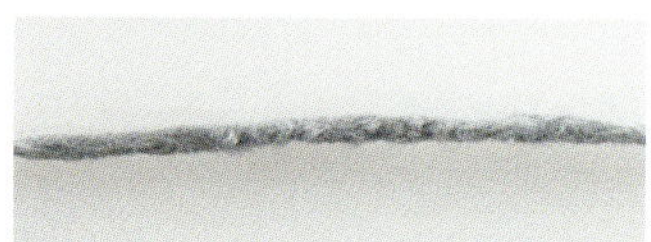

FÄDEN AUSDÜNNEN UND FILZEN

Für dickere, filzbare Garne aus mindestens 2 miteinander verzwirnten Fäden.

1 Das alte und das neue Fadenende auf die gleiche Länge ausdünnen: Dazu entzwirnt man die Fäden manuell, dreht sie also entgegen den Zwirnrichtung auf, und schneidet an beiden Fadenenden die Hälfte der Einzelfäden ab.

2 Die übrigen Fäden beider Fadenenden können nun wieder zusammengezwirnt und verfilzt werden. Sie bilden über die abgeschnittene Länge einen neuen Faden normaler Stärke, der ganz normal verarbeitet werden kann.

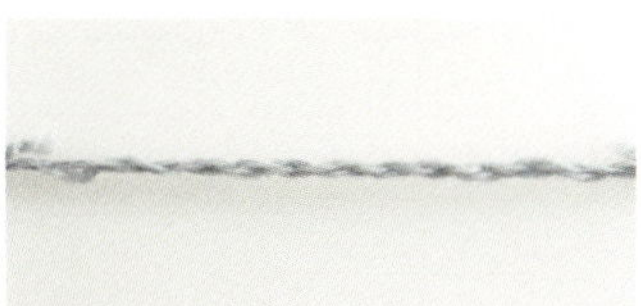

FÄDEN AUSDÜNNEN UND MIT SCHLAUFEN VERBINDEN

Für dickere, nicht filzbare Garne aus mindestens 2 miteinander verzwirnten Fäden.
Die Fäden wie oben beschrieben über jeweils ca. 20 cm ausdünnen, jedoch nicht abschneiden. Eine Hälfte des aktuellen Fadens hinter der Arbeit hängen lassen, die andere Hälfte mit einer Hälfte des neuen Fadens als Schlaufen ineinanderlegen. Beim Weiterhäkeln die Schlaufen jeweils mit dem Faden zusammenhalten, damit sie sich nicht lösen und mit dem doppelt gelegten Faden weiterarbeiten. Alle Fadenenden später auf die Rückseite der Arbeit ziehen und dort vernähen.

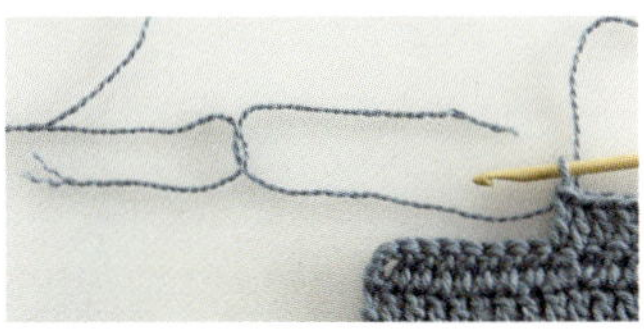

NEUER FADEN IN ANDERER FARBE

Hier wird der Faden an einer klar definierten Stelle zwischen zwei Maschen gewechselt, sodass diese besonders gut für einen Farbwechsel genutzt werden können.

MIT PROVISORISCHEM KNOTEN

Eine sehr einfache Methode, einen neuen Faden anzufügen. Wenn vom aktuellen Faden nur noch 10 cm übrig sind, knotet man direkt an der letzten Masche den neuen Faden (10 cm Anfangsfaden hängen lassen) um den alten Faden, schiebt den Knoten auf die Rückseite der Arbeit (also in einer Hinreihe oder in einer Runde nach hinten, in einer Rückreihe nach vorn) und häkelt die Steigeluftmaschen bzw. das falsche Stäbchen am Reihen- oder Rundenbeginn mit dem neuen Faden weiter.

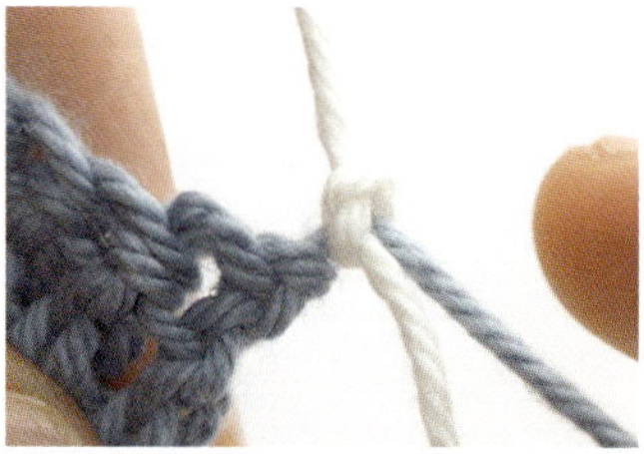

Nach Beendigung der Häkelarbeit löst man den Knoten sorgfältig mit einer stumpfen Wollnadel auf, verkreuzt die Fadenenden und vernäht sie auf der Rückseite. Bei einem Farbwechsel muss darauf geachtet werden, dass der vernähte Faden nicht auf der Vorderseite durchscheint.

BEIM ABMASCHEN

Ein neuer Faden kann sehr unauffällig beim Übergang von einer Masche zur nächsten angesetzt werden. Dies kann entweder bei einem Farb- oder Knäuelwechsel innerhalb der Runde oder Reihe geschehen, oder auch am Ende der letzten Reihe vor dem Wechsel.

AM REIHENENDE

1 Die letzte Masche mit dem alten Faden so weit abmaschen, bis noch 2 Schlingen auf der Häkelnadel liegen. Den Faden in der neuen Farbe holen.

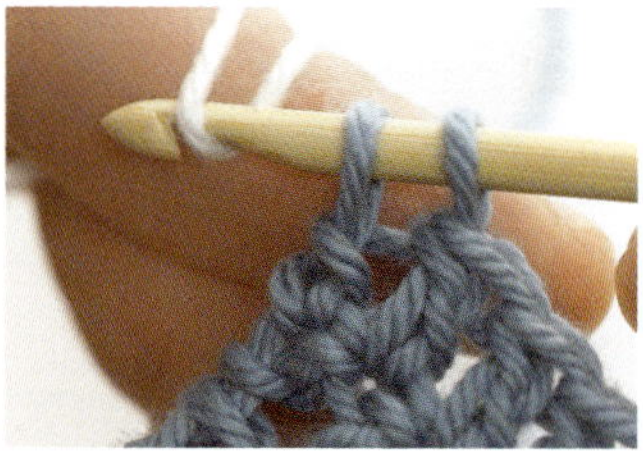

2 Die letzten 2 Schlingen mit dem neuen Faden zusammen abmaschen.

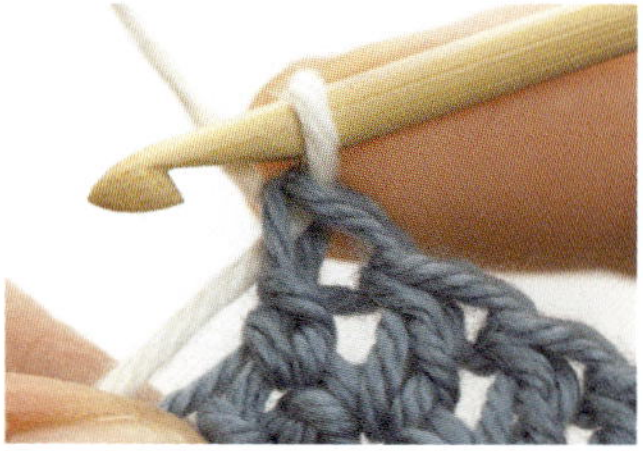

3 Die Arbeit wenden und die 1. Masche der neuen Reihe mit dem neuen Faden arbeiten.

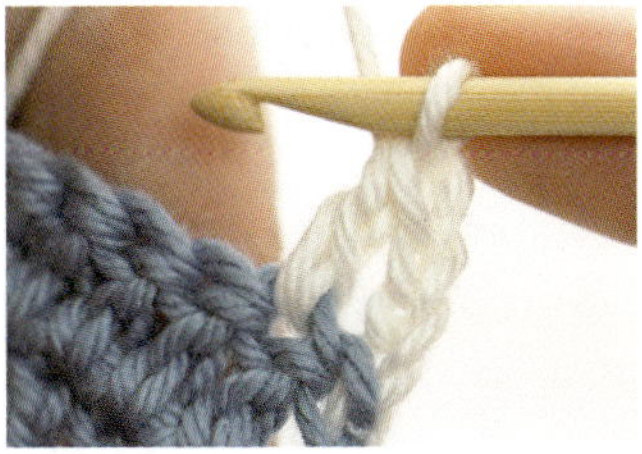

Bei festen Maschen die Masche direkt nach dem Durchholen der 1. Schlinge mit der neuen Farbe abmaschen.

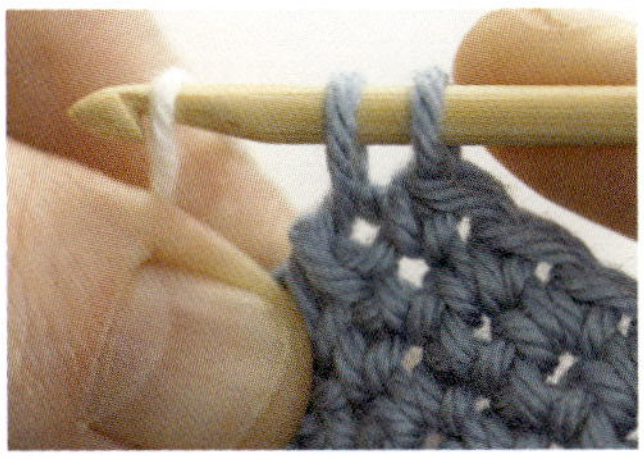

INNERHALB EINER RUNDE ODER REIHE

1 Für einen Faden- oder Farbwechsel innerhalb der Reihe oder Runde die letzte Masche vor der Wechselstelle bis auf die letzten 2 Schlingen abmaschen und die Masche mit dem neuen Faden beenden.

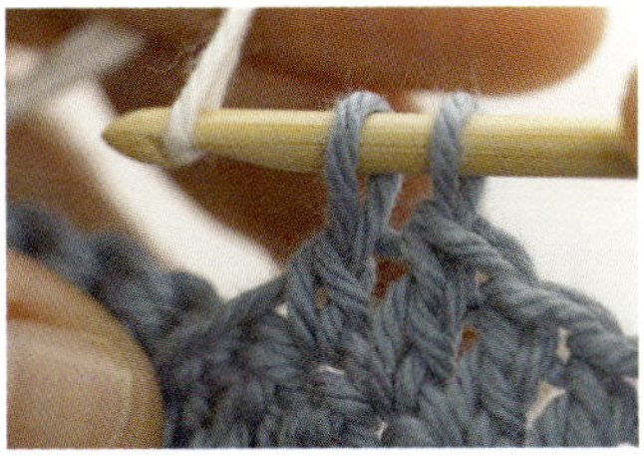

2 Nun kann mit der 1. Masche der neuen Runde (Steigeluftmaschen oder „falsche Masche") weitergearbeitet werden.

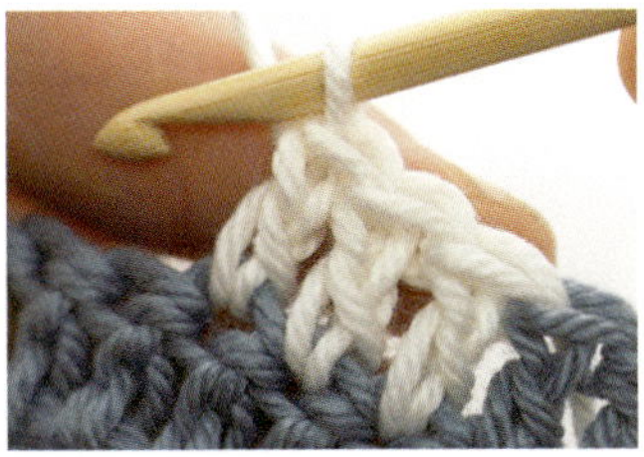

Bei festen Maschen die Masche direkt nach dem Durchholen der 1. Schlinge mit der neuen Farbe abmaschen.

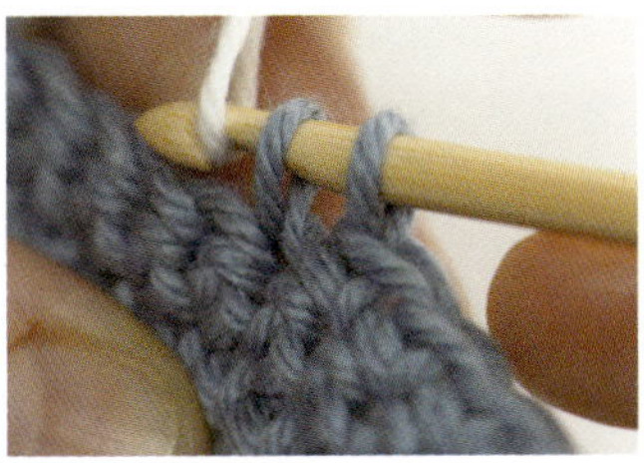

AM ENDE EINER RUNDE

1 Die letzte Masche der Runde bis auf die letzten 2 Schlingen abmaschen. Nun zum Schließen der Runde in die oberste Steigeluftmasche oder unter den beiden V-förmigen Maschengliedern der 1. Masche der Runde einstechen und den neuen Faden durchholen.

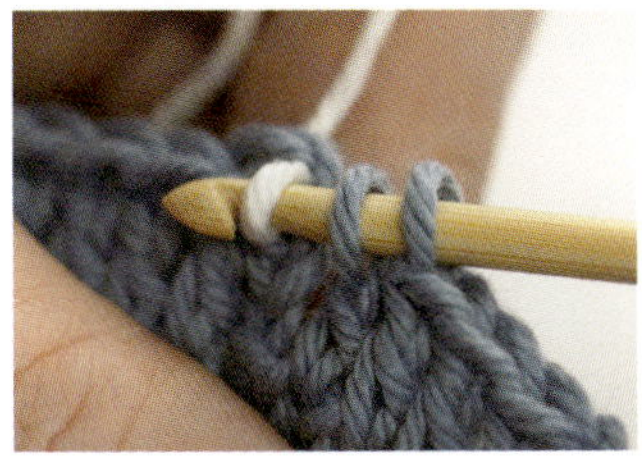

2 Ohne den Faden erneut zu holen, die neue Schlinge durch die 2 letzten Schlingen der letzten Masche der Runde holen. Danach kann direkt mit der neuen Runde begonnen werden.

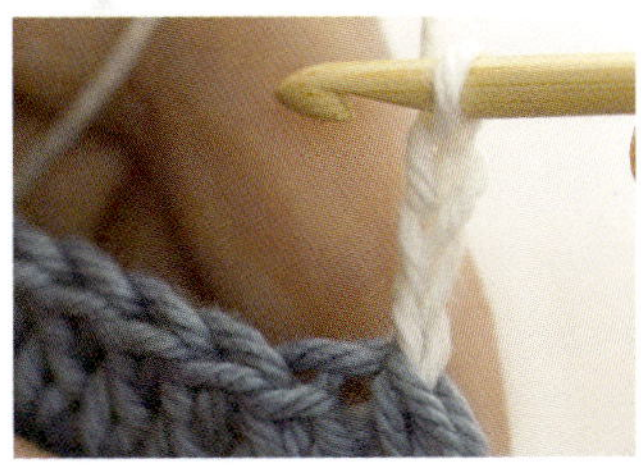

HÄKELARBEIT BEENDEN

Wenn die Häkelarbeit beendet ist, schneidet man den Arbeitsfaden mindestens 10 cm nach der letzten Masche ab und sichert das Fadenende, damit das Häkelstück sich nicht wieder auflöst.

FADENENDE SICHERN AM REIHENENDE

Beim Beenden eines Häkelstücks in Reihen befindet sich der Faden normalerweise am Ende der letzten Reihe.

SICHERN IN DER LETZTEN MASCHE

Nach dem Abmaschen der letzten Masche wird der Faden abgeschnitten und die Arbeitsschlinge so weit in die Länge gezogen, dass das Fadenende aus der Masche herausrutscht und vernäht werden kann. Das Ende der Häkelarbeit erscheint auf gleicher Höhe wie die letzte Masche und fällt kaum auf.

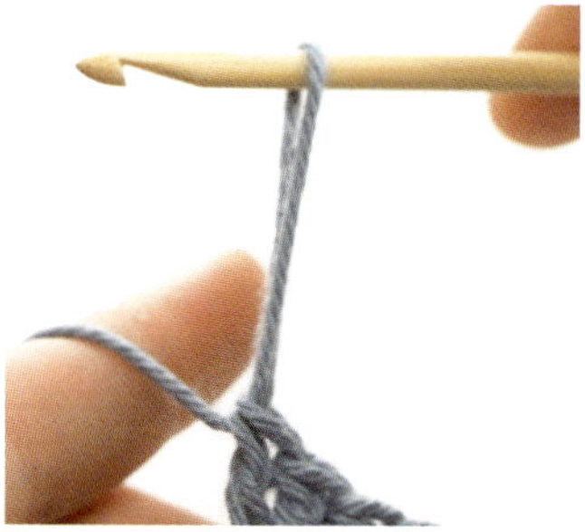

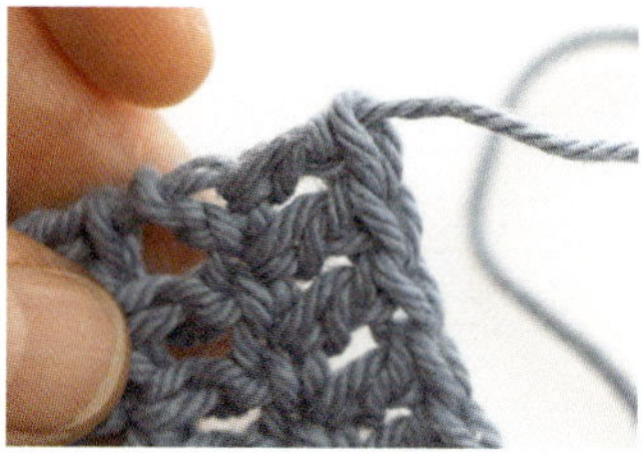

SICHERN IN DER ARBEITSSCHLINGE

Wenn die letzte Masche gehäkelt und der Faden abgeschnitten ist, das Fadenende mit der Häkelnadel holen und vollständig durch die Arbeitsschlinge ziehen. Es ergibt sich ein fester Abschluss, mit einer leichten Erhöhung. Diese kann beim Vernähen des Fadens ausgeglichen werden.

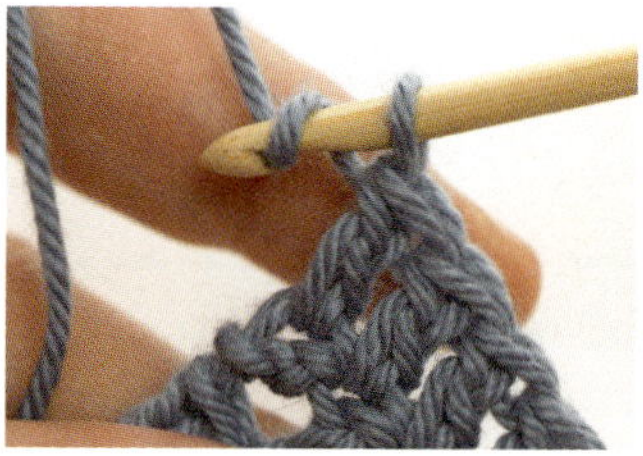

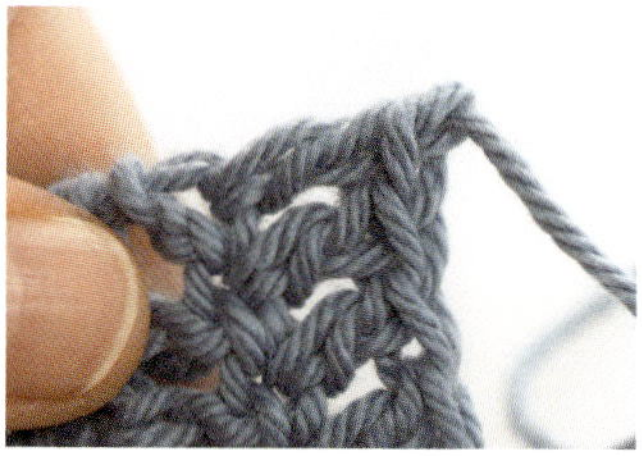

SICHERN MIT EINER LUFTMASCHE

Wer wirklich sicher sein will, dass der Faden sich nach dem Häkeln nicht löst, kann nach der letzten Masche eine zusätzliche Luftmasche häkeln und erst danach den Faden abschneiden und komplett durch die Arbeitsschlinge ziehen.

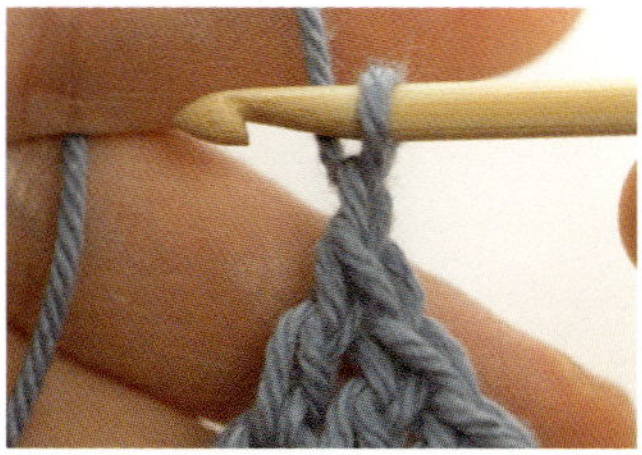

Dann das durchgezogene Fadenende fest anziehen, um den Abschluss zu sichern.

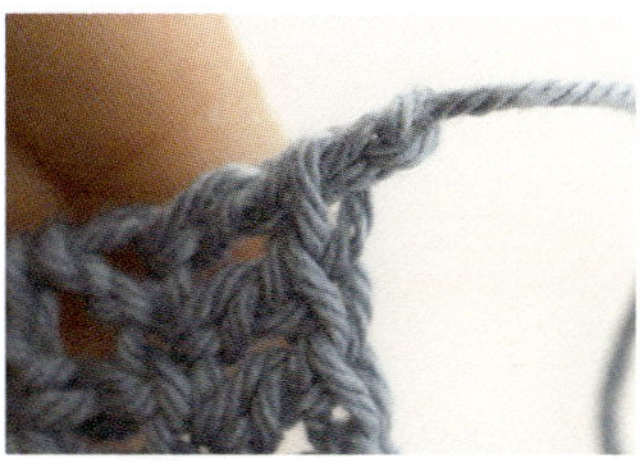

FADENENDE SICHERN IN RUNDEN

SICHERN IN DER SCHLIESSENDEN MASCHE EINER RUNDE

Bei rundgehäkelten Arbeiten wird gewöhnlich die letzte Runde geschlossen – meist durch eine Kettmasche, aber auch andere Maschenarten kommen vor.
Zum Beenden der Arbeit nach dem Schließen der Runde den Faden mindestens 10 cm nach der letzten Masche abschneiden und das Fadenende vollständig durch die letzte Arbeitsschlinge ziehen.

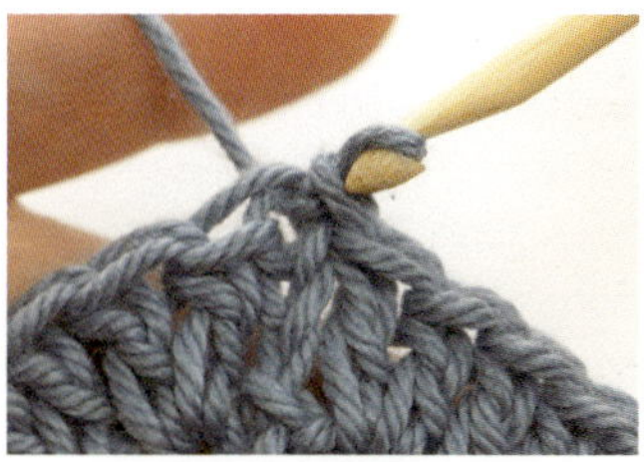

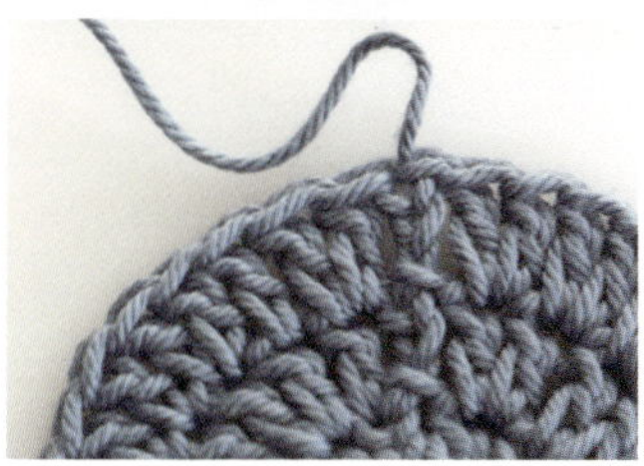

Die Oberkante der Häkelarbeit zeigt saubere V-Formen, doch das Fadenende hängt lose und muss später beim Vernähen gut fixiert werden.

Besser gesichert wird das Fadenende, wenn man einen zusätzlichen Umschlag auf die Häkelnadel legt und erst dann das abgeschnittene Fadenende durch die Arbeitsschlinge holt. Sauber vernäht werden muss das Fadenende aber trotzdem.

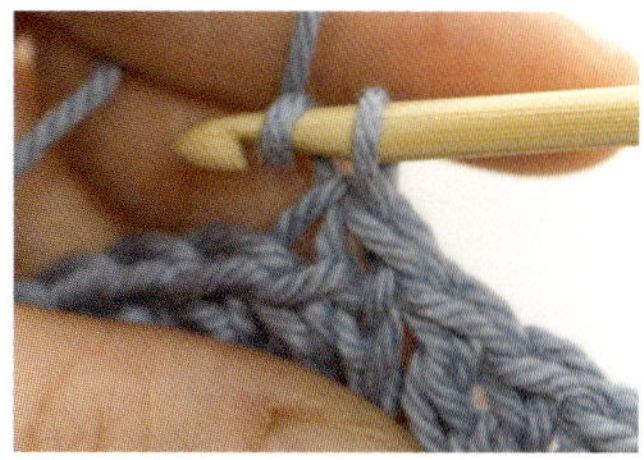

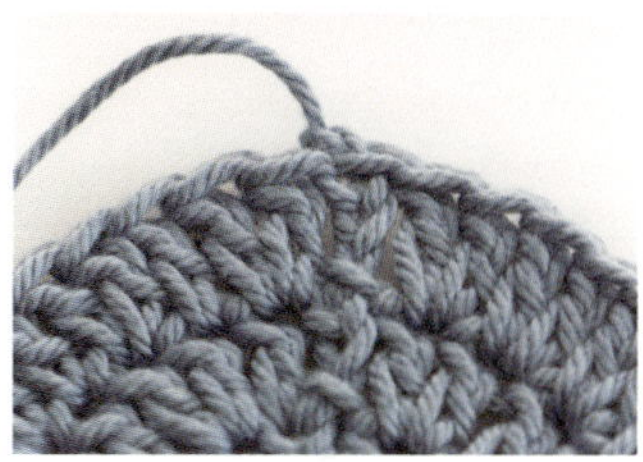

Der Abschluss ist leicht erhöht, aber gut gesichert.

SICHERN DURCH ABNÄHEN

Mithilfe einer Wollnadel und des Fadenendes lässt sich eine V-förmige Masche imitieren, sodass die Abschlussrunde der Arbeit komplett geschlossen wirkt und das Rundenende nicht auffällt. Im gleichen Arbeitsschritt kann das Fadenende auch vernäht werden.

1 Die letzte Runde vollständig zu Ende häkeln, aber nicht schließen und den Faden mindestens 10 cm nach der letzten Masche abschneiden. Dann die Arbeitsschlinge lang ziehen, sodass das Fadenende durch die letzten 2 Schlingen rutscht.

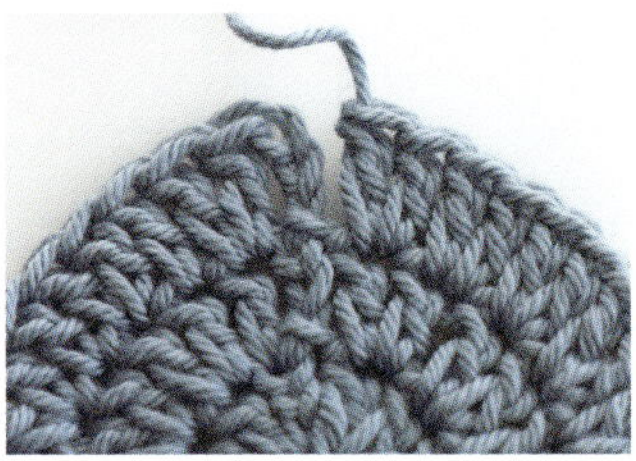

2 Das Fadenende in die Wollnadel einfädeln und von vorne nach hinten unter den beiden oberen Maschengliedern der obersten Steigeluftmasche oder der 1. Masche am Rundenbeginn hindurchführen.

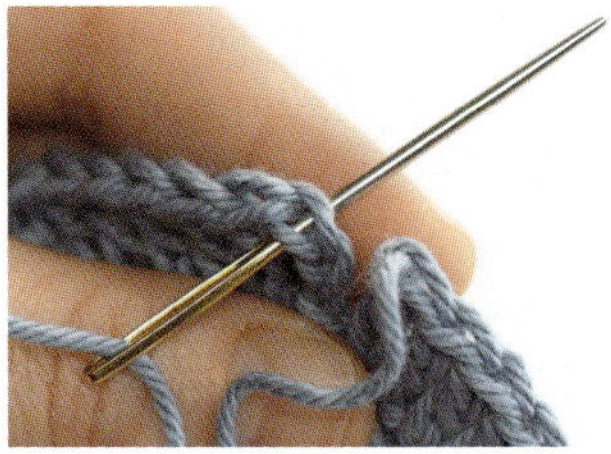

3 Die Wollnadel zurück zur letzten Masche führen, von oben in die Mitte des V einstechen …

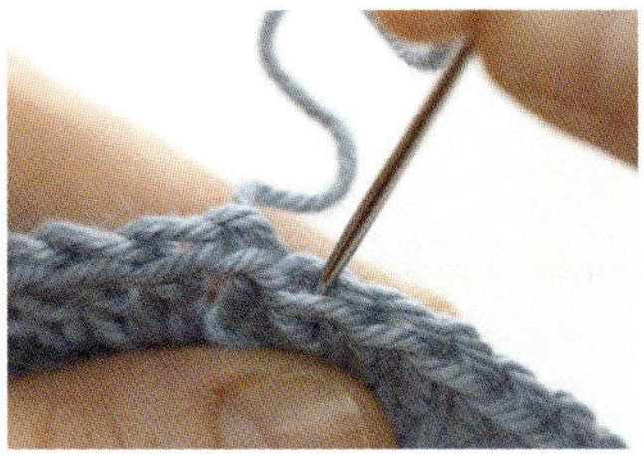

4 … und nach hinten durch die 2 oberen Maschenglieder der letzten Masche führen. Danach kann das Fadenende vernäht werden.

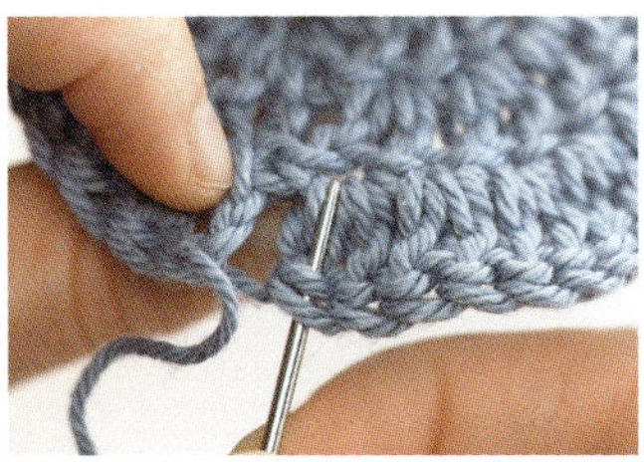

5 Die Oberkante der Häkelarbeit wirkt nun einheitlich und geschlossen. Die abgenähte Masche ist von den übrigen Maschen nicht zu unterscheiden.

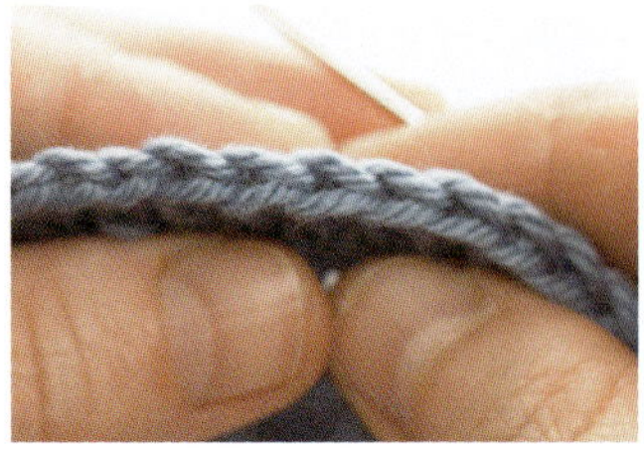

FADENENDEN VERNÄHEN

Lose Fadenenden werden mit einer stumpfen Wollnadel vernäht, wenn die Häkelarbeit beendet ist. Das ca. 10 cm lange Fadenende in das große Öhr der Nadel einfädeln und die Nadel durch die Maschen auf der Rückseite der Arbeit fuhren, um das Fadenende in den Maschen zu verstechen.

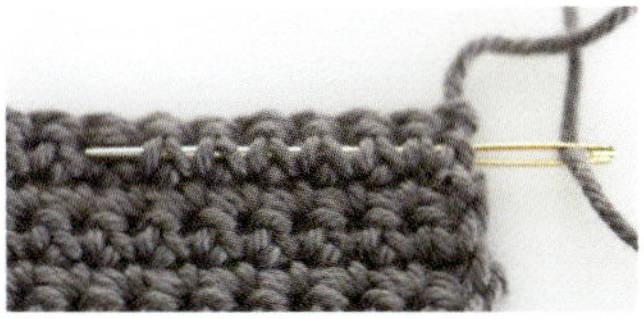

Damit sich das Fadenende nicht mit der Zeit löst, vernäht man es erst in der einen, dann in der entgegengesetzten Richtung.

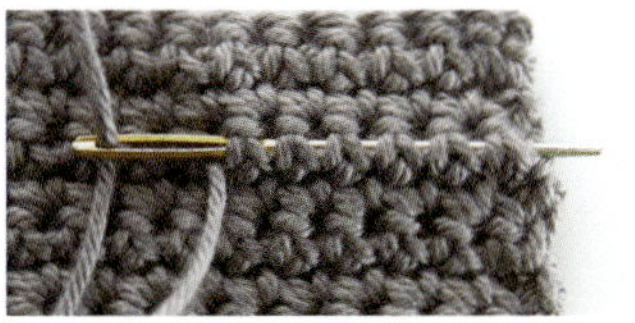

In einer Naht lassen sich Fadenenden besonders gut und unauffällig vernähen. Das Fadenende in die Wollnadel einfädeln und zwischen den Maschen an der Verbindungsstelle zweier Teile verstechen. Dafür mindestens einmal hin- und wieder zurücknähen.

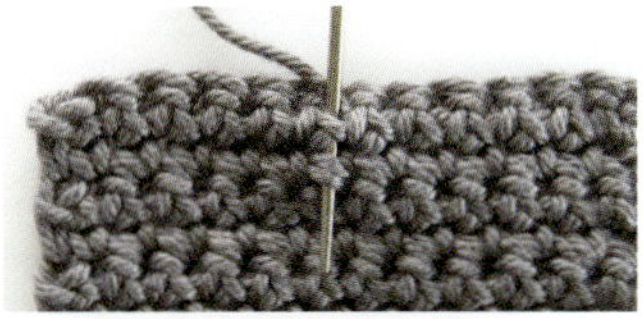

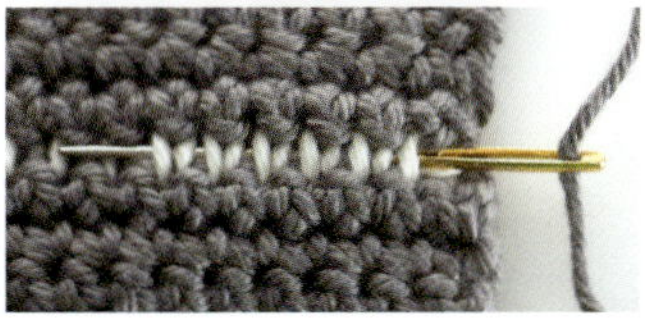

WASCHEN UND SPANNEN

Fertige Häkelmodelle sollten ein erstes Mal gewaschen werden und getrocknet werden. Von Hand mit etwas Wollwaschmittel und lauwarmem oder kaltem Wasser waschen, dabei möglichs wenig bewegen. Gründlich spülen und vorsichtig ausdrücken, keinesfalls auswringen. Das nasse Modell aus ein Handtuch legen, einrollen und das restliche Wasser ausdrücken. Die Häkelarbeit behutsam in Form ziehen und zum Trocknen flach auf einem Handtuch ausbreiten.

Manche Modelle müssen auch in Form gespannt werden. Dabei an den Maßangaben in der Anleitung orientieren. Spezielle Spannunterlagen mit aufgedruckten Rastern, großflächige Bügelunterlagen, feste Schaumstoff- oder Styroporplatten oder Puzzlematten aus Moosgummi (Spielwarenbedarf) eigenen sich als Unterlage. Häkelteile mit Stecknadeln in gleichmäßigen Abständen feststecken. Ecken und durchbrochene Häkelkanten besonders gut fixieren. Bei zarten Spitzen jeden einzelnen Luftmaschenbogen oder jede Zacke einzeln aufspannen. Danach das Häkelteil anfeuchten und trocknen lassen.

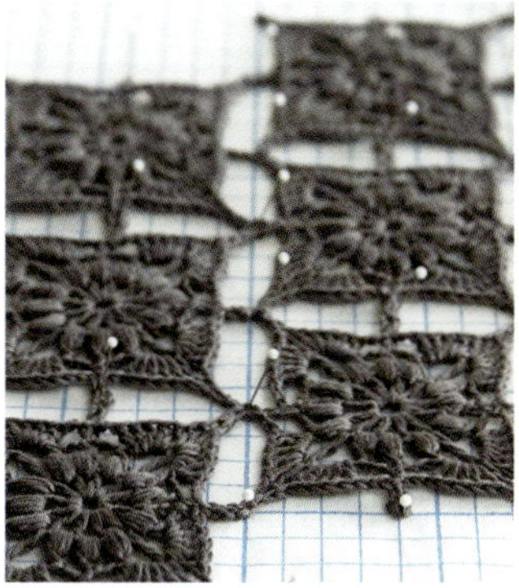

HÄKEL-ANLEITUNGEN VERSTEHEN

Eine Häkelanleitung enthält alle wichtigen Informationen zu einem Häkelmodell. Wer mit den Angaben und den Bedeutungen der Begriffe umzugehen weiß, kann, ausgehend von diesen Angaben, jede Anleitung auf andere gewünschte Maße oder Garne mit einer abweichenden Maschenprobe ändern.

AUFBAU UND INHALT EINER ANLEITUNG

Jedes Element einer Häkelanleitung enthält wichtige Informationen zum Gelingen des Häkelprojektes.

GRÖSSE

Die Größe vermittelt eine Vorstellung davon, wie groß das fertige Modell sein wird. Sie kann bei Kleidungsstücken in Konfektionsgrößen oder bei anderen Modellen in Zentimeterwerten für Länge, Breite, Höhe, Durchmesser oder Umfang angegeben sein.

Enthält eine Anleitung für ein Kleidungsstück Angaben für mehrere Größen, werden diese aufsteigend, mit der kleinsten Größe beginnend, beschrieben. Alle Angaben stehen dann in der Anleitung nebeneinander, durch Schräg- oder Bindestriche getrennt oder teilweise in Klammern gesetzt. Steht in der Anleitung nur eine Angabe, so gilt diese für alle Größen.

ONE SIZE FITS ALL

Auf Einheitsgrößen sollte man sich allenfalls für Schals oder Stolen verlassen. Da es keine international einheitlichen Konfektionsgrößen gibt, sollte man für alle anderen Kleidungsstücke die Angaben in der Schnittskizze mit den Maßen eines gut passenden Kleidungsstücks mit ähnlichem Schnitt vergleichen und daraufhin die richtige Größe auswählen oder die Anleitung gleich an die eigenen Maße anpassen.

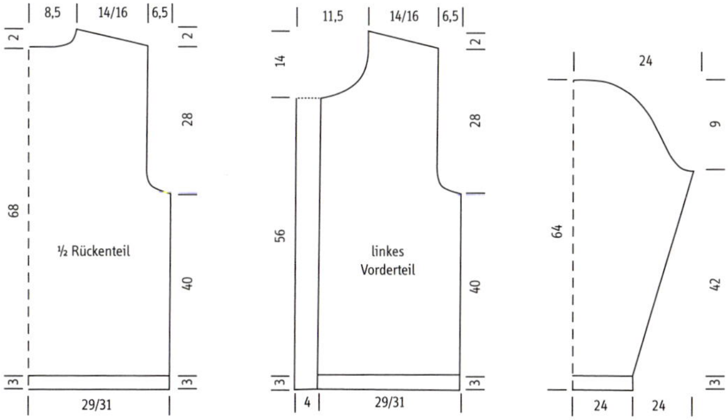

SCHNITTSKIZZE

In Schnittskizzen werden alle Teile eines Häkelmodells dargestellt und mit allen Maßen beschriftet. So lässt sich gut im Vorhinein erkennen und während des Arbeitens kontrollieren, welche Form und Größe die einzelnen Teile haben sollen.

MATERIAL

Das gesamte Material, das zum Nacharbeiten eines Modells nötig ist, wird detailliert angegeben.

Angaben zum Garn enthalten Informationen über Garnname, Hersteller, Farbbezeichnung (Name und/oder Nummer) und die erforderliche Menge, oft auch über die Zusammensetzung des Garns und die Lauflänge.

Die empfohlene Nadelstärke sollte immer anhand einer eigenen Maschenprobe (> Seite XX) überprüft werden.

Falls nötig, werden auch Angaben zu Hilfsmitteln, wie Maschenmarkierer, Wollnadel zum Vernähen oder Zubehör, wie z. B. Knöpfe aufgeführt.

HÄKELMUSTER

Häkelmuster, die in einem Modell vorkommen, werden entweder als Häkelschrift (> Seite 62) oder als Textanleitung beschrieben.

MASCHENPROBE

Die Maschenprobe ist eine der wichtigsten Angaben der gesamten Anleitung. Alle Angaben einer Anleitung wie Maschenzahl, Reihenzahl, Anzahl und Stelle der Zunahmen oder Abnahmen sind anhand der Maschenprobe berechnet. Nur wenn die eigene Maschenprobe mit den Angaben in der Anleitung genau übereinstimmt, wird das gehäkelte Modell die angegebenen Maße und/oder die richtige Passform haben.

HÄKELANLEITUNG

Die eigentliche Häkelanleitung beschreibt alle Arbeitsschritte vom ersten Maschenanschlag bis zur Fertigstellung des Häkelmodells. Sie gliedert sich in die genauen Beschreibungen aller Einzelteile für das Modell. Außerdem werden Hinweise gegeben, ob ein Einzelteil eventuell zwei- oder mehrmals gehäkelt werden muss.

Im Abschnitt „Fertigstellunen“ werden neben der Reihenfolge des Zusammennähens auch alle weiteren Arbeiten, wie z. B. das Anhäkeln von Blenden, das Annähen der Knöpfe oder das Anbringen dekorativer Elemente erklärt. Um vergleichen zu können, ob alle bisherigen Schritte richtig ausgeführt wurden, wird häufig die Maschenzahl nach einem bestimmten Arbeitsschritt aufgeführt.

HÄKELSCHRIFT

Eine Häkelschrift ist die grafische Darstellung eines Musters, d. h. eine gezeichnete Anleitung, die alle wichtigen Informationen zu einem Muster oder Motiv enthält. So lassen sich selbst komplizierte Muster leicht verständlich darstellen.

In Häkelschriften ist jeder Masche ein bestimmtes Zeichen oder Symbol zugeordnet. Da die Verwendung für die Zeichen oder Symbole nicht einheitlich geregelt ist, sollte einer Häkelschrift immer eine Legende oder Zeichenerklärung beigefügt sein, aus der die Bedeutung der einzelnen Zeichen entnommen werden kann. Diese Zeichenerklärung kann direkt bei einem Muster stehen, sie kann in Büchern oder Heften aber auch an einer zentralen Stelle in Form einer Tabelle oder Liste zusammengefasst sein.

Aus diesen Symbolen lässt sich nun eine schematische Darstellung der Häkelarbeit zusammensetzen, aus der genau ersichtlich ist, welche Maschen nacheinander gehäkelt werden müssen. Die Einstichstelle jeder Masche wird daraus ersichtlich, dass die zu häkelnde Masche genau über einer Masche der Vorreihe/-runde liegt. Häkelmodelle werden in Reihen oder in Runden gearbeitet. Entsprechend dazu sind auch die Häkelschriften angelegt.

HÄKELN IN REIHEN

Häkelarbeiten in Reihen beginnen mit einem Anschlag, z. B. einer Luftmaschenkette, über der dann die 1. Reihe steht. Diese Reihe wird von rechts nach links gehäkelt. Zur besseren Übersicht sind die Reihen an den Rändern immer am Anfang einer Reihe durchnummeriert. Die Hinreihen werden von rechts nach links, die Rückreihen von links nach rechts gelesen. So behält man die Übersicht und kann sich jederzeit leicht orientieren, wenn man nicht mehr weiß, ob man sich in einer Hin- oder Rückreihe befindet.

Muss innerhalb einer Reihe eine bestimmte Anzahl von Maschen wiederholt werden, so sind diese mit einer Klammer zusammengefasst oder durch senkrechte Striche deutlich vom Rest des Musters abgegrenzt. Diese Maschen werden als Mustersatz oder Rapport bezeichnet. Stehen die Maschen in einer Reihe, in der sich davor und danach noch weitere Maschen befinden, so wird zuerst bis zum Beginn des Rapports gehäkelt, danach werden die Maschen des Rapports entsprechend oft wiederholt und anschließend wird die Reihe zu Ende gearbeitet. Wie oft der Rapport wiederholt werden muss, ist in einem erklärenden Text angegeben. Rapporte können auch farblich vom Rest der Häkelschrift abgegrenzt sein. Auch ein in der Höhe zu wiederholender Rapport aus mehreren Reihen/Runden kann auf die eine oder andere Weise markiert werden.

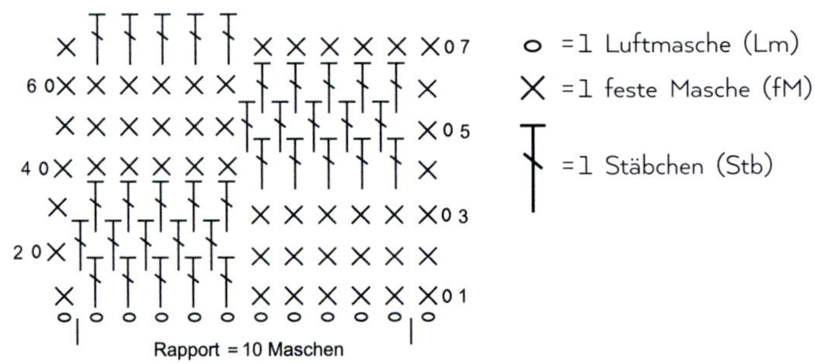

HÄKELN IN RUNDEN

Häkelarbeiten in Runden beginnen häufig in der Mitte mit einem Luftmaschenring oder einem Magic Ring (> Seite 45 und 46). Die 1. Runde wird dann in diesen Ring gehäkelt, wobei die Maschen um den Ring gearbeitet werden. Alternativ kann die 1. Runde auch in eine einzelne Luftmasche gearbeitet werden (> Seite 4). Alle weiteren Runden werden um den Mittelpunkt nach außen gehend gehäkelt, wobei stets Maschen zugenommen werden müssen, da das Häkelteil mit jeder Runde größer wird. An der Häkelschrift ist deutlich zu erkennen, an welchen Stellen Maschen zugenommen werden. Runden werden immer von rechts nach links, also gegen den Uhrzeigersinn gelesen und gehäkelt.

Die einzelnen Runden sind durchnummeriert, die Zahlen stehen jeweils rechts vom Rundenbeginn. Runden sind in der Regel in sich abgeschlossen, sie werden also mit einer Kettmasche geschlossen, bevor die neue Runde beginnt (> Seite 48).

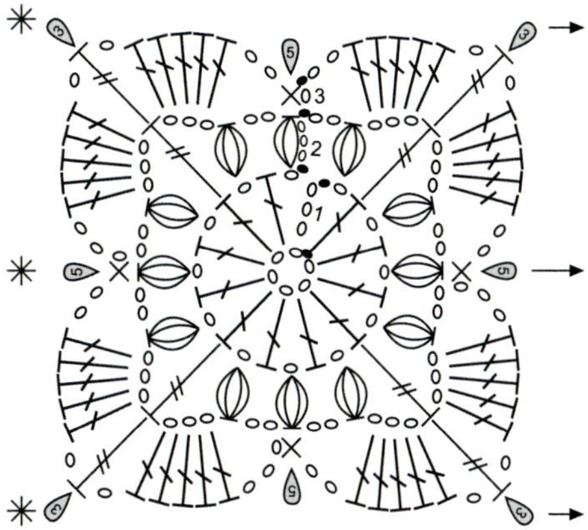

HÄKELSCHRIFT-SYMBOLE

EINZELNE MASCHEN

Einzelne Maschen stehen als unverbundene Zeichen nebeneinander. Jede Grundmasche ist mit einem nur für sie geltenden Symbol gekennzeichnet und damit leicht von allen anderen Maschen zu unterscheiden.

Beispiele:

 = 1 Luftmasche (Lm)

 = 1 Kettmasche (Km)

 = 1 feste Masche (fM)

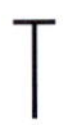 = 1 halbes Stäbchen (hStb)

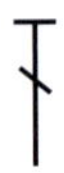 = 1 Stäbchen (Stb)

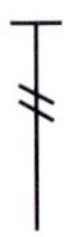 = 1 Doppelstäbchen (DStb)

MASCHENGRUPPEN

Maschengruppen sind verbundene Einzelmaschen, die in V-Formen dargestellt sind. Laufen die Zeichen unten zusammen, so werden sie in eine Einstichstelle gehäkelt, laufen sie oben zusammen, so werden sie zusammen abgemascht.

Beispiele:

 = 3 feste Maschen in eine Einstichstelle

 = 2 halbe Stäbchen in eine Einstichstelle

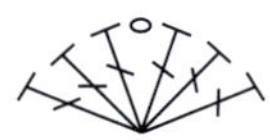 = 3 Stäbchen, 1 Luftmasche, 3 Stäbchen in eine Einstichstelle

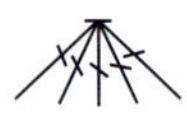 = 5 zusammen abgemaschte Stäbchen

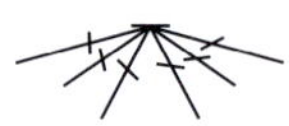 = 6 zusammen abgemaschte Stäbchen

BESONDERE MASCHEN

Besondere Maschen können entweder auf eine ganz andere Art als Grundmaschen gehäkelt werden oder sie bestehen aus einer Vielzahl von Grundmaschen, für die auf eine besondere Art eingestochen werden muss oder die als Maschengruppen mit einem eigenen, ganz typischen Maschenbild zusammengefasst sind.

Beispiele:

 = 1 tiefer gestochene feste Masche

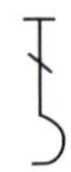 = 1 Reliefstäbchen von vorne

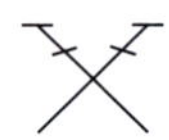 = 2 verkreuzte Stäbchen

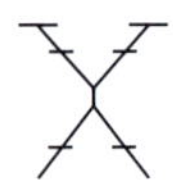 = 1 Kreuzstäbchen

 = 1 Büschelmasche aus 4 zusammen abgemaschten halben Stäbchen

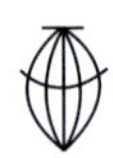 = 1 Büschelmasche aus 5 zusammen abgemaschten Stäbchen

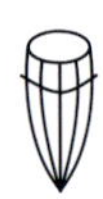 = 1 Popcorn aus 5 Stäbchen

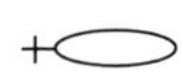 = 1 Salomonsknoten

SCHEMA-ZEICHNUNGEN

Neben Häkelschriften und Zählmustern werden zusätzliche Arbeitsschritte oder Angaben, z. B. zur Anordnung einzelner Teile, in Form von Schemazeichnungen veranschaulicht.

Einzelmotive von Häkelpatchworkarbeiten werden in einer bestimmten Reihenfolge zu einem großen Häkelstück zusammengehäkelt oder -genäht. Schemazeichnungen zeigen die genaue Anordnung der Motive, in der neben den Farben und Motivbezeichnungen auch die Richtung der Einzelmotive eingezeichnet sein kann.

Häkelarbeiten, die aus Einzelmotiven bestehen und die während des Arbeitens zusammengefügt werden, sind meist übersichtlich in einer Schemazeichnung dargestellt, sodass man stets einen guten Überblick behält, wo die gerade in Arbeit befindlichen Motive angehäkelt werden müssen. Gerade bei angehäkelten Motiven ist eine Schemazeichnung wichtig und hilfreich, denn Fehler bei der Anordnung lassen sich nur schwer korrigieren.

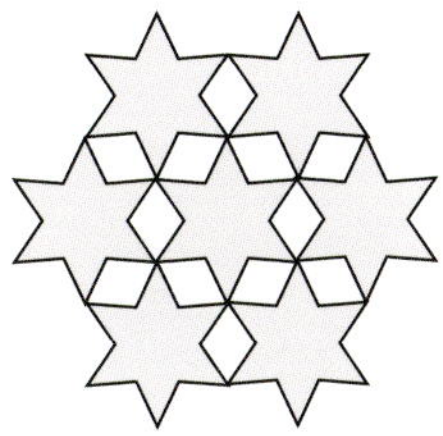

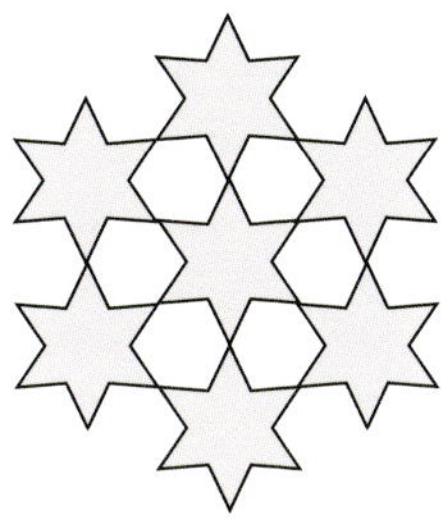

DIE MASCHEN-PROBE

Ausgehend von den geplanten Maßen, die ein gehäkeltes Teil haben soll, muss vor Beginn des Häkelns die genaue Anzahl an Maschen in der Breite und an Reihen oder Runden in der Höhe errechnet werden. Grundmaschen sind unterschiedlich hoch und breit, sodass für jedes Häkelmuster ein eigenes Maß ermittelt werden muss. Dieses Maß lässt sich mithilfe einer Maschenprobe genau bestimmen.

Die Maschenprobe hängt vor allem von der Garnstärke ab. Je dicker das Garn ist, desto größer werden die Maschen und desto weniger Maschen benötigt man für eine bestimmte Breite. Außerdem beeinflussen auch Häkelmuster selbst die Maschenprobe. Verkreuzte Maschen, z. B. bei Zöpfen oder Reliefmaschen, ziehen die Maschen zusammen, sodass mehr Maschen benötigt werden. Muster mit vielen Löchern, z. B. Netzmuster sind locker und fallen breiter aus, sodass man mit weniger Maschen auskommt. Auch die Nadelstärke, die persönliche Häkeltechnik und die Materialzusammensetzung des Garns haben Einfluss auf die Maschenprobe. Vor jedem Häkelprojekt sollte man sich deshalb unbedingt Zeit für die sorgfältige Anfertigung einer Maschenprobe nehmen, um sichergehen zu können, dass die Maße der Anleitung oder die selbst errechneten Maße erreicht werden.

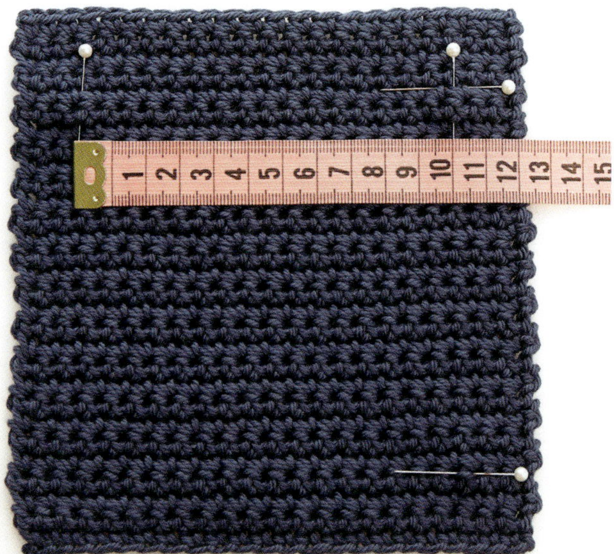

MASCHENPROBE HÄKELN

Um eine Maschenprobe zu bestimmen, orientiert man sich an den Angaben in der Anleitung. Die Angaben auf der Garnbanderole sind für Häkelprojekte nicht geeignet, denn sie gelten für glatt rechts gestrickte Probequadrate.

Eineinhalbmal so viele Maschen anschlagen, wie für 10 cm angegeben sind. Bis zu einer Höhe von 15 cm im angegebenen Häkelmuster arbeiten. Dafür zunächst die in der Anleitung empfohlene Nadelstärke verwenden. Danach das Probestück mit Stecknadeln auf einer geeigneten Unterlage feststecken, leicht dämpfen und trocknen lassen. Mit dem Maßband jeweils eine Strecke von 10 cm in Breite und Höhe abmessen und mit Stecknadeln abstecken. Nun die Anzahl der Maschen in der Breite und die Anzahl der Reihen in der Höhe für jeweils 10 cm auszählen. Diese Angaben zusammen mit der verwendeten Nadelstärke notieren. Dies ist die persönliche Maschenprobe des verwendeten Garns in einer bestimmten Nadelstärke für ein ausgewähltes Häkelmuster.

MASCHENPROBE ANPASSEN

Entspricht die selbst gehäkelte Maschenprobe nun den erforderlichen Werten, kann direkt mit dem Häkelprojekt begonnen werden.

Werden mehr Maschen und Reihen auf 10 cm gezählt als angegeben, so wurde zu fest gehäkelt. Die Maschenprobe sollte mit einer größeren Nadelstärke wiederholt werden. Sind es weniger Maschen und Reihen auf 10 cm, so ist das Gehäkelte zu locker und man sollte zu einer dünneren Nadelstärke greifen.

Kann mit einer anderen Nadelstärke zwar die erforderliche Maschenprobe erreicht werden, wird das Häkelstück aber dadurch wesentlich zu fest oder zu locker oder entspricht das Maschenbild nicht dem persönlichen Geschmack, so sollte von der eigenen bevorzugten Maschenprobe ausgegangen und die Angaben der Anleitung auf diese Werte umgerechnet werden.

Gleiches gilt, wenn ein ganz anderes Garn verwendet wird. Für die Maschenprobe dann die auf der Banderole empfohlene Nadelstärke verwenden.

MASCHEN ZUNEHMEN

Durch Zunahmen wird die Maschenzahl durch einzelne zusätzliche Maschen innerhalb der Reihe oder Runde oder durch mehrere Maschen über einen neuen Abschnitt erhöht.

ZUNAHME EINZELNER MASCHEN

MASCHEN VERDOPPELN

Ob an den Rändern oder innerhalb einer Reihe oder Runde – das Prinzip der Zunahme von einzelnen Maschen ist in beiden Fällen gleich. Es werden 2 Maschen in dieselbe Einstichstelle gehäkelt, die Masche wird somit „verdoppelt".

In die Einstichstelle der zuletzt gehäkelten festen Masche noch einmal 1 feste Masche häkeln. Die Masche ist verdoppelt, die Maschenzahl um 1 Masche erhöht.

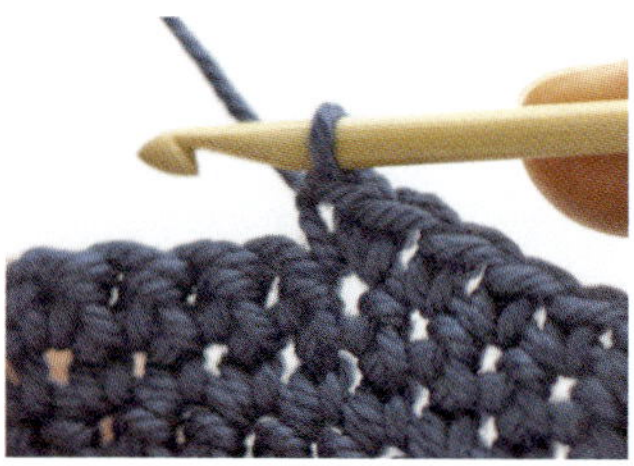

Auch alle anderen Grundmaschen werden nach dieser Methode des Verdoppelns zugenommen.

ZUNAHME EINZELNER MASCHEN AN KANTEN

Für Zunahmen an den Seitenkanten in die 1. und in die letzte Masche einer Reihe mit festen Maschen jeweils 2 feste Maschen häkeln.

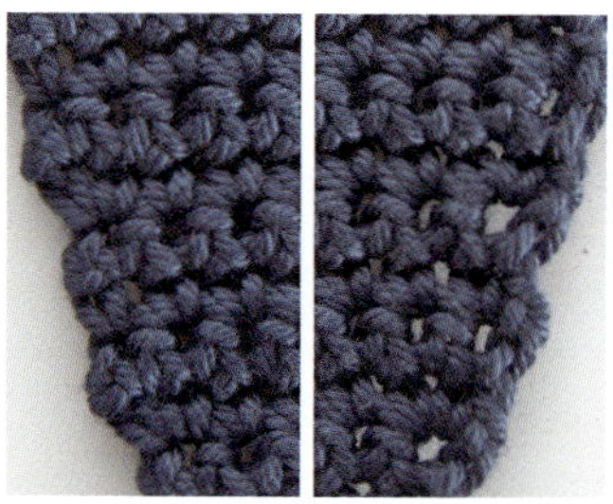

Bei höheren Grundmaschen wie dem Stäbchen am Reihenanfang nach den Wendeluftmaschen das 1. Stäbchen direkt in die letzte Masche der Vorreihe häkeln.

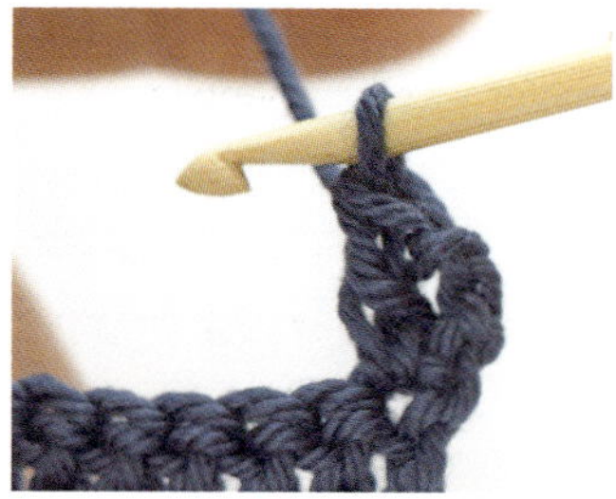

Am Reihenende 2 Stäbchen in die oberste der 3 Wendeluftmaschen häkeln.

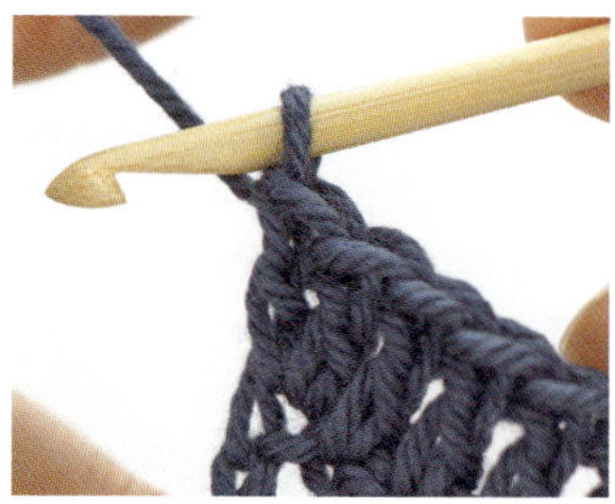

ZUNAHME MIT LUFTMASCHEN

Eine einzelne Masche kann auch durch eine Luftmasche zugenommen werden, die zwischen 2 Maschen gehäkelt wird. Diese Art der Zunahme ist bei festen Maschen, einer niedrigen Grundmasche, relativ unauffällig und fügt sich in das Maschenbild ein.

In der folgenden Reihe oder Runde an der Zunahmestelle entweder unter der Luftmasche oder in die Luftmasche einstechen. Die fertigen Zunahmen fallen bei festen Maschen im Maschenbild kaum auf.

1 An der entsprechenden Stelle 1 Luftmasche häkeln.

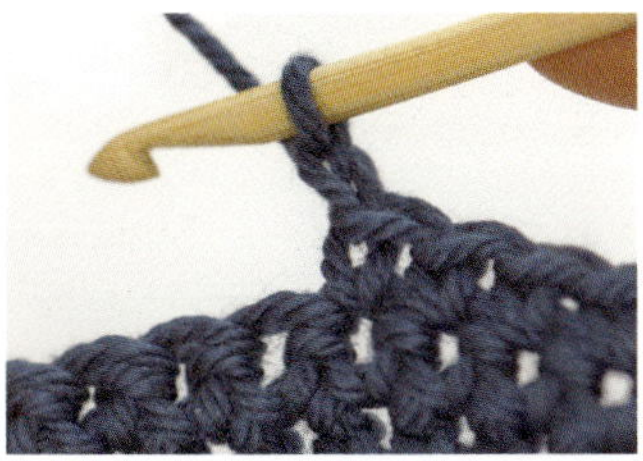

2 Die nächste feste Masche nicht in die gleiche, sondern in die nächste reguläre Masche arbeiten.

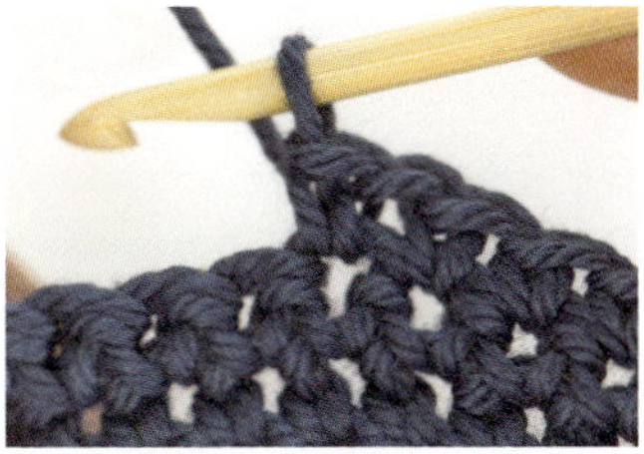

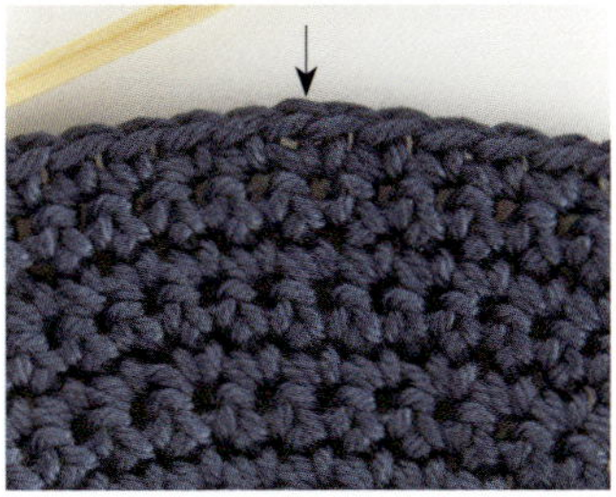

Wird jedoch bei Stäbchen eine einzelne Masche durch eine Luftmasche zugenommen, entsteht eine kleine Lücke. Werden weitere Zunahmen regelmäßig und an gleicher Stelle ausgeführt, lassen sich diese Lücken gezielt zur Betonung der Zunahmekante nutzen.

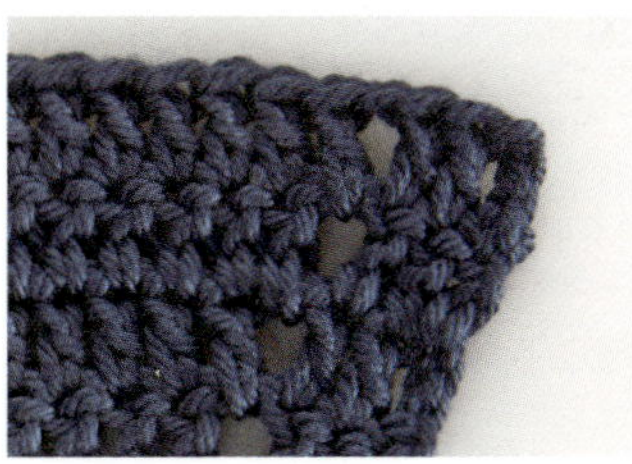

ZUNAHME MEHRERER MASCHEN AN KANTEN

Soll ein Häkelteil an beiden Seiten auf gleicher Höhe um mehrere Maschen erweitert werden, so werden für die neuen Abschnitte zusätzliche Maschen angeschlagen – beispielsweise, wenn bei einem T-förmigen Pullover die Ärmel mit Vorder- oder Rückenteil zusammenhängend gehäkelt werden sollen. Damit die 1. Reihe über den Zunahmen auf gleicher Höhe liegt, ist die Arbeitsweise am rechten und linken Rand verschieden. Sie wird hier an festen Maschen gezeigt, das Prinzip ist jedoch auch auf andere Maschenarten übertragbar.

ZUNAHME MEHRERER MASCHEN AM REIHENBEGINN

Die Grundlage für eine Zunahme am rechten Häkelrand, also am Reihenbeginn, muss bereits vor dem Wenden am Ende der Vorreihe geschaffen werden.

1 Vor dem Wenden eine Luftmaschenkette für die benötigte Maschenanzahl plus Wendeluftmasche anhäkeln.

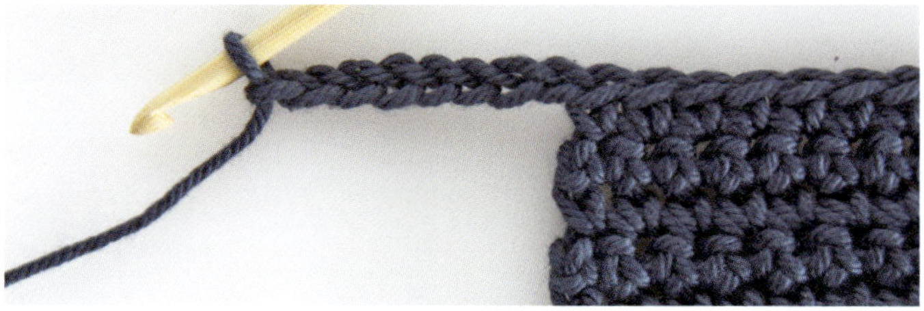

2 Nach dem Wenden die Luftmaschenkette mit festen Maschen behäkeln, die 1. feste Masche in die 2. Luftmasche – von der Nadel aus gezählt – häkeln.

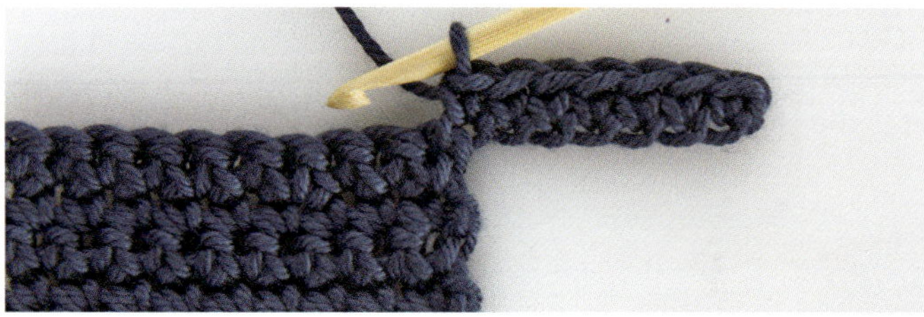

3 Im Anschluss das Muster über dem bestehenden Häkelteil bis zum Reihenende fortsetzen. Das Reihenende ist zugleich der Beginn für die Zunahmen am linken Rand.

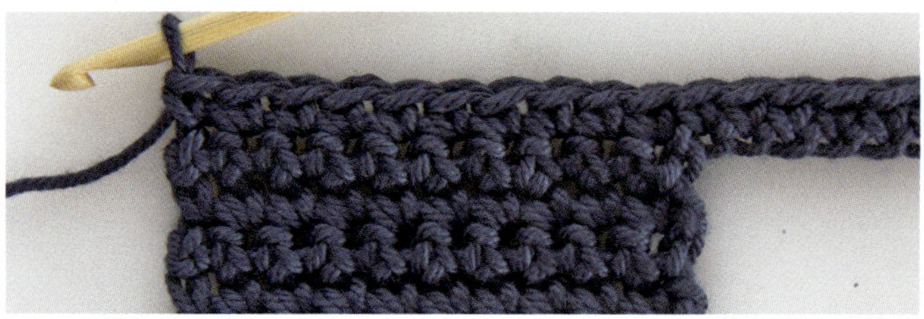

ZUNAHME MEHRERER MASCHEN AM REIHENENDE

Zunahmen am linken Rand werden am Reihenende Masche für Masche mit einer sogenannten „Fußschlinge“ angehäkelt, damit die neuen Maschen auf gleicher Höhe mit der aktuellen Reihe zu liegen kommen. Jede Fußschlinge ersetzt eine Anschlagluftmasche.

1 Für die 1. zuzunehmende Masche in die Einstichstelle der letzten festen Masche einstechen und den Faden durchholen. Es liegen 2 Schlingen auf der Nadel.

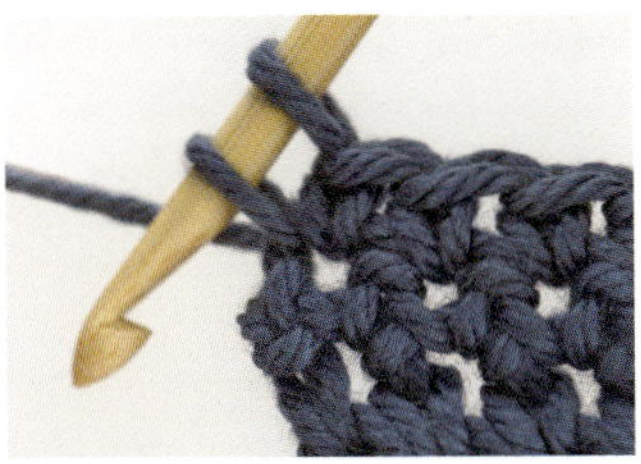

2 Den Faden mit einem Umschlag durch die 1. Schlinge auf der Nadel ziehen – die 1. Fußschlinge ist gebildet. Es liegen 2 Schlingen auf der Nadel.

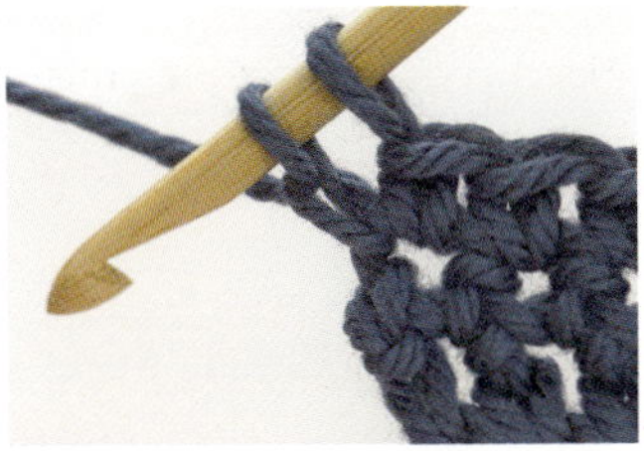

3 Einen weiteren Umschlag aufnehmen und den Faden durch beide Schlingen auf der Nadel ziehen. Die 1. feste Masche ist zugenommen.

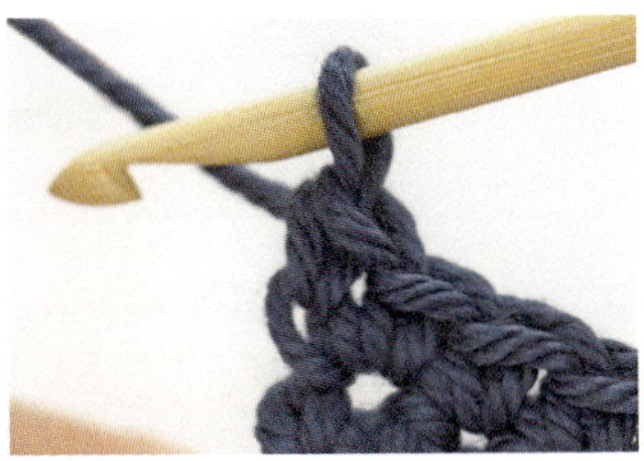

4 Für die 2. zuzunehmende Masche in die Fußschlinge der zuvor gehäkelten Masche einstechen und den Faden durchholen. Danach den Faden holen und zuerst die Fußschlinge abmaschen, dann die feste Masche wie gewohnt beenden.

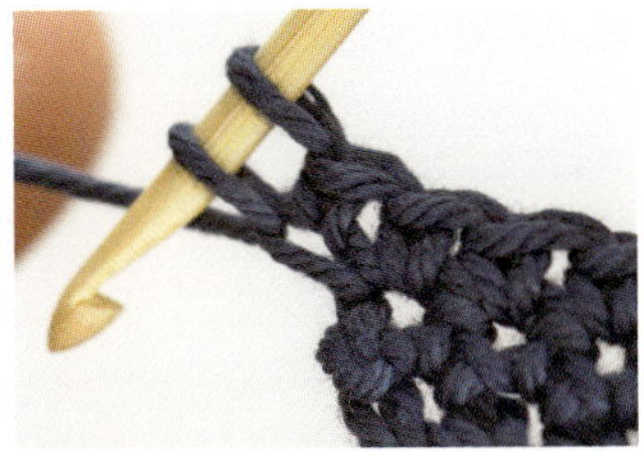

Schritt 4 fortlaufend wiederholen, bis die benötigte Maschenzahl zugenommen ist. Mit der nächsten Reihe beginnend das Häkelteil über die gesamte neue Breite fortsetzen.

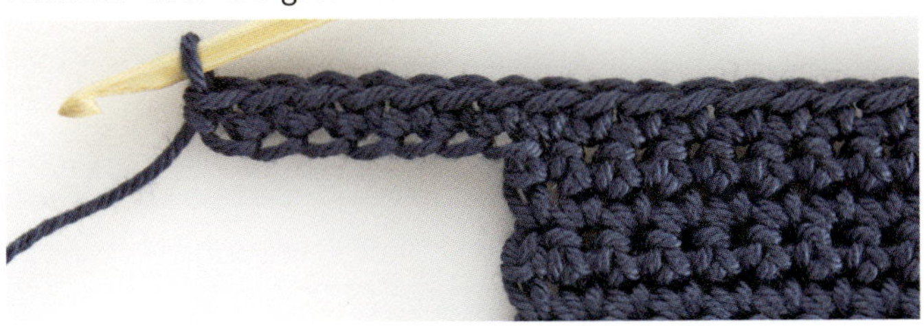

MASCHEN ABNEHMEN

Auch das Abnehmen von Maschen dient der Formung von Häkelteilen, beispielsweise für Arm- und Halsausschnitte bei Kleidung. Durch Abnahmen wird die Maschenzahl reduziert – entweder um einzelne Maschen oder um mehrere Maschen über einen längeren Abschnitt.

ABNAHME EINZELNER MASCHEN

Ob an den Rändern oder innerhalb einer Reihe oder Runde – das Prinzip der Abnahme von einzelnen Maschen ist in beiden Fällen gleich: Es werden 2 Maschen zusammengehäkelt. Dabei gehen die Maschenkörper unterhalb des Abmaschgliedes ineinander über, an der Kante bleibt nur ein einzelnes Abmaschglied sichtbar. Man nennt diesen Vorgang „zusammen abmaschen".

2 FESTE MASCHEN ZUSAMMEN ABMASCHEN

1 Sollen 2 feste Maschen zusammen abgemascht werden, für die 1. feste Masche einstechen und den Faden durchholen. Für die 2. feste Masche in die nächste Masche einstechen und den Faden durchholen. Es liegen 3 Schlingen auf der Nadel.

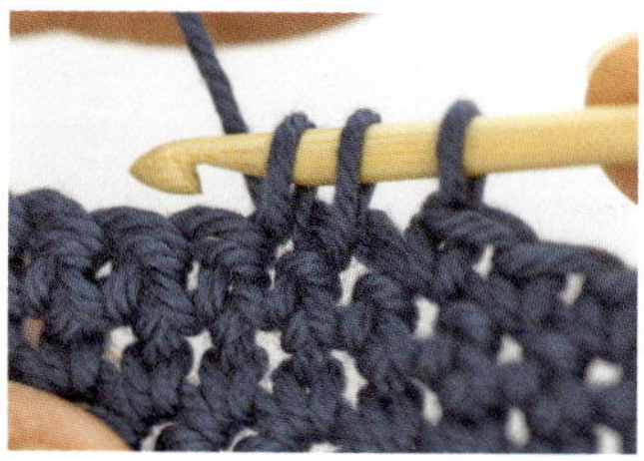

2 Den Faden noch einmal holen und durch alle 3 Schlingen ziehen. Die Maschen sind zusammen abgemascht, die Maschenzahl verringert sich um 1 und es ergibt sich 1 gemeinsames Abmaschglied.

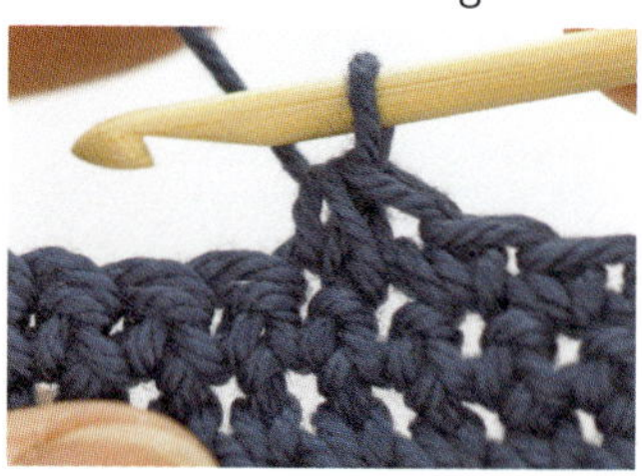

2 HALBE STÄBCHEN ZUSAMMEN ABMASCHEN

1 Sollen 2 halbe Stäbchen zusammen abgemascht werden, für das 1. halbe Stäbchen einen Umschlag auf die Nadel nehmen, einstechen und den Faden durchholen – es liegen nun 3 Schlingen auf der Nadel. Für das 2. halbe Stäbchen einen Umschlag aufnehmen, in die nächste Masche einstechen und den Faden durchholen. Es liegen insgesamt 5 Schlingen auf der Nadel.

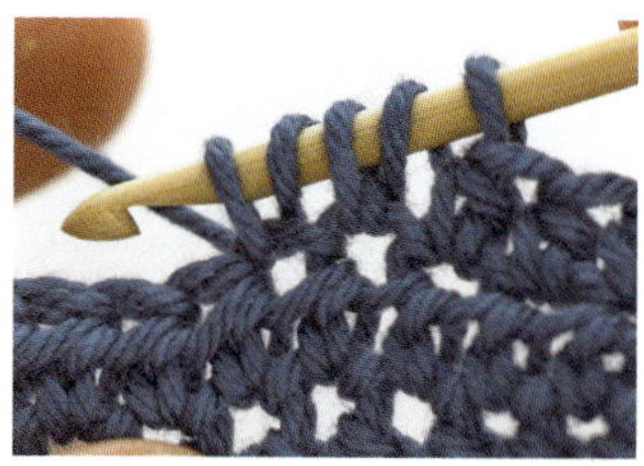

2 Den Faden noch einmal holen und durch alle 5 Schlingen ziehen. Die Maschen sind zusammen abgemascht, die Maschenzahl verringert sich um 1 und es ergibt sich 1 gemeinsames Abmaschglied.

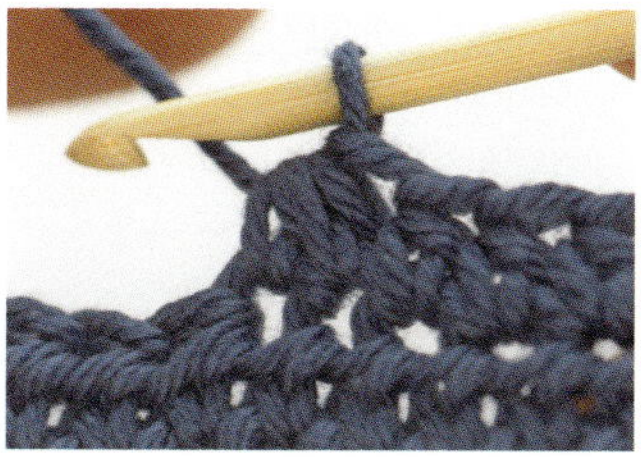

2 EINFACHE STÄBCHEN ZUSAMMEN ABMASCHEN

1 Sollen 2 Stäbchen zusammen abgemascht werden, zunächst das 1. Stäbchen bis auf die letzten beiden Schlingen abmaschen. Dafür 1 Umschlag auf die Nadel nehmen, einstechen und Faden durchholen, den Faden erneut holen und durch die ersten 2 Schlingen ziehen.

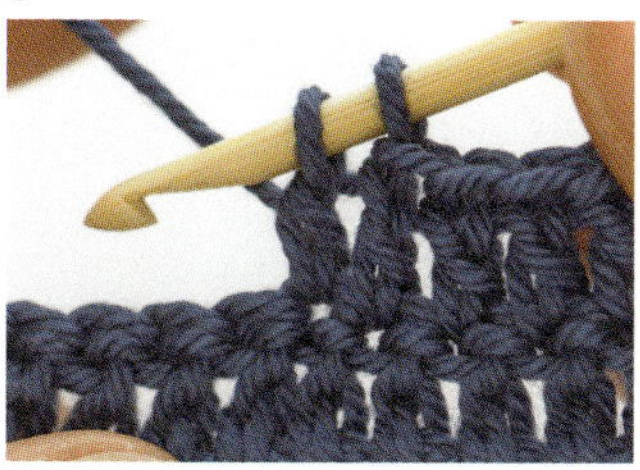

2 Diesen Vorgang für das 2. Stäbchen wiederholen, dabei in die nächste Masche einstechen. Es liegen 3 Schlingen auf der Nadel (= die jeweils letzte Schlinge beider Stäbchen und die Arbeitsschlinge).

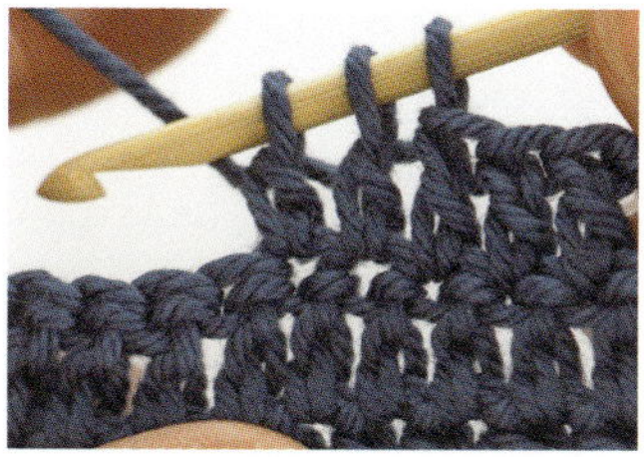

3 Den Faden noch einmal holen und durch alle 3 Schlingen ziehen. Es sind 2 Stäbchen zusammen abgemascht, die Maschenzahl hat sich um 1 Masche verringert.

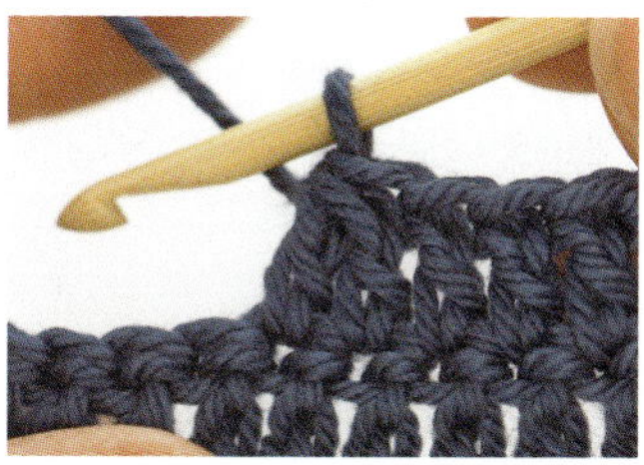

Doppelstäbchen oder sonstige Mehrfachstäbchen, die man zusammenhäkeln möchte, zunächst jeweils eigenständig bis zur letzten Schlinge abmaschen, d.h. die Schlingen stets paarweise mit einem Umschlag abhäkeln. Abschließend den Faden noch einmal holen und durch alle auf der Nadel liegenden Schlingen ziehen.

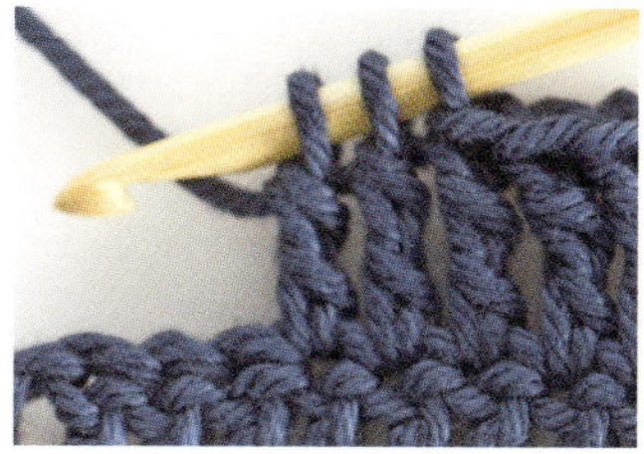

EINZELNE ABNAHME DURCH ÜBERSPRINGEN EINER MASCHE

Eine einzelne Masche kann auch abgenommen werden, indem man 1 Masche der Vorreihe oder Vorrunde übergeht. Diese Art der Abnahme ist bei festen Maschen, einer niedrigen und kompakten Grundmaschenart, relativ unauffällig und fügt sich in das Maschenbild ein.

1 Vor der Abnahmestelle 1 feste Masche wie gewohnt häkeln. Für die nächste feste Masche in die übernächste Masche einstechen.

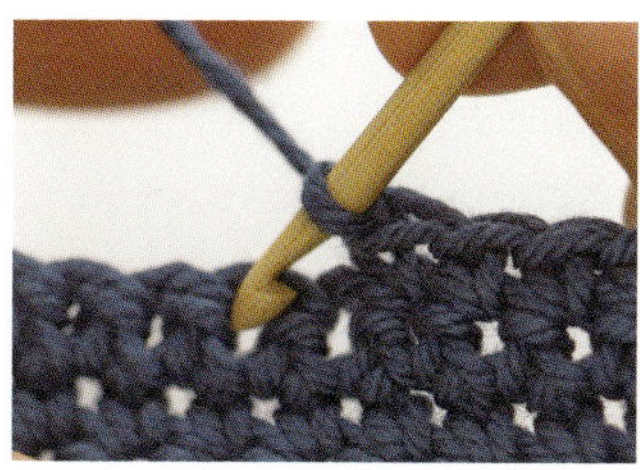

2 Die feste Masche wie gewohnt häkeln. 1 Masche bleibt unbehäkelt, die Maschenzahl verringert sich um 1.

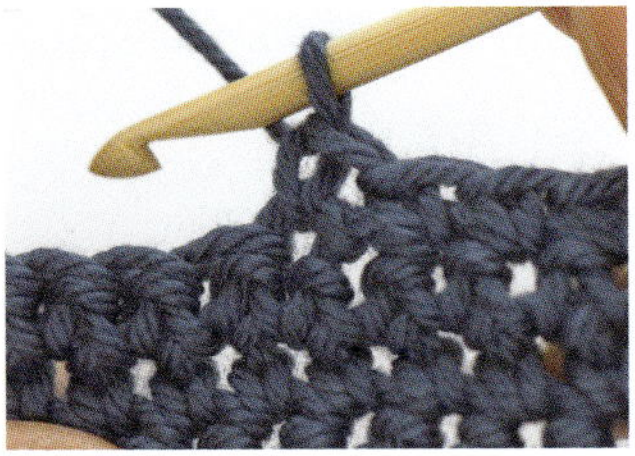

ABNAHME MEHRERER MASCHEN

Soll ein Häkelteil an beiden Seiten auf gleicher Höhe um mehrere Maschen schmaler werden, so muss ebenfalls am rechten und linken Rand unterschiedlich gearbeitet werden. Nötig ist dies beispielsweise bei eckig geformten Armausschnitten bei Kleidung. Aber auch Rundungen können mit der Abnahme mehrerer Maschen beginnen (> Seite 70).

ABNAHME MEHRERER MASCHEN AM REIHENBEGINN

Um mehrere Maschen am rechten Rand abzunehmen, werden die Abnahmemaschen überbrückt. Dazu die Maschen der Vorreihe mit Kettmaschen überhäkeln, da diese flach sind und kaum

auftragen. So gelangt man an die nach innen versetzte Stelle für den neuen Reihenbeginn und vermeidet das Abschneiden und neue Ansetzen des Fadens.

Bevor die Reihe im entsprechenden Muster fortgesetzt wird, muss beispielsweise im Falle von festen Maschen 1 Luftmasche gehäkelt werden, um die Höhe der festen Masche zu erreichen. Diese Luftmasche steht für die Wendeluftmasche, die stets am Reihenbeginn erforderlich ist und sonst vor dem Wenden gehäkelt wird. In diesem Fall beginnt die neue Reihe aufgrund der Abnahmen nach innen versetzt.

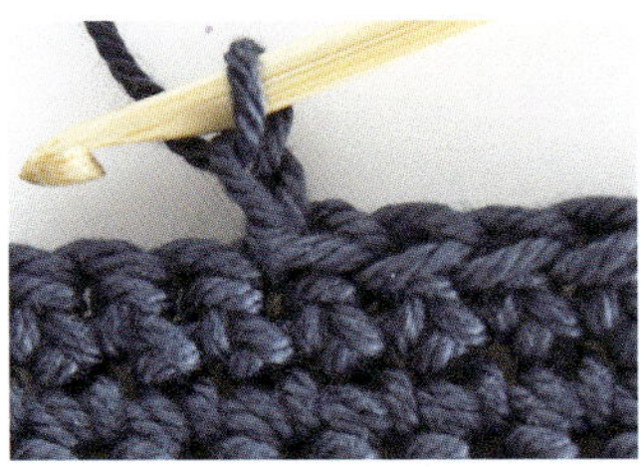

ABNAHME MEHRERER MASCHEN AM REIHENENDE

Um mehrere Maschen am linken Rand abzunehmen, endet die Reihe um so viele Maschen früher, wie abgenommen werden sollen. Am Reihenende bleibt die Kante unbehäkelt. In Anleitungen wird dieser Vorgang oft bezeichnet mit „die Maschen unbehäkelt stehen lassen".

Die neue Kante des Häkelteils verschiebt sich um die Maschenzahl, die abgenommen wird, nach innen. Es folgt die Wendeluftmasche, dann wird das Häkelteil über eine reduzierte Breite fortgesetzt.

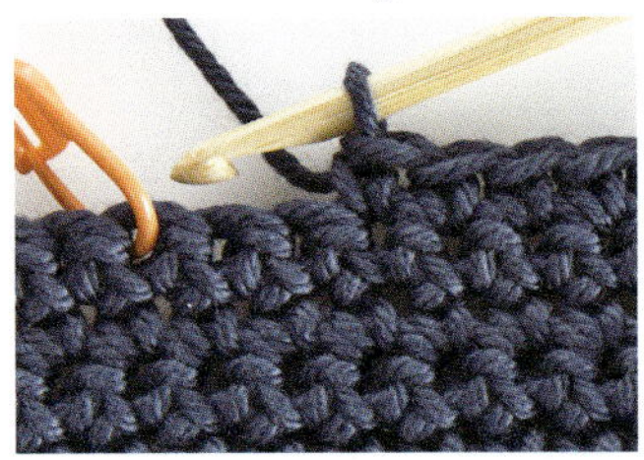

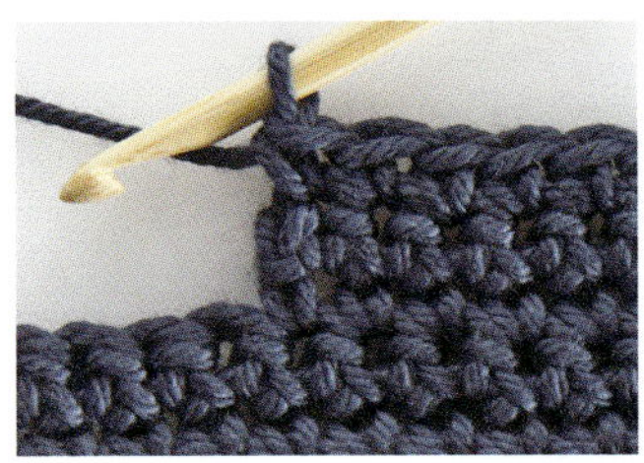

KLEIDUNGSSTÜCKE FORMEN

Jedem Kleidungsstück liegt ein Schnittschema der einzelnen Teile zugrunde, das die benötigte Form der Teile auf einen Blick zeigt. Außerdem sind in diese Grafik die Maße für Breite und Länge sowie meist auch Hinweise auf die Häkelrichtung und Musterbegrenzungen eingetragen. Um die Teile eines Kleidungsstücks entsprechend dem Schnitt zu formen, sind gezielt platzierte Zu- und Abnahmen nötig.

FORMUNG AN KANTEN

Wird ein Häkelteil nur an den Kanten geformt, bleibt die Form flach und die Teile werden später durch Nähte zusammengefügt.

FORMUNG AN ZUNAHMEKANTEN

Je nach Art und Schnitt eines Kleidungsstücks ist es erforderlich, horizontale, schräge oder runde Kanten zu bilden.

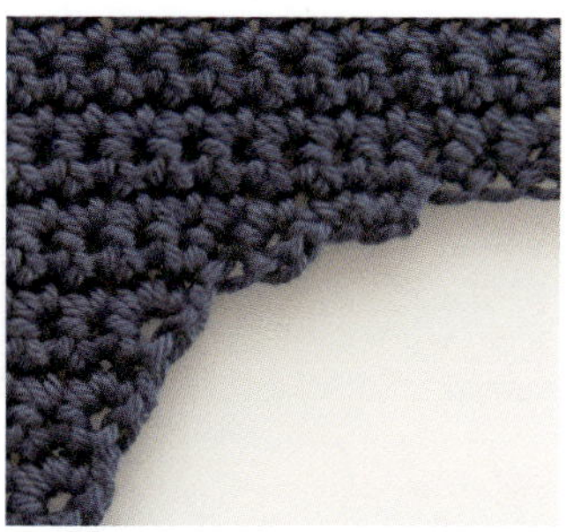

Dazu können mehrere Maschen auf einmal oder einzelne Maschen nach und nach zugenommen werden – oder es werden beide Zunahmemethoden kombiniert.

FORMUNG AN ABNAHMEKANTEN

Horizontale, schräge oder runde Kanten können auf unterschiedliche Weise durch Abnahmen gebildet werden. Dazu bleiben Abschnitte unbehäkelt oder werden „überbrückt", oder es werden regelmäßig und/oder schrittweise mehrere oder einzelne Maschen abgenommen.

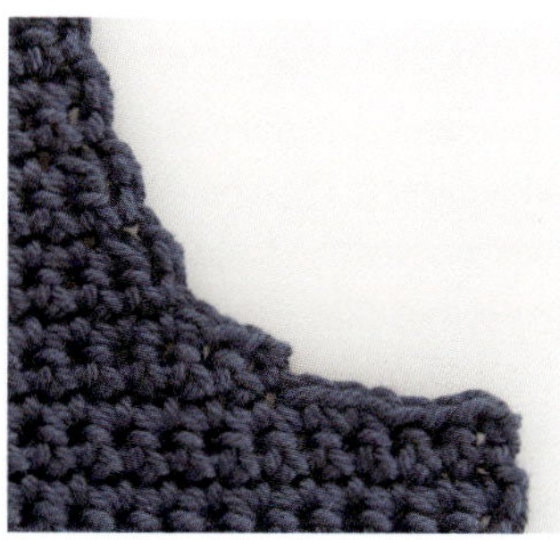

Bei hohen Grundmaschen wie dem Stäbchen ergibt sich eine stufenförmige Kante, wenn man mehrmals nacheinander mehrere Maschen abnimmt, also unbehäkelt lässt oder mit Kettmaschen übergeht. Solche „Treppen" lassen sich vermeiden, indem man die unterschiedlichen Maschenhöhen nutzt, um damit einen linearen Verlauf zu erhalten.

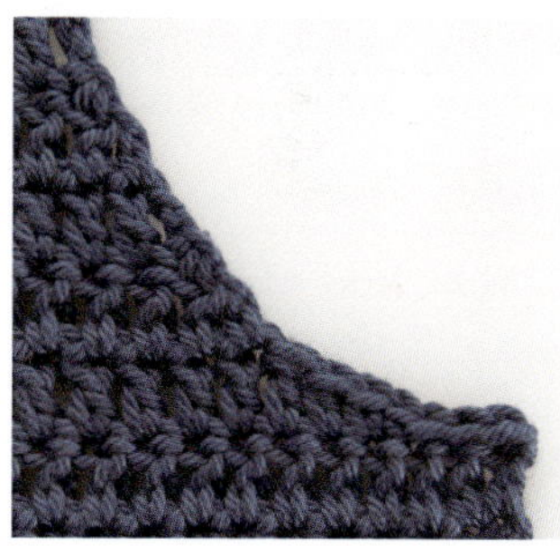

FLACHE MOTIVE

Runde und eckige Motive, Blüten und Granny Squares werden in der Mitte begonnen, in Runden gehäkelt und nehmen kontinuierlich an Umfang zu. Gezielt angeordnete Zunahmen in jeder Runde bestimmen die Form.

KREISFORM

Für eine flache, runde Form müssen innerhalb der Runden gleichmäßig verteilt Maschen zugenommen werden. Deren Lage wird außerdem bei zunehmender Rundenzahl versetzt, da sich sonst anstatt eines Kreises ein Mehreck mit ausgeprägten Linien entwickeln würde.

KREIS AUS FESTEN MASCHEN

Den Kreis mit 1 Lm in der Mitte beginnen (> Seite44). Dann in Rd fM häkeln, dabei jede Rd mit 1 Lm beginnen und mit 1 Km in die 1. fM schließen.

1. Rd: 6 fM häkeln.

2. Rd: Jede M verdoppeln, also je 2 fM in dieselbe Einstichstelle häkeln (= 12 M).

3. Rd: Jede 2. M verdoppeln (= 18 M).

4. Rd: Jede 3. M verdoppeln (= 24 M).

5. Rd: Nicht mehr an den bisherigen Zunahmestellen, sondern versetzt dazwischen zunehmen. Dafür zuerst die 2. M, dann 5x jede 4. M verdoppeln (= 30 M).

6. Rd: Jede 5. M verdoppeln, dabei die Zunahmestellen wieder versetzen (= 36 M).

Nach diesem Prinzip den Kreis bis zur gewünschten Größe arb und die Zunahmen in jeder Rd versetzen.

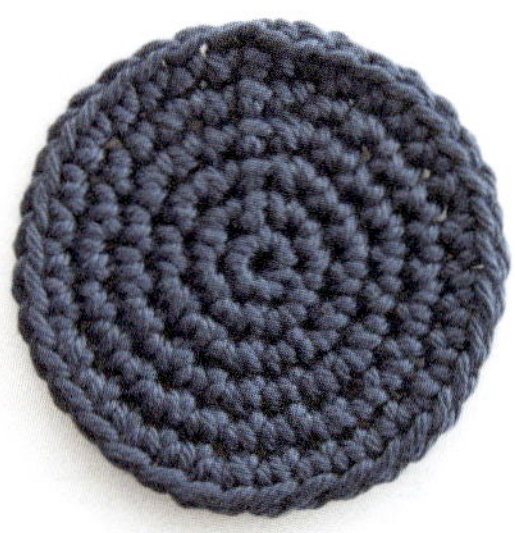

KREISE AUS UNTERSCHIEDLICHEN MASCHENARTEN

Kreisformen können aus unterschiedlichen Maschenarten gehäkelt werden. Es variiert dabei jedoch die Anzahl der für die 1. Runde benötigten Maschen.

Maschenart	Maschen für 1. Runde
Feste Maschen	6
Halbe Stäbchen	10
Stäbchen	15
Doppelstäbchen	18

In jeder neuen Runde werden so viele Maschen zugenommen, wie in der 1. Runde gehäkelt wurden. Das bedeutet, dass pro Runde 1 Masche mehr zwischen den Zunahmestellen liegt.

Bei den Stäbchentypen ersetzen die Steigeluftmaschen die 1. Masche einer Runde. Ab der 4. oder 5. Runde müssen die Zunahmen versetzt zur vorhergehenden Runde angeordnet werden, um eine kreisrunde Form zu erhalten.

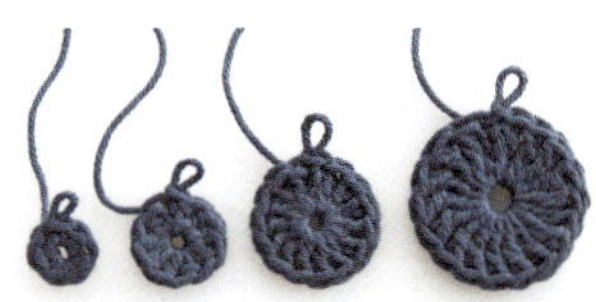

QUADRAT AUS STÄBCHEN

Für ein Quadrat aus Stäbchen wird in jeder Runde 4x mit gleichen Abständen zugenommen. Die erforderlichen Zunahmen für die Ecken sind durch Luftmaschen ergänzt, in den Diagonalen verläuft zudem je 1 Doppelstäbchen.

Das Quadrat mit einem Lm-Ring aus 6 Lm in der Mitte beginnen (> Seite 45). Dann Stb in Rd häkeln, dabei jede Rd mit 3 Steige-Lm beginnen (= Ersatz für die 1. M der Rd) und mit 1 Km in die oberste dieser Lm schließen.

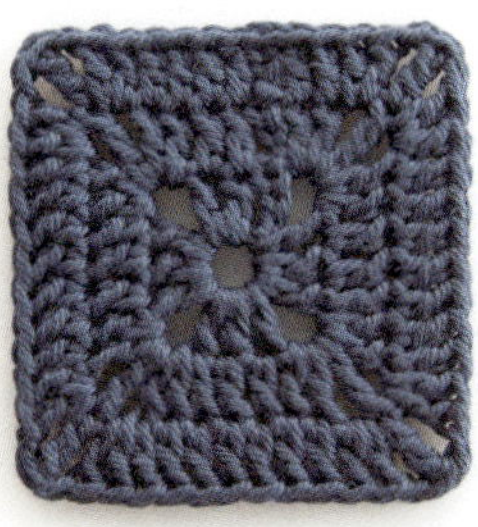

1. Rd: 3 Steige-Lm und 2 Stb in den Ring häkeln, 3 Lm für die 1. Ecke, * 3 Stb, dann 3 Lm für eine Ecke, ab * noch 2x wdh.

2. Rd: In jedes Stb 1 Stb häkeln. An den Ecken um den 3 Lm-Bogen [2 Stb, 1 Lm, 1 DStb, 1 Lm, 2 Stb] häkeln.

Alle folgenden Rd: 1 Stb in jedes Stb häkeln, in den Ecken 2 Stb um die Lm der Vor-Rd, 1 Lm, 1 DStb in das DStb, 1 Lm, 2 Stb um die Lm häkeln.

SECHSECK AUS STÄBCHEN

Das Sechseck mit einem Lm-Ring aus 6 Lm in der Mitte beginnen (> Seite 45.

1.-3. Rd: Nach der Häkelschrift häkeln. Dabei jede Rd mit 3 Steige-Lm als Ersatz für das 1. Stb beginnen und mit 1 Km in die oberste dieser Lm schließen.

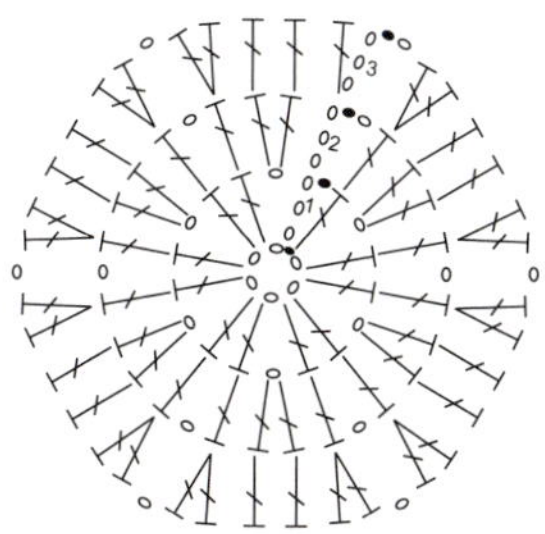

Soll das Motiv weiter vergrößert werden, die 3. Rd fortlaufend wdh, dabei erhöht sich jeweils die M-Zahl zwischen den Ecken um 2 M pro Rd.

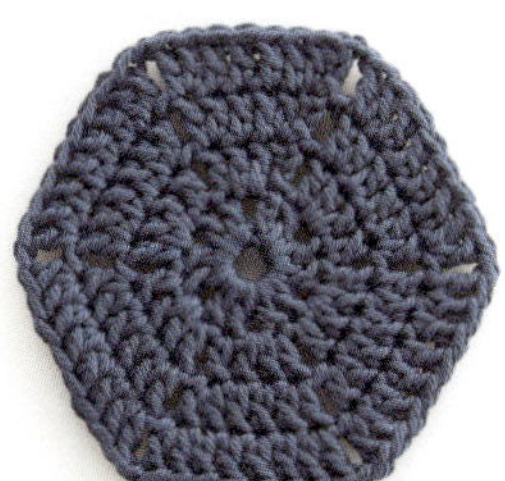

OVALE FORM

Ein Oval setzt sich aus drei Formelementen zusammen: aus zwei Halbkreisen mit einem geraden Mittelstück dazwischen. In allen Runden müssen über den Strecken für die Rundungen gleichmäßig verteilt Maschen zugenommen werden, wie für die Kreisform beschrieben. Die Mittelpartie bleibt ohne Zunahmen.

Für eine ovale Form wird eine Luftmaschenkette rundherum behäkelt.

Die Lm-Kette rundum mit fM behäkeln, dabei jede Rd mit 1 Lm beginnen und mit 1 Km in die 1. fM schließen. Die Rundungen an beiden Seiten formen wie bei der Kreisform beschrieben, dazwischen fM ohne Zunahmen häkeln.

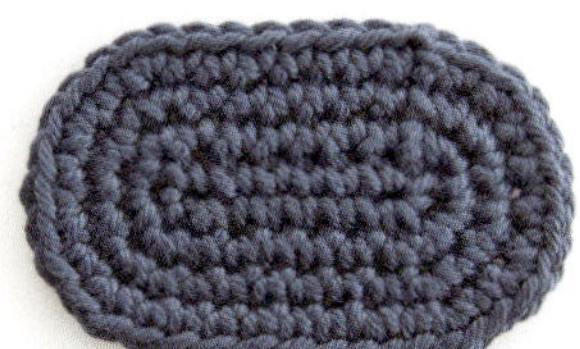

DREIDIMENSIONALE FORMEN

Dreidimensionale Formen bilden sich in Runden praktisch „nahtlos". Sowohl mit Zunahmen als auch mit Abnahmen, die innerhalb der Runden gleichmäßig verteilt werden, wird ein Häkelteil plastisch geformt. Aus einfachen Kugeln, Rollen oder anderen gewölbten Gebilden, zumeist aus festen Maschen gehäkelt, lassen sich z. B. Tierkörper zusammensetzen.

HALBKUGEL UND KUGEL

Um eine ebenmäßige Wölbung für eine Kugel zu erzeugen, müssen Maschen gleichmäßig verteilt über die gesamte Maschenzahl einer Runde zu- und wieder abgenommen werden. Werden bei zunehmender Rundenzahl die Abstände größer, ist es außerdem notwendig, die Lage der Zu- oder Abnahmen von Runde zu Runde zu versetzen. Nähert sich die Form der Mitte, werden Zwischenrunden ohne Zunahmen gehäkelt, bis eine Halbkugel entstanden ist. Um eine Halbkugel zur vollen Kugel zu ergänzen, häkelt man im Anschluss die bisherigen Runden gegengleich: Man nimmt also kontinuierlich Maschen ab.

HALBKUGEL

Die Halbkugel mit 1 Lm in der Mitte beginnen (> Seite 44) und fM in Rd häkeln. Dabei entweder Spiral-Rd arb (> Seite 50) oder jede Rd mit 1 Lm beginnen und mit 1 Km in die 1. fM schließen.

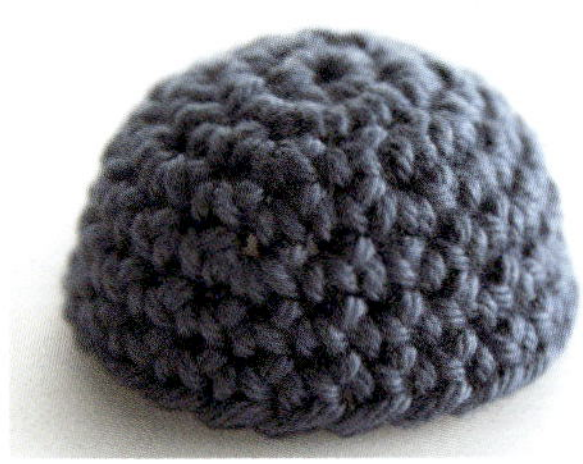

1. Rd: 6 fM häkeln.
2. Rd: Jede M verdoppeln, also je 2 fM in dieselbe Einstichstelle häkeln (= 12 M).
3. Rd: Jede 3. M verdoppeln (= 16 M).
4. Rd: Jede 4. M verdoppeln (= 20 M).
5. Rd: Jede 5. M verdoppeln (= 24 M).
6. und 7. Rd: 24 fM ohne Zunahmen häkeln.

ROLLE ODER RÖHRE

Wird über einer Halbkugelform schlauchförmig weitergehäkelt, ohne Maschen zuzunehmen, entsteht ein ovales Gebilde oder eine Rolle, die am anderen Ende geschlossen werden oder offen bleiben kann. Diese Form wird gerne für gehäkelte Tiere oder Figuren verwendet, sie kann zu Körper, Arm oder Bein werden.

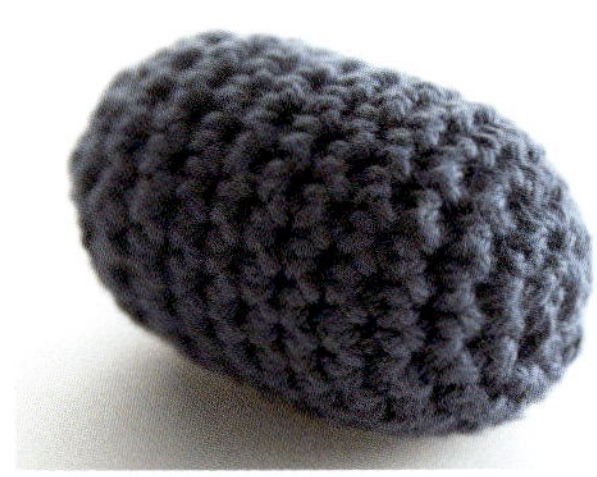

ANDERE PLASTISCHE FORMEN

Besonders beim Anfertigen von Teilen für Tier- oder Figurenkörper platziert man Zu- oder Abnahmen gezielt, um kleine Wölbungen zu modellieren – beispielsweise für Nase oder Ohren –, oder um den Umfang einer Form asymmetrisch zu verringern oder voluminöser zu gestalten, etwa für einen dicken Bauch. Sorgfältiges Ausstopfen mit Füllwatte unterstützt zusätzlich die Formung.

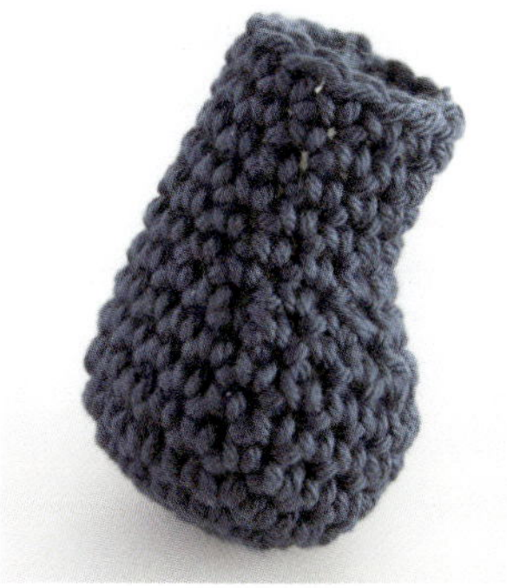

AMIGURUMI

Aus dem Japanischen übersetzt bedeutet Amigurumi „gestricktes Bündel". Typisch für diese meist sehr kleinen, niedlichen Figuren oder Tierchen ist ein übergroßer, kugelförmiger Kopf mit aufgesticktem Gesicht. Die Körperteile werden aus festen Maschen meistens einzeln gehäkelt und zusammengenäht. Aber auch Gegenstände im Miniaturformat werden als Amigurumi bezeichnet.

Für eine Figur, z. B. einen Mini-Teddy, häkelt man eine Kugel als Kopf, eine geschlossene Rolle für den Körper, offene Röhren für Arme und Beine, winzige Halbkugeln für die Ohren. Eine Schnauze könnte aus einer einzigen Runde fester Maschen entstehen. Wichtig ist es, sehr fest zu häkeln – also gegebenenfalls mit einer dünneren Häkelnadel, als für das jeweilige Garn vorgesehen. Die einzelnen Formen werden mit Füllwatte ausgestopft. Zum Beschweren kann man Kunststoffgranulat oder getrocknete Linsen einfüllen. Beim Zusammennähen der Formen mit Sorgfalt stets jede Masche einer Runde oder Kante erfassen.

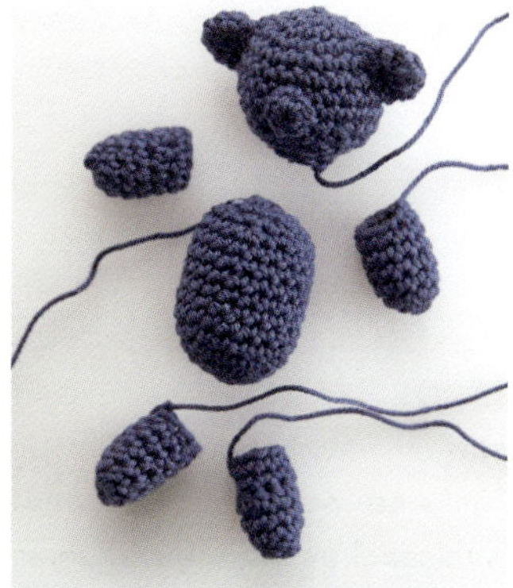

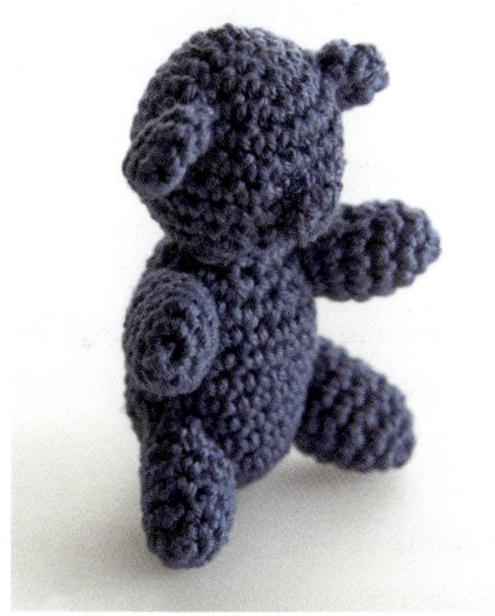

HÄKELTEILE VERBINDEN

Häkelarbeiten bestehen oft aus mehreren Teilen, die miteinander verbunden werden müssen. Dazu gibt es zwei Möglichkeiten: das Zusammenhäkeln mit der Häkelnadel und das Zusammennähen.

ZUSAMMENHÄKELN

Zusammengehäkelt werden meist Häkelteile mit gleich langen Kanten und übereinstimmenden Maschen- bzw. Reihenzahlen. Das Zusammenhäkeln geht schnell, Fehler können durch Aufziehen am Arbeitsfaden korrigiert werden. Allerdings entsteht bei dieser Technik zusätzlich zu den Kanten der Häkelteile eine leicht wulstartige Linie aus Häkelmaschen, die auftragen kann. Man kann sie auch als Designelement einsetzen.

Zum Zusammenhäkeln werden Teile meist links auf links aufeinandergelegt, sodass die Verbindung später auf der Außenseite sichtbar ist. Auf dieselbe Weise können die Teile auch auf der Rückseite der Arbeit verbunden werden – in diesem Fall legt man sie rechts auf rechts aufeinander. Allerdings trägt die gehäkelte Verbindung durch feste Maschen oder Kettmaschen nach dem Wenden relativ stark auf.

OBER- UND UNTERKANTE

Mit der Häkelnadel durch die Maschen des vorderen und hinteren Teils gleichzeitig einstechen und mit Kettmaschen (> Seite 11) oder festen Maschen (> Seite 12) zusammenhäkeln.

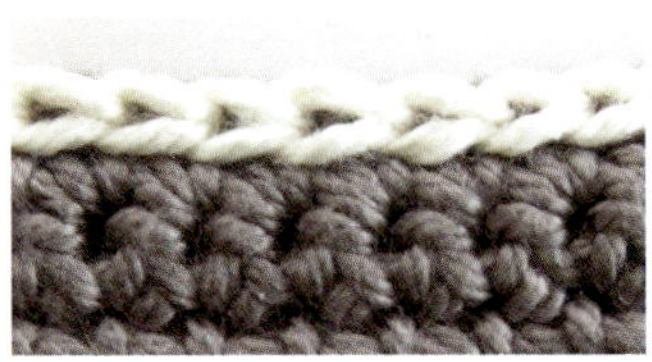

Eine Verbindung aus Kettmaschen legt sich als breite, flache Naht auf eine Seite der Kante.

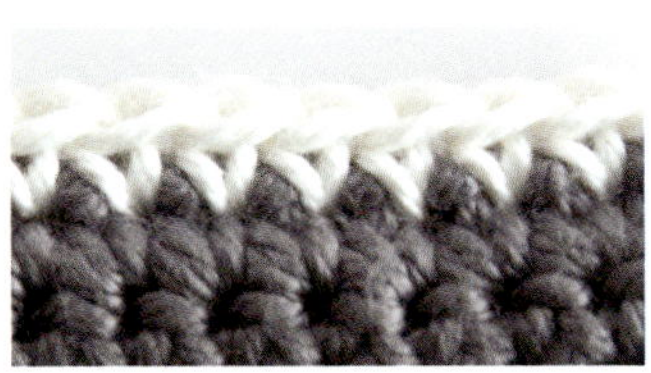

Eine Verbindung aus festen Maschen liegt gut sichtbar auf beiden Kanten.

SEITENKANTEN

Für das Zusammenhäkeln seitlicher Kanten sticht man unter je 2 Fäden der Randmaschen beider Häkelteile ein und häkelt sie wie die Ober- und Unterkanten mit Kettmaschen oder festen Maschen zusammen. Die Anzahl der pro Reihe nötigen Kettmaschen hängt von der Maschenart ab, in der die Häkelteile gearbeitet wurden. Als Richtwerte gelten:

Maschenart	Kettmaschen für die Verbindung
Feste Maschen	1
Halbe Stäbchen	2
Stäbchen	3
Doppelstäbchen	4

ZUSAMMENNÄHEN

Das Zusammennähen mit der Wollnadel erscheint im ersten Moment aufwändiger, ergibt aber unauffälligere Verbindungen, weil jeweils nur ein Faden die Maschen verbindet.
Beim Nähen ist es wesentlich einfacher als beim Zusammenhäkeln, auch ganz unterschiedliche Teile miteinander zu verbinden, bei denen Maschen- und Reihenzahlen einander nicht entsprechen.
Zum Zusammennähen werden die Teile in der Regel rechts auf rechts gelegt, da die Naht auf der Außenseite nicht sichtbar sein soll. Zum Nähen am besten das Häkelgarn und eine stumpfe Wollnadel mit großem Öhr verwenden.

ÜBERWENDLINGSNAHT

Überwendlingsstiche können für alle Arten von Nähten verwendet werden und ergeben eine flexible Naht.

1 Die Nadel zuerst am hinteren, dann am vorderen Häkelteil durch die oberen 2 Maschenglieder der 1. Masche stechen.

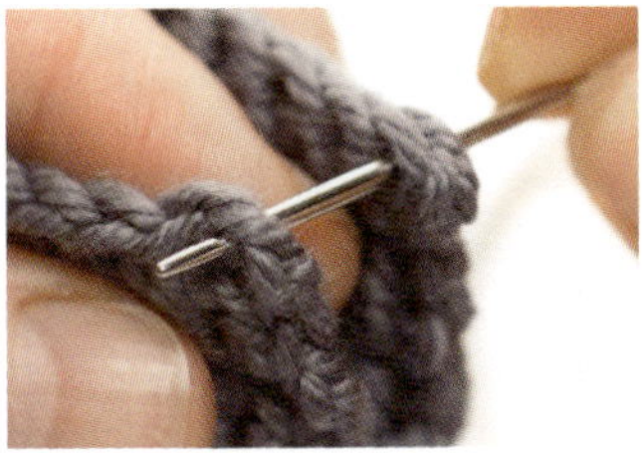

2 Den Faden durchziehen, mit der Nadel wieder nach hinten gehen und auf die gleiche Weise durch die jeweils nächste Masche beider Teile stechen. Der Faden legt sich beim Durchziehen auf die Kante.

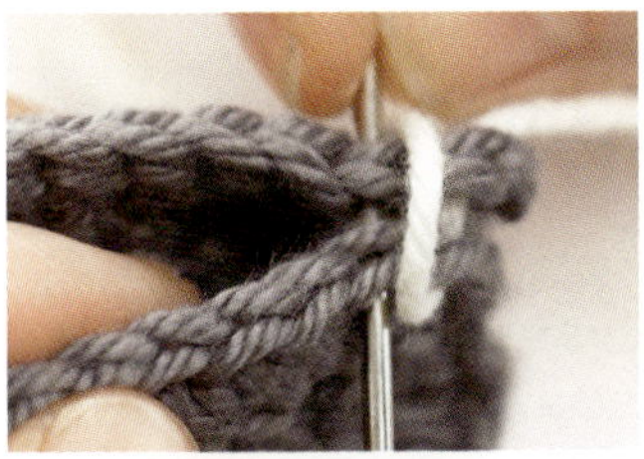

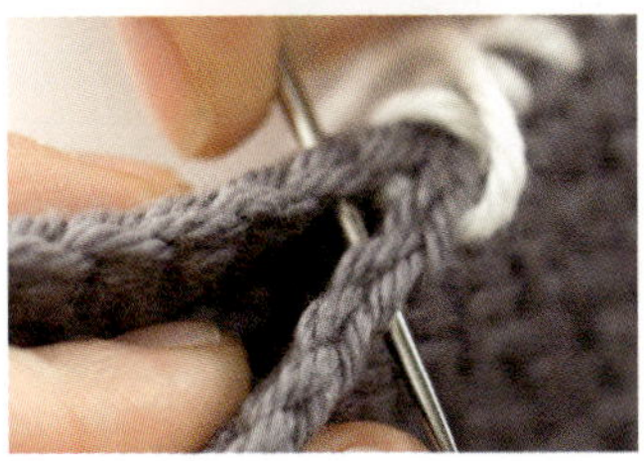

3 Auf diese Weise weiterarbeiten, bis die Teile über die gesamte Länge verbunden sind.

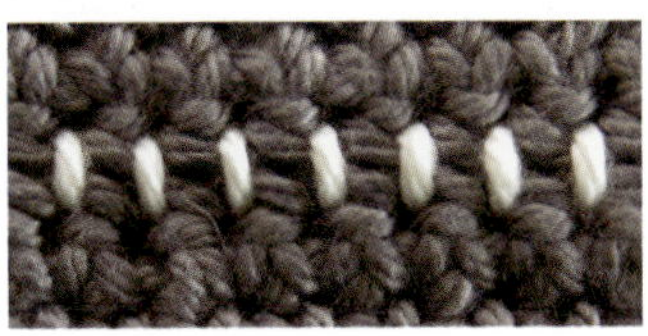

MATRATZENSTICH

Diese Naht ist auf der Außenseite kaum sichtbar und wird oft an den Seitenkanten von Häkelteilen gearbeitet.

1 1 Masche vom Rand entfernt von vorne nach hinten in die 1. Reihe beider Häkelteile einstechen.

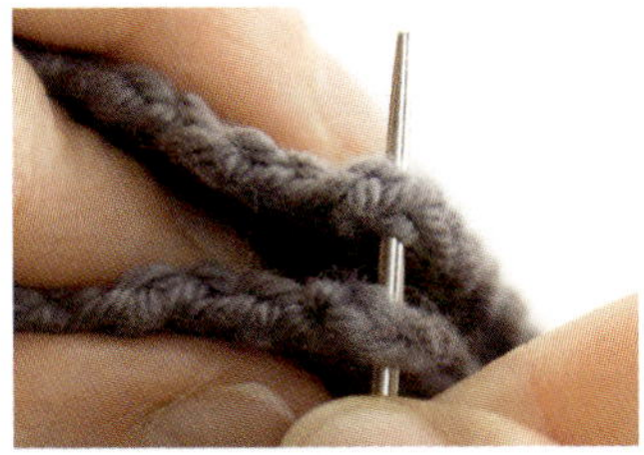

2 Am hinteren Häkelteil 1 Reihe nach links weitergehen und wieder 1 Masche vom Rand entfernt von hinten nach vorne stechen. Am vorderen Häkelteil nicht gegenüber, sondern in die Ausstichstelle des letzten Stiches einstechen.

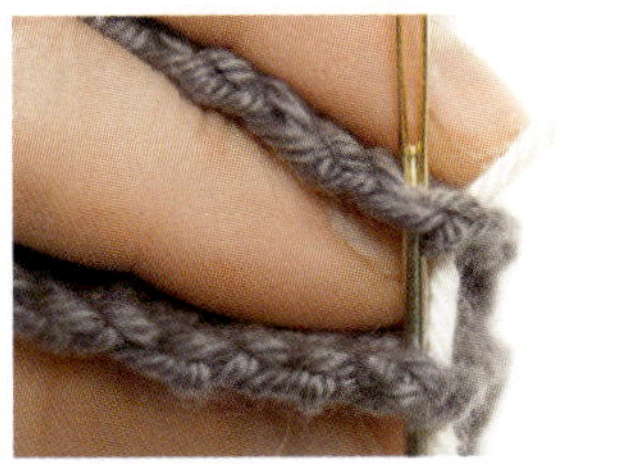

3 Am vorderen Häkelteil eine Reihe weitergehen und von vorne nach hinten einstechen, am hinteren Häkelteil nicht gegenüber, sondern in die

Ausstichstelle des letzten Stiches einstechen.

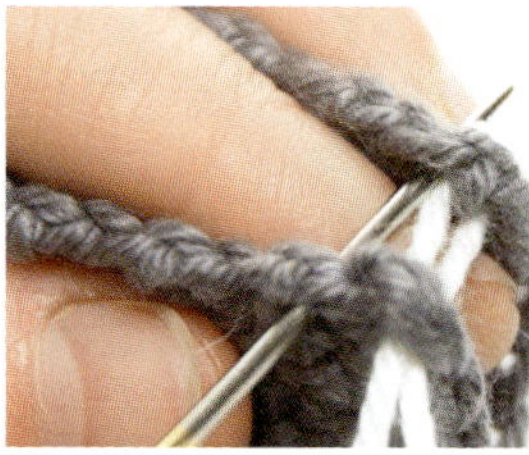

4 Auf diese Weise zickzackförmig abwechselnd in die Kanten beider Teile einstechen und den Faden vorsichtig und nicht zu fest durchziehen.

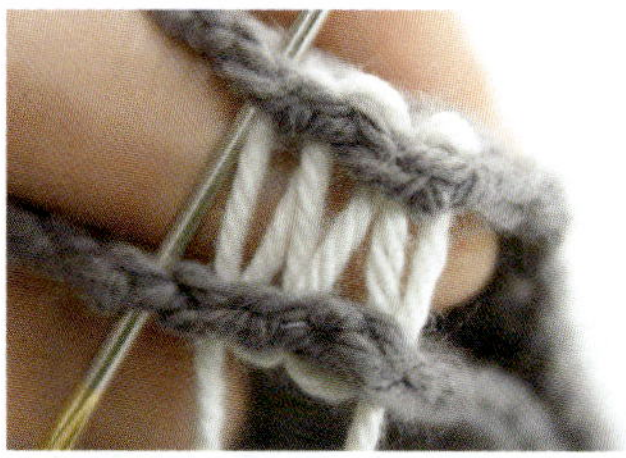

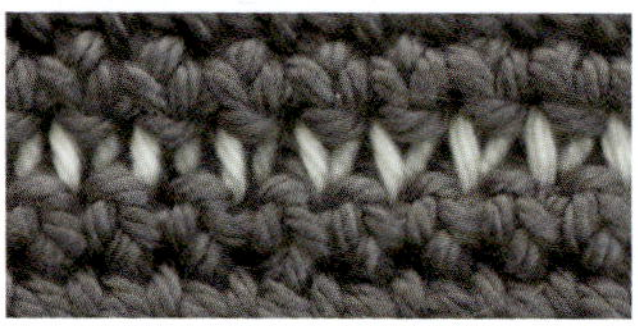

MOTIVE VERBINDEN

Motive sind flache Häkelstücke in geometrischen Formen, die in Runden von der Mitte aus gehäkelt und meistens als Patchwork zu größeren Häkelteilen verbunden werden. Sie bestehen rundherum nur aus Oberkanten und weisen oft an allen Kanten die gleiche Maschenzahl oder zumindest eine so regelmäßige Form auf, dass sie jeweils gut miteinander verbunden werden können, wie z. B. Rechtecke, bei denen kurze mit kurzen und lange mit langen Kanten verbunden werden.

ZUSAMMENNÄHEN UND -HÄKELN

Je nachdem, ob die Verbindungsnaht später unsichtbar auf der Rückseite liegen oder als Zierelement auf der Vorderseite erscheinen soll, die Motive rechts auf rechts oder links auf links zusammenlegen. Dabei sollte Kante auf Kante und Masche auf Masche treffen.

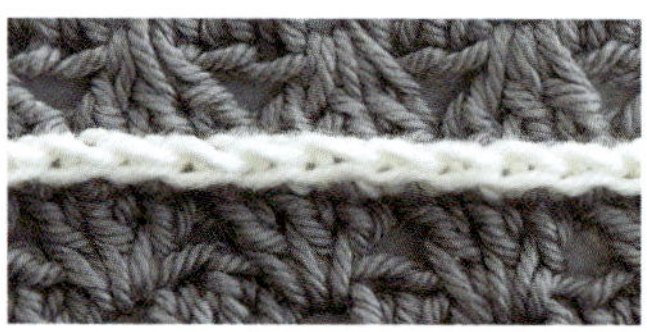

Nun die Motive z. B. mit festen Maschen zusammenhäkeln (> Seite XX). Eine Verbindung mit festen Maschen wird sehr plastisch und kann durch Verwendung einer anderen Garnfarbe noch betont werden. Sie kann aber auch auf der Rückseite gehäkelt werden, wenn sie sonst zu sehr aufträgt.

Motive können auch mit Kettmaschen zusammengehäkelt werden. Die Verbindung bildet in diesem Fall eine breite, flache Linie auf der Vorderseite der Arbeit.

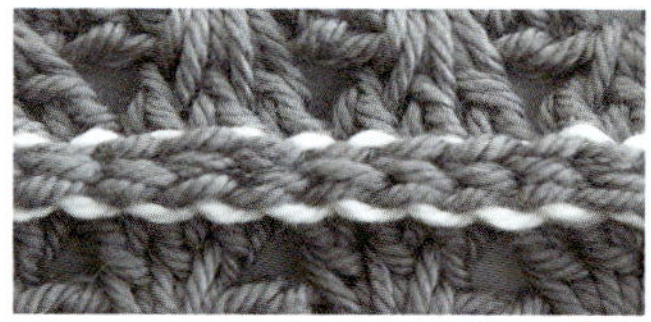

Beim Zusammennähen von Motiven kann mit der Einstichstelle gespielt werden. Wird bei links auf links liegenden Motiven nur durch die beiden inneren Maschenglieder genäht, wird die Naht unauffälliger und die unbenähten Maschenglieder bilden dekorative Linien.

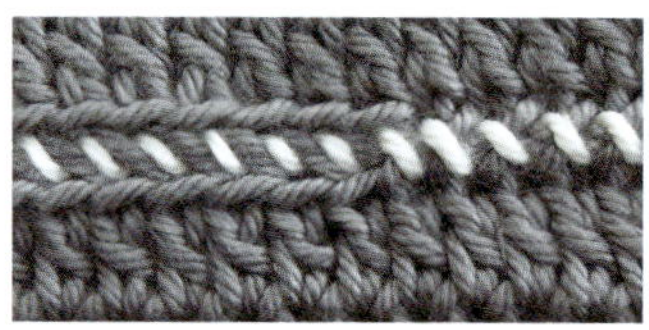

Sticht man bei links auf links liegenden Motiven nur durch

die beiden äußeren Maschenglieder entsteht eine Naht mit kleinen, schrägen Strichen.
Bei rechts auf rechts liegenden Motiven sind die Effekte nach dem Wenden genau umgekehrt.

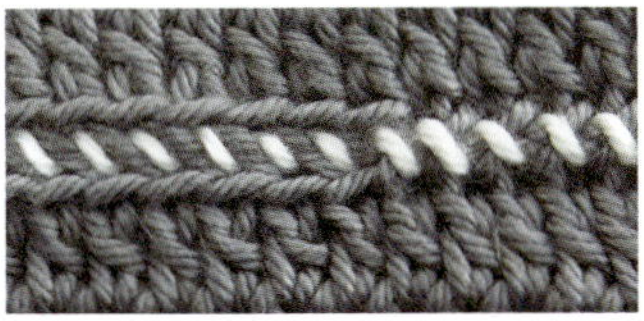

VERBINDEN WÄHREND DES HÄKELNS: „JOIN AS YOU GO“

Bei dieser Verbindungsart wird nur das erste Motiv komplett gehäkelt. Alle weiteren Motive werden bis auf die letzte Runde separat gehäkelt und in der letzten Runde während des Häkelns mit den anderen Motiven verbunden. Dadurch müsssen zum Schluss nur wenige Fäden vernäht werden.
Je nach Fortschritt der Arbeit müssen Motive an einer, zwei oder drei (oder auch an mehreren) Kanten verbunden werden. Die restlichen Kanten werden einfach wie gewohnt ohne Verbindung gehäkelt. An sie werden eventuell später andere Motive angehäkelt.
Durch die „Join as you go“-Methode entsteht eine sehr unauffällige Verbindung, hier am Beispiel eines Granny Squares aus 3-Stäbchen-Gruppen und 2-Luftmaschen-Bogen gezeigt.

1 Motiv 1 ist fertig gehäkelt. Das zweite Motiv bis einschließlich der vorletzten Runde häkeln. Noch die 1. Stäbchengruppe der letzen Runde arbeiten. Das unfertige Motiv links auf links auf das fertige Motiv legen, dabei darauf achten, dass das Muster passgenau aufeinanderliegt.

2 1 feste Masche in den Zwischenraum zwischen den Stäbchengruppen des fertigen, hinten liegenden Motivs häkeln.

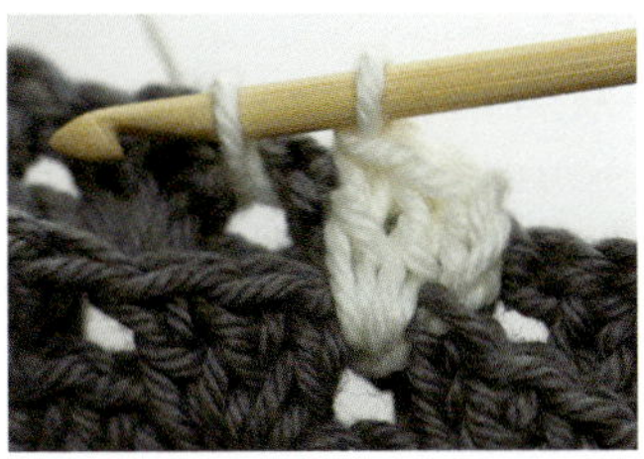

3 Das zweite Motiv mit der nächsten Stäbchengruppe fortsetzen. So über die gesamte erste Kante arbeiten.

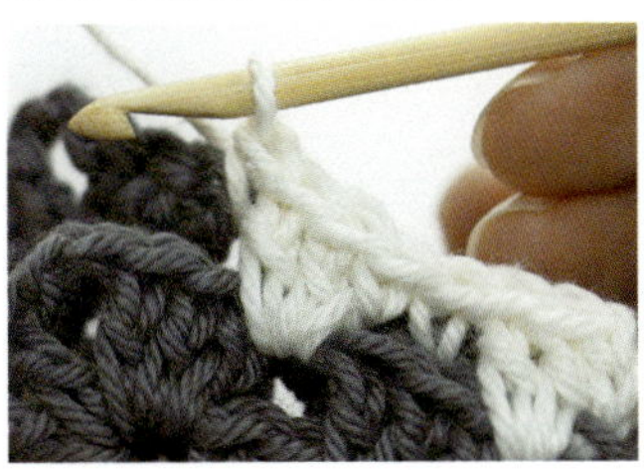

In den Ecken muss unterschiedlich verfahren werden, je nachdem, wie viele Ecken im Verlauf der Arbeit aufeinandertreffen:
Treffen nur zwei Ecken zusammen, so werden hier anstatt 2 Luftmaschen 1 feste Masche in den Luftmaschenbogen des fertigen Motivs und 1 zusätzliche Luftmasche gehäkelt.
Bei einem Aufeinandertreffen von drei Ecken wird das in Arbeit befindliche Motiv nur mit der Ecke des direkt angrenzenden fertigen Motivs verbunden, wie bei den zwei Ecken beschrieben.
Wenn vier Ecken aufeinandertreffen, 2 zusammen abgemaschte feste Maschen in die Ecken des rechts und links direkt angrenzenden Motivs häkeln. Die Ecke des diagonal gegenüberliegenden Motivs wird ausgespart.

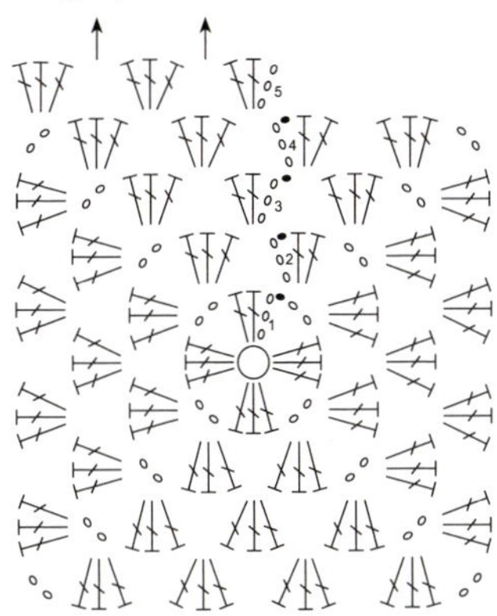

KANTEN VERZIEREN

Um die Ränder eines fertigen Häkelmodells zu versäubern und zu stabilisieren oder aber um sie zusätzlich zu verzieren, kann man die Kanten abschließend noch behäkeln. Oft genügt schon eine einfache Umrandung mit einer einzelnen Maschenart, um ein Modell aufzupeppen.

Wenn eine Häkelarbeit aus mehreren Häkelteilen besteht, wie bei einer Decke oder bei einem Kleidungstück, werden diese Teile zuerst zusammengenäht oder zusammengehäkelt. Erst danach wird die Kante rundherum behäkelt. Beim Behäkeln von Kanten wird an Ober- und Unterkante der Häkelarbeit wie gewohnt in die Maschen eingestochen, als würde eine weitere Reihe oder Runde gearbeitet. An den Seitenkanten sticht man in die Randmaschen ein und verteilt die Maschen dabei gleichmäßig.

KANTE AUS FESTEN MASCHEN

Eine Umrandung aus festen Maschen ist eine besonders einfache und unauffällige Methode, die Kanten einer Häkelarbeit dekorativ zu gestalten und zugleich zu glätten. Wer sie betonen möchte, arbeitet die festen Maschen in einer Kontrastfarbe zum restlichen Häkelteil.

Wenn sie mit der gleichen Garnqualität wie der Hauptteil gehäkelt wird, ist die Häkelkante aus festen Maschen genauso elastisch wie die übrige Häkelarbeit. Das Umhäkeln von Kanten mit festen Maschen funktioniert genauso wie das Zusammenhäkeln mit festen Maschen (> Seite 80) mit dem Unterschied, dass nur durch eine Lage gearbeitet wird.

Eine Häkelkante aus festen Maschen kann auch sehr gut als Basis für andere dekorative Borten oder Blenden dienen. Sie hilft, den Rand der Häkelarbeit sauber auszugleichen und gegebenenfalls die Maschenzahl für den Rapport einer Blende oder Borte anzupassen.

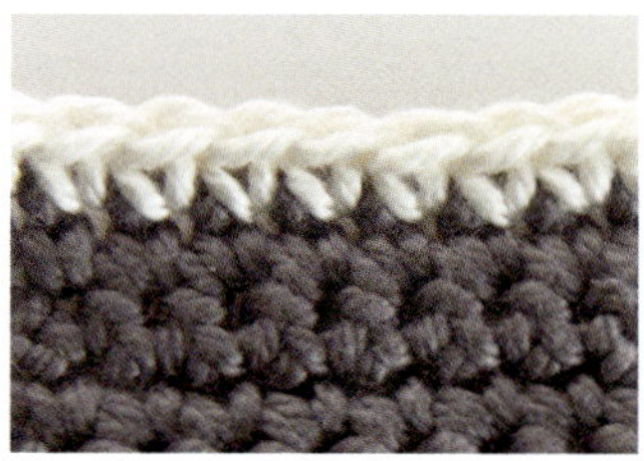

KANTE AUS KREBSMASCHEN

Im Grunde sind Krebsmaschen nichts anderes als schräg laufende feste Maschen, die von links nach rechts – also entgegen der üblichen Häkelrichtung – gearbeitet werden. Sie ergeben einen stabilen kordelartigen Abschluss. Eingestochen wird an Ober- und Unterkante in jede Masche, an den Seitenkanten wie beim Zusammenhäkeln beschrieben (> Seite X80X).

1 Am Ende der letzten Reihe oder Runde die Arbeit nicht wenden. Mit der Arbeitsschlinge auf der Häkelnadel in die letzte Masche einstechen und 1 feste Masche und 1 Luftmasche arbeiten wie gewohnt.

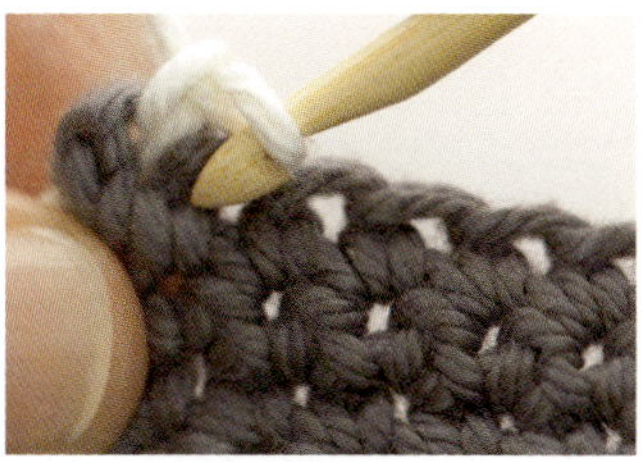

2 Dann mit der Häkelnadel nach rechts gehen und in die vorletzte Masche der Reihe unter den beiden oberen Maschengliedern einstechen. Dabei am besten die Arbeitsschlinge mit dem rechten Zeigefinger halten und darunter durchstechen. Den Faden holen, dafür keinen Umschlag über die Nadel legen, sondern den Haken einfach von oben in den Arbeitsfaden einhängen.

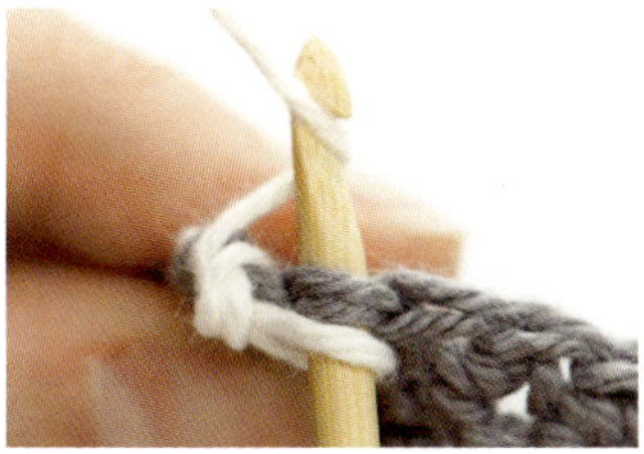

3 Den Faden durchziehen. Die neue Schlinge liegt links neben der Arbeitsschlinge.

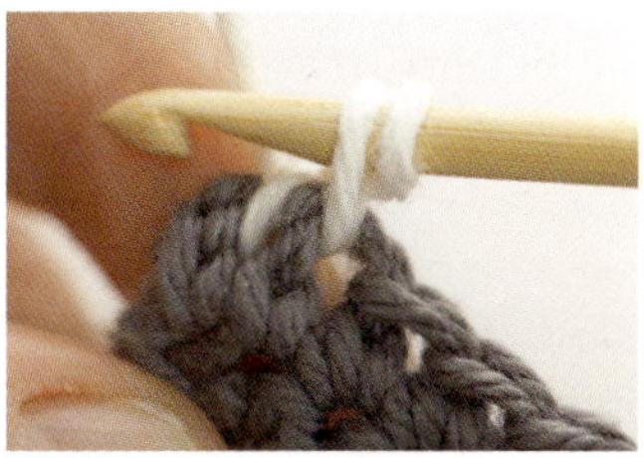

4 Die feste Masche wie gewohnt zu Ende häkeln.

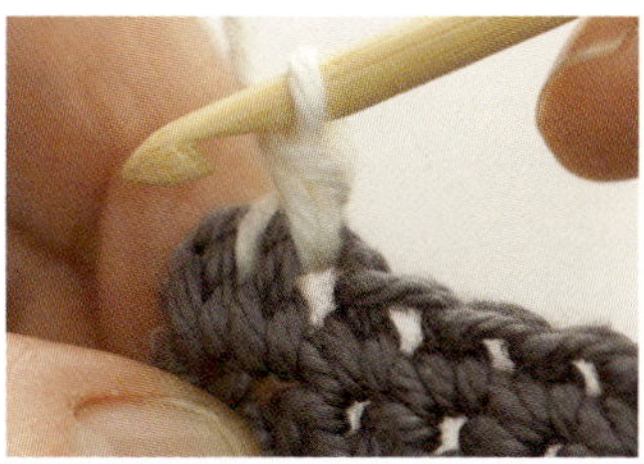

Die Schritte 2-4 fortlaufend wiederholen, dabei immer in die nächste, rechts liegende Masche einstechen.

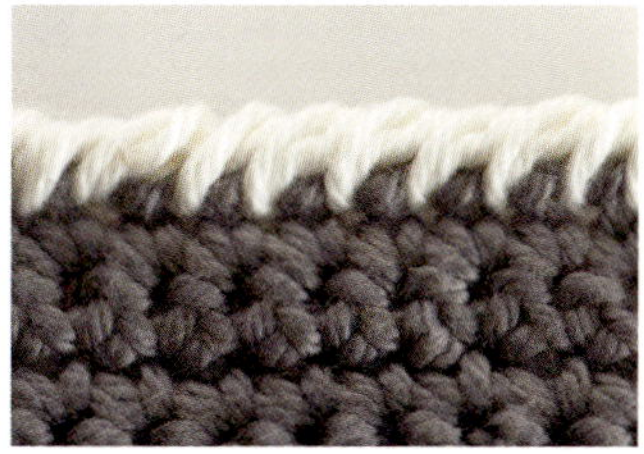

DEKORATIVE ELEMENTE

Häkelprojekte erhalten durch Details wie Fransen, Pompons oder Quasten eine ganz individuelle Note. Diese schmückenden Kleinigkeiten entstehen mit viel Liebe zum Detail und bieten reichlich kreativen Freiraum.

FRANSEN EINKNÜPFEN

Eingeknüpfte Fransen setzen Akzente und verzieren Kanten an Schals, Dreiecktüchern, Ponchos oder Taschen.

1 Zuerst die Fäden für die Fransen zuschneiden. Für die Fadenlänge 2x die fertige Fransenlänge plus 2-4 cm Zugabe für den Knoten berechnen. Jeweils 4 Fäden (oder andere Anzahl) bündeln und mittig zusammenlegen. Mit der Häkelnadel am Ansatzpunkt einer Franse von der Oberseite aus in die Kante des Häkelteils einstechen und die Schlaufe des Fadenbündels mit der Häkelnadel durchziehen.

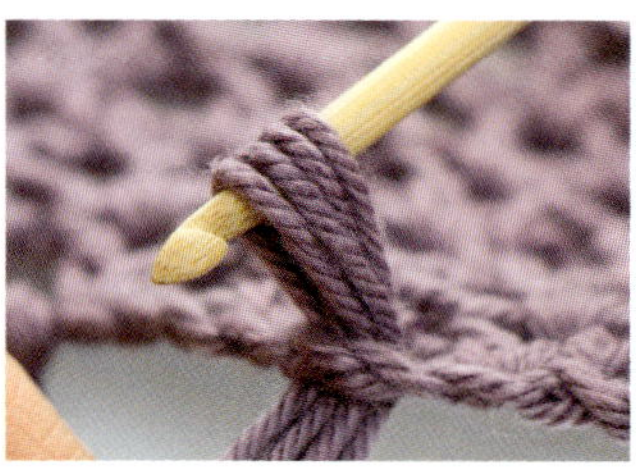

2 Die Schlaufe mit der linken Hand festhalten und alle Fäden mit der Häkelnadel durch die Schlaufe ziehen.

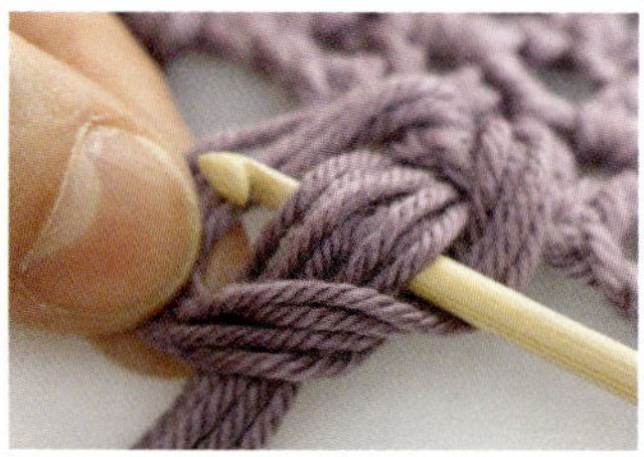

3 Die zusammengefassten Fäden festziehen, bis die Schlaufe dicht am Häkelteil liegt und alle Fäden sicher umfasst. Zuletzt die Fransen auf gleiche Länge schneiden.

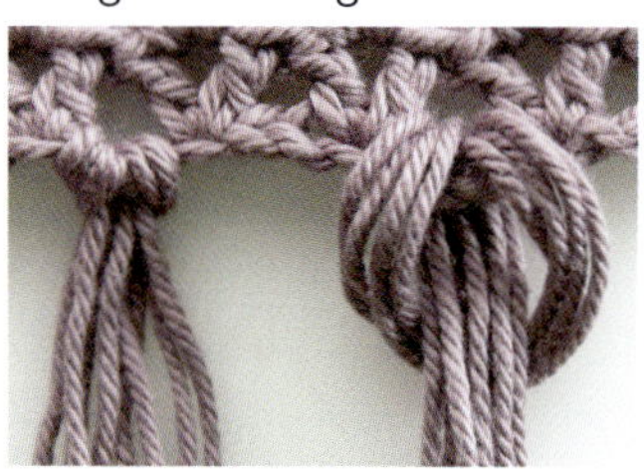

POMPON WICKELN

Zwei identische Kreise aus fester Pappe in der gewünschten Größe des Pompons ausschneiden. In der Mitte mithilfe eines spitzen Cutters oder einer Nagelschere jeweils einen Kreis ausschneiden.

1 Die Pappringe aufeinanderlegen. Das Garn mehrfach zusammengefasst zunächst mithilfe einer Häkelnadel um die beiden Pappringe wickeln. Wird die Öffnung kleiner, verwendet man eine dicke, stumpfe Wollnadel, bis das Loch in der Mitte geschlossen ist.

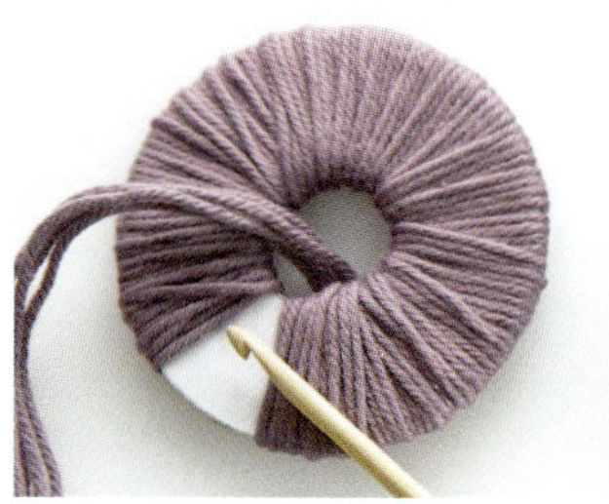

2 Mit einer Schere zwischen die Pappringe einstechen und die Fäden rundum aufschneiden. Die Pappringe vorsichtig auseinanderziehen, einen doppelten Faden dazwischenlegen, 2x fest um die Pomponfäden wickeln und zum Fixieren die Enden doppelt verknoten. Dieser Faden kann später zum Annähen benutzt werden. Die Pappringe aufschneiden und entfernen.

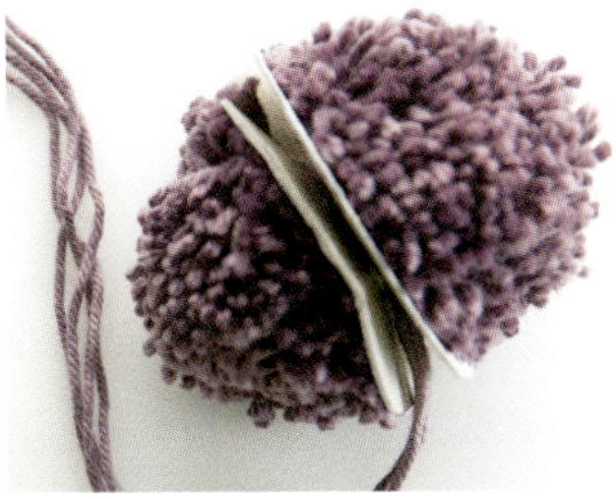

3 Den Pompon schütteln und, falls nötig, zuletzt noch in Form schneiden.

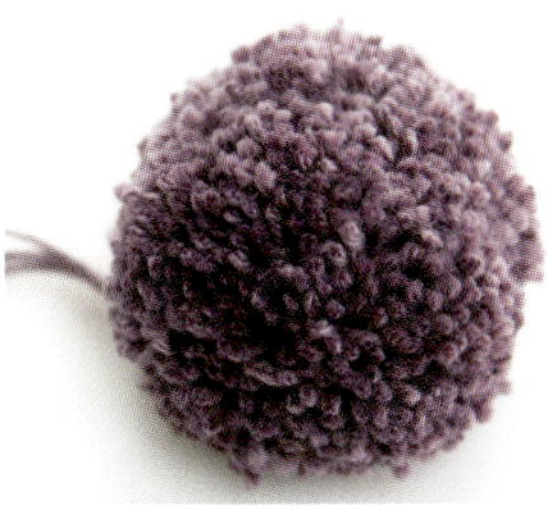

QUASTE WICKELN

Zur Vorbereitung ein Rechteck aus fester Pappe schneiden, dessen Breite der gewünschten Quastenlänge entspricht.

1 Das Garn je nach gewünschter Dicke der Quaste 30-50x um die Pappe wickeln. An einer Kante der Pappe das Fadenbündel mit doppeltem Faden zusammenbinden und die Fäden doppelt verknoten. An der anderen Kante der Pappe alle Fadenwicklungen durchschneiden.

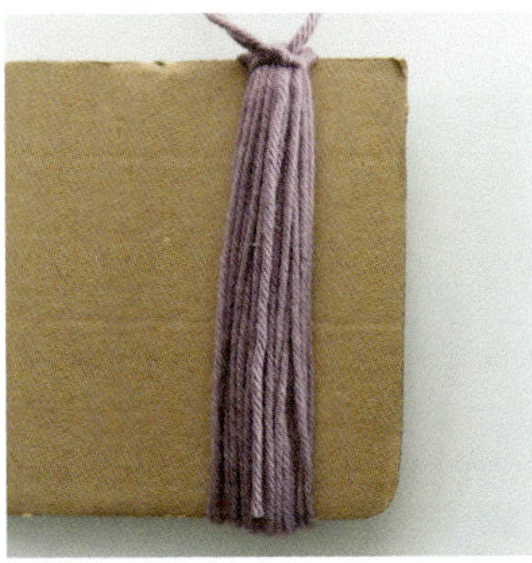

2 Die Fäden zusammenfassen, dabei liegt die Abbindestelle im Bruch, nur 2 der dazu benutzten Fäden bleiben außen hängen, die beiden anderen Fäden zum Fadenbündel nehmen. Den Quastenkopf mit einem ca. 60 cm langen, zur Hälfte gelegten Faden abbinden: Den Faden 1,5-2 cm unterhalb der ersten Abbindestelle um das Fadenbündel legen, die Enden durch die Fadenschlaufe stecken und festziehen. Die Quaste mit einem der beiden Fäden noch 2-3x fest umwickeln, dann die Enden verknoten. Die Fadenenden mit einer stumpfen Wollnadel in das Innere der Quaste ziehen, sodass der Knoten unter die Umwicklung rutscht.

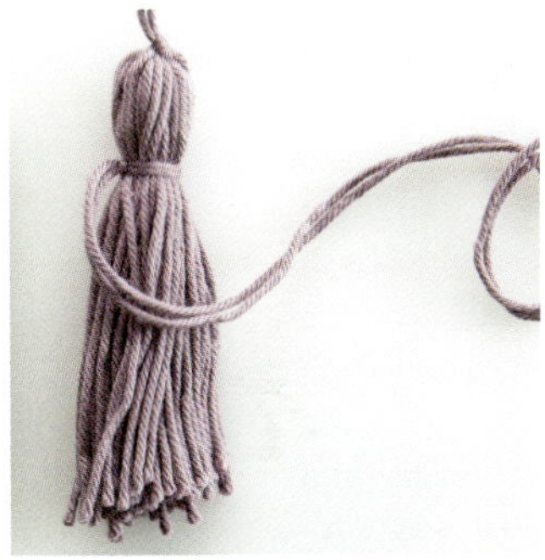

3 Die Fäden auf gleiche Länge schneiden. Am Quastenkopf mit einem Fadenende eine 2,5 cm lange Luftmaschenschlaufe als Aufhänger anhäkeln oder eine kleine Fadenöse stehen lassen.

WEITERE TECHNIKEN

Spannende Wege jenseits der Basics: Sondertechniken, die sich mit einer Häkelnadel zaubern lassen und teilweise ganz anders aussehen als die klassische Häkelei.

JACQUARD-TECHNIK

In der Jacquardtechnik werden mehrfarbige Muster mit kleinem Musterrapport sowie kleine Farbfelder mit wenigen Maschen Breite gearbeitet. Die Verteilung der Farben wird in einem Zählmuster dargestellt. Feste Maschen, halbe Stäbchen und Stäbchen eignen sich gut für farbige Muster.

Bei der Jacquardtechnik arbeitet man innerhalb der einzelnen Reihen meistens nur mit zwei Fäden in verschiedenen Farben. Da jedoch stets nur mit einem Faden gehäkelt wird, muss der Faden, der nicht in Arbeit ist, bis zum nächsten Einsatz mitgeführt werden. Nach einem Farbwechsel liegt der unbenutzte Faden dann lose gespannt auf der Rückseite hinter den zuvor gehäkelten Maschen in der anderen Farbe. Diese sogenannten Spannfäden verlaufen stets auf der Rückseite des Häkelteils. Alternativ können unbenutzte Fäden auch eingehäkelt werden.

HÄKELN NACH ZÄHLMUSTER

Jacquardmuster werden häufig als Zählmuster dargestellt. Diese bestehen aus einem Raster, bei dem jedes Karo 1 Masche darstellt. Farben in den Karos zeigen an, in welcher Farbe jede Masche gehäkelt werden soll.

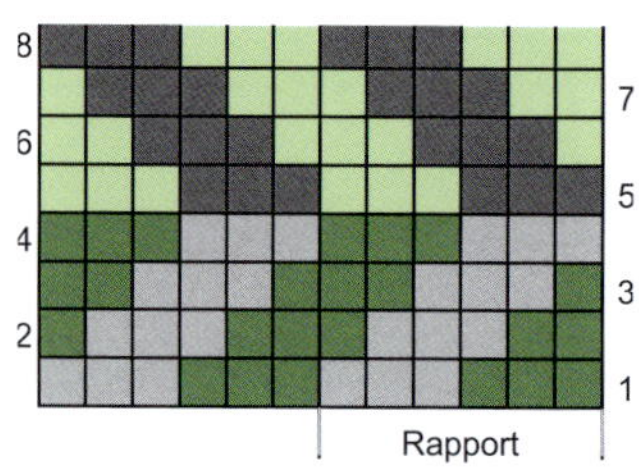

Das Muster ist so gezeichnet, wie es fertig auf der Vorderseite des Häkelstücks aussehen soll. Das bedeutet: Die Hinreihen werden von rechts nach links gelesen, in den Rückreihen – man häkelt mit der Rückseite der Arbeit vor Augen – vom linkem Rand nach rechts lesen.

FARBWECHSEL INNERHALB DER REIHE

Das wesentliche Merkmal des Farbwechsels ist, dass der Wechsel zur neuen Farbe bereits bei der letzten Masche in der alten Farbe erfolgt. Diese letzte Masche wird im letzten Schritt bereits mit der neuen Farbe abgemascht (> Seite 54).

SPANNFÄDEN MITFÜHREN

Bei einem kleinen Musterrapport, dessen Farbstrecken maximal über 5 Maschen reichen, kann der gerade nicht benötigte Faden lose bis zum nächsten Farbwechsel gespannt werden. In Hinreihen liegen die Fäden hinter der Arbeit, in Rückreihen liegen die Fäden vor der Arbeit.

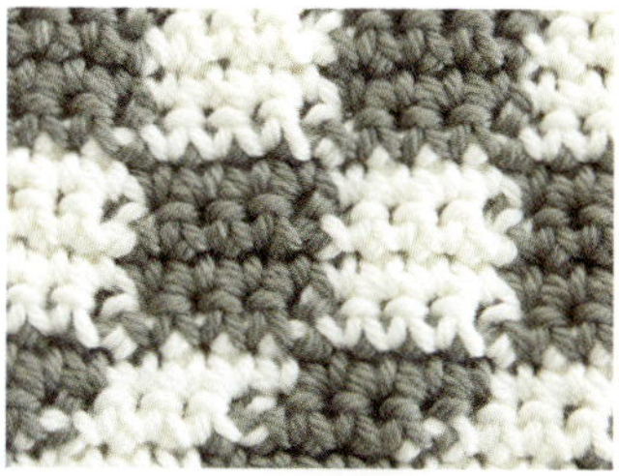

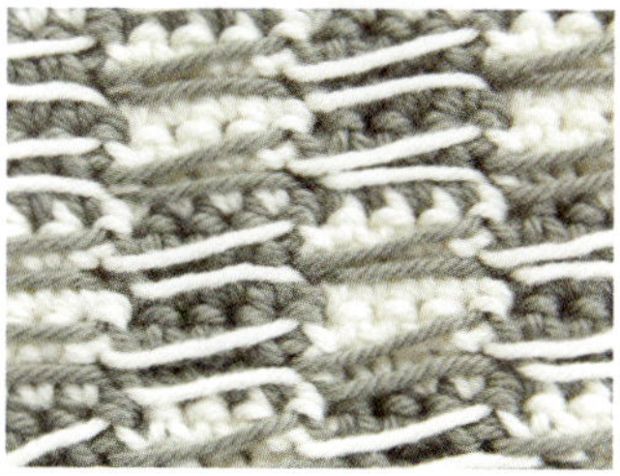

In allen Hinreihen vor einem Farbwechsel den Faden in der alten Farbe hinter dem Häkelteil nach unten legen, dann den Faden in der neuen Farbe aufnehmen und den Farbwechsel ausführen. Diese Reihenfolge in allen Reihen beibehalten, damit auch die Rückseite des Häkelteils gleichmäßig aussieht.

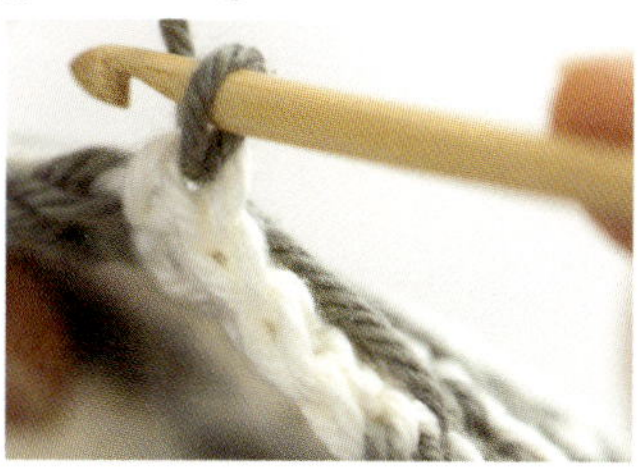

In den Rückreihen nach einem Farbwechsel den Faden in der alten Farbe nach vorne legen und mit dem Daumen der linken Hand festhalten, bis die 1. Masche in der neuen Farbe gehäkelt ist.

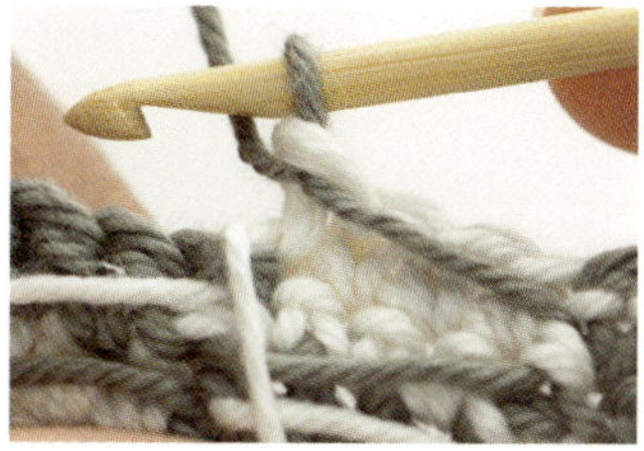

Stets am Reihenende auch den innen hängenden Faden des letzten Farbwechsels bis zum Rand führen und vor dem Häkeln der Wendeluftmasche von vorne nach hinten über den Arbeitsfaden legen, sodass er eingebunden ist.

SPANNFÄDEN EINHÄKELN

Die Spannfäden bei farbigen Mustern können auch eingehäkelt werden.

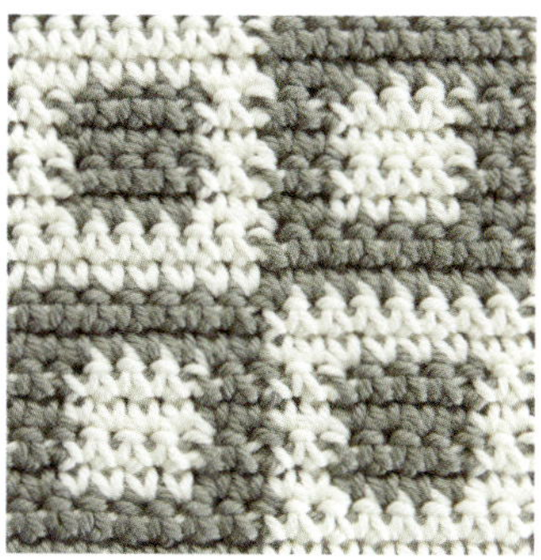

Bei dieser Methode wird beim Häkeln der Maschen der gerade nicht benötigte Faden über die gesamte Strecke der anderen Farbe bei jeder Masche mit eingefasst. Vorder- und Rückseite sehen gleich aus.

Den nicht verwendeten Faden an der Häkelkante auf die Abmaschglieder der zuletzt gehäkelten Reihe legen. Wie üblich in die Masche einstechen, Faden durchholen, Schlingen abmaschen. Bei diesem Vorgang wird der mitgeführte Faden umfasst und ist in den Maschenkörper eingebunden.

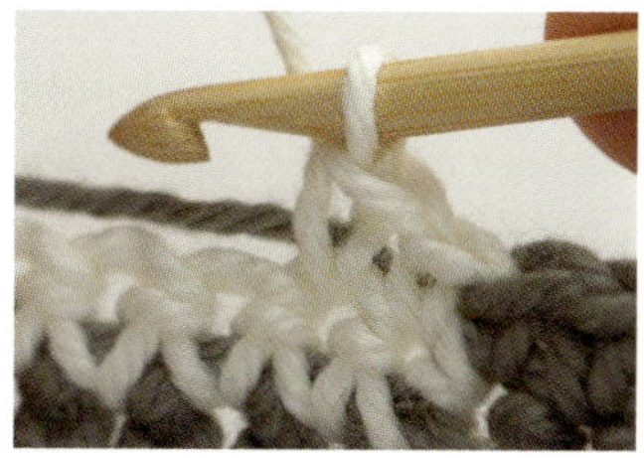

Auch wenn am Reihenbeginn die Garnfarbe nicht erneut gewechselt wird, ist es ratsam, die ungenutzten Spannfäden bis zu den seitlichen Kanten einzuhäkeln und vor dem Häkeln der Wendeluftmasche von vorne nach hinten über den Arbeitsfaden zu legen, sodass er eingebunden ist. Somit sind Dicke und Optik des Häkelteils über der ganzen Fläche gleich.

LACE HÄKELN

Der Begriff „Lace“ kommt aus dem Englischen und bedeutet „Spitze“. Spitzen sind immer etwas Besonderes, denn die durchscheinenden, zarten Gebilde sind faszinierende kleine Kunstwerke. Traditionell werden in Lace vor allem Schultertücher, Schals und Stolen gehäkelt.

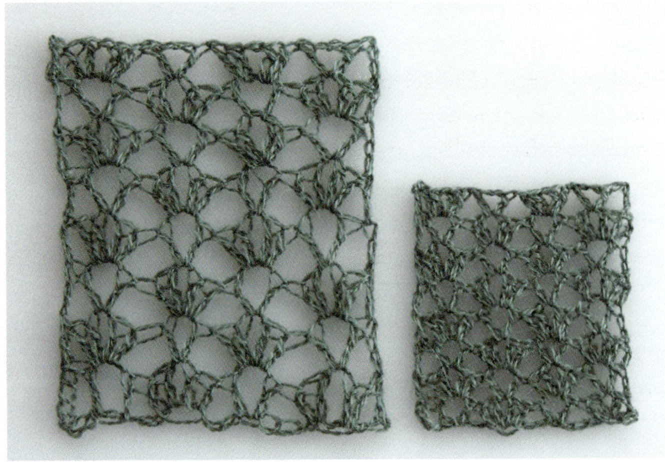

DÜNNES GARN UND DICKE NADELN

Lacemodelle werden mit sehr dünnem Garn gehäkelt. Verarbeitet werden Woll- oder Mohairqualitäten mit Lauflängen von 300-500 m auf 50 g. Die Häkelnadel ist in der Regel wesentlich dicker, als für diese Garne üblich. In der Regel werden dazu Nadelstärken von 3,0-5,0 mm verwendet.

Welchen Einfluss das Verhältnis von Garn zu Nadelstärke auf das Häkelergebnis hat, zeigt die Abbildung. Die empfohlene Nadelstärke für das Garn liegt zwischen 2,0 und 4,0 mm. Das kleinere Probestück wurde mit der Nadelstärke 2,5 mm, das größere mit der Nadelstärke 4,0 mm gehäkelt. Das kleinere Teil wirkt dicht und kompakt, während das größere die typische durchscheinend-zarte Laceoptik zeigt.

Bei der Wahl der richtigen Nadelstärke sollte man sich etwas Zeit lassen und Maschenproben mit unterschiedlichen Nadelstärken anfertigen (> Seite 66). Die Wirkung eines Musters kann bereits bei einem Unterschied in der Nadelstärke von 0,5 mm stark variieren. Für welche Nadelstärke man sich entscheidet, hängt davon ab, ob man lieber ein festeres Häkelergebnis mag, oder die Optik so locker und luftig haben möchte, dass sich die Maschenstruktur fast auflöst. Zu berücksichtigen ist, dass sich bei größeren Nadelstärken das Häkelstück vergrößert und der Garnverbrauch sich insgesamt erhöht.

ALLGEMEINES ÜBER LACEMUSTER

Gehäkeltes Lace wirkt auf den ersten Blick schwierig und kompliziert. Beschäftigt man sich näher damit, so stellt man fest, dass einige wenige bekannte Grundmaschen die Grundlage für diese Technik bilden. Verwendung finden hauptsächlich Luftmaschen, feste Maschen, Einfach- und Mehrfachstäbchen sowie Kettmaschen. Typisch sind große und zahlreiche Freiräume, die vor allem durch Luftmaschenbogen entstehen, die nicht behäkelte Maschen überspannen. Häufig werden auch mehrere Maschen in eine Einstichstelle gearbeitet oder zusammen abgemascht, was fächerartige Strukturen erzeugt.

Eine wichtige Rolle beim Lacehäkeln spielen auch Häkelschriften (> Seite 62), da bestimmte Einstichstellen etc. hier besser dargestellt werden können als in Textform.

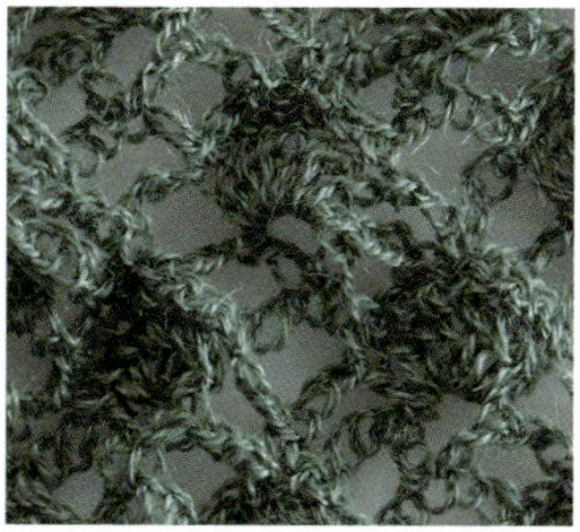

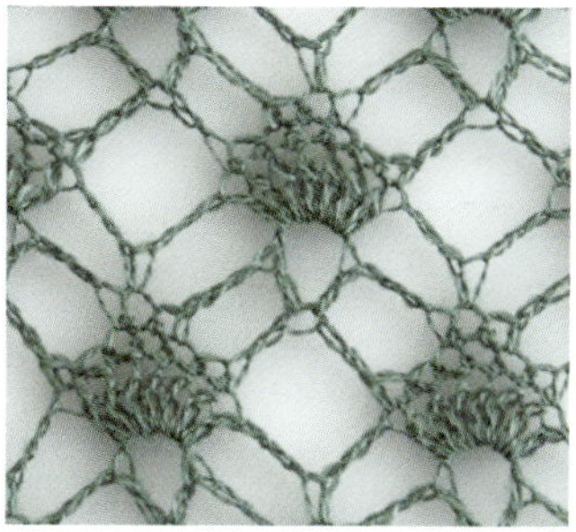

SPANNEN

Ein fertiggestelltes Laceteil sieht faltig und zerknittert aus. Auch fällt es viel kleiner aus, als das fertige Projekt später sein soll, da sich das Muster oft stark zusammenzieht. Erst durch das Spannen erhalten diese Häkelteile ihre endgültige Form und Größe und das Muster kann sich wirkungsvoll entfalten.

Das Häkelteil wird nach der Fertigstellung im feuchten Zustand auf eine Unterlage aufgespannt und unter Spannung getrocknet. Das Spannen im feuchten Zustand bewirkt ein gleichmäßiges Maschenbild. Beim Trocknen verhaken sich die Fasern des Lacegarns, sodass das Maschenbild auch im trockenen Zustand erhalten bleibt und das Häkelstück die gewünschte Form bis zur nächsten Wäsche behält.

Das Spannen wird schrittweise durchgeführt, wobei immer über die gesamte Fläche des Häkelteiles gearbeitet wird. Bei Tüchern mit schmal behäkelten Rändern arbeitet man über die Außenkante der Bordüre. Bei Tüchern mit breiten, filigranen Randbordüren wird zuerst die Außenkante des Mittelteils (ohne Randbordüre) aufgespannt. Erst danach werden die einzelnen Spitzen und Bogen gesondert festgesteckt, damit sie später besonders schön zur Geltung kommen.

GRANNY SQUARES

Diese kultigen Häkelquadrate erleben heute einen neuen Boom.

DER STAR UNTER DEN MOTIVEN

Granny Squares sind nichts anderes als aus der Mitte in Runden gehäkelte Motive (> Seite 76) und werden wie diese gearbeitet.
Eine einzigartige Besonderheit der „echten" Granny Squares ist ihr bunter Farbenmix. In einem einzigen Motiv finden sich oft zahlreiche unterschiedliche Farben, die meist nach jeder oder fast jeder Runde wieder gewechselt werden. So entsteht der farbenfrohe „Hippielook", mit dem Granny Squares häufig verbunden werden.
Meist werden die einzelnen Motive zu einem fröhlich-bunten Häkelpatchwork verbunden. Hierzu können alle Methoden verwendet werden, die zum Verbinden von Motiven beschrieben wurden (> Seite 80). Je nach gewünschter Wirkung wird die Verbindung Ton in Ton oder in knalligen Kontrastfarben gearbeitet.

FARBENSPIELE

Der Fantasie sind bei der Farbkombination für Projekte aus Granny Squares keine Grenzen gesetzt. Je nachdem, ob man knallig bunte Farben mit viel Kontrast, gedeckte Farben oder Schattierungen der gleichen Farbe wählt, entstehen mit dem gleichen Muster ganz unterschiedliche Effekte. Besonders wirkungsvoll ist es, wenn die Farben von der Mitte aus einen Verlauf von hell zu dunkel bilden. Auch die Farbe der Verbindungen trägt zur Wirkung des fertigen Projekts bei.
Ist eine Farbauswahl getroffen, muss noch entschieden werden, ob alle Farben jeweils in jedem Granny vorkommen, und wenn ja, ob die Reihenfolge immer identisch ist oder variiert. So kann z. B. die Farbreihenfolge bei jedem Granny um 1 Runde verschoben werden, sodass das fertige Projekt farblich einheitlich, aber trotzdem abwechslungsreich erscheint:

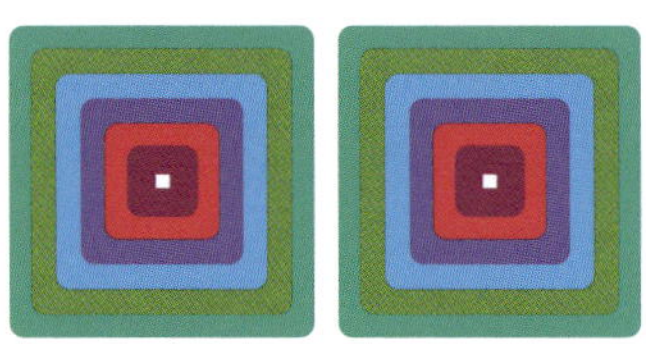

Gleiche Reihenfolge für alle Grannys, alle Farben in jedem Motiv

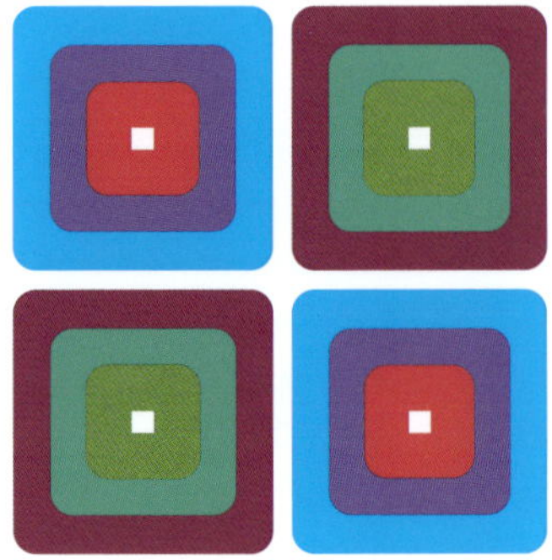

Nur drei Farben je Granny

„OLD AMERICA"-GRANNY

Dieses Motiv ist der Klassiker unter den Granny Squares. Es besteht nur aus Stäbchengruppen und Luftmaschenbogen und wird aus der Mitte heraus in Runden gehäkelt. Die Anzahl der Runden kann variieren. Sie liegt meist zwischen 1 und 10, prinzipiell kann das Schema aber unendlich fortgeführt werden, sodass eine ganze Decke aus einem einzelnen Quadrat bestehen kann.

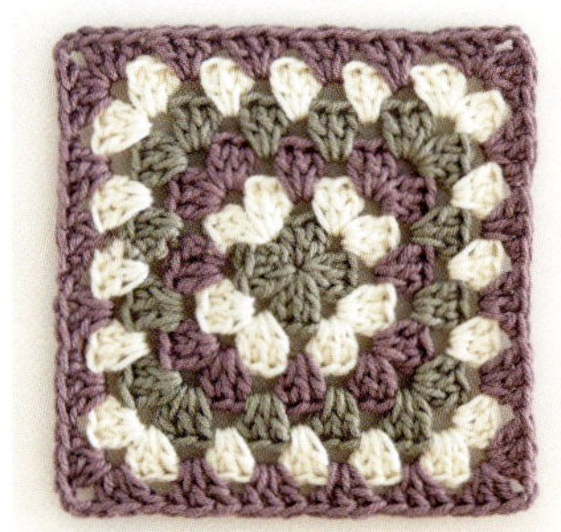

ANLEITUNG

Mit einem Magic-Ring (> Seite 46) in der Mitte des Motivs beginnen und in Rd häkeln. Dabei jede Rd mit 3 Steige-Lm als Ersatz für das 1. Stb beginnen und mit 1 Km schließen. Den Fb-Wechsel arb wie auf Seite 55 beschrieben.

1. Rd: In Fb A 3 Steige-Lm, 2 Stb, * 2 Lm, 3 Stb in den Ring häkeln, ab * noch 2x wdh, 2 Lm häkeln. Die Rd mit 1 Km in die 3. Steige-Lm schließen.

2. Rd: In Fb B 3 Steige-Lm, 3x [3 Stb, 2 Lm, 3 Stb] in die folgende Ecke häkeln, [3 Stb, 2 Lm, 2 Stb] in folgende Ecke häkeln. Die Rd mit 1 Km in die 3. Steige-Lm schließen, den Faden abschneiden und durch die Arbeitsschlinge ziehen.

3. Rd: In Fb C den Faden in einem Zwischenraum zwischen den 3-Stb-Gruppen der Vor-Rd neu anschlingen, 3 Steige-Lm und 2 Stb in den gleichen Zwischenraum, * [3 Stb, 2 Lm, 3 Stb] in die folgende Ecke, 3 Stb in den folgenden Zwischenraum, ab * noch 2x wdh, [3 Stb, 2 Lm, 3 Stb] in die folgende Ecke häkeln. Die Rd mit 1 Km in die 3. Steige-Lm schließen.

4. Rd: In Fb A 3 Steige-Lm, 3 Stb in den folgenden Zwischenraum zwischen den 3-Stb-Gruppen der Vor-Rd, * [3 Stb, 2 Lm, 3 Stb] in die folgende Ecke, 2x [3 Stb in den folgenden Zwischenraum] häkeln, ab * noch 2x wdh, [3 Stb, 2 Lm, 3 Stb] in die folgende Ecke, 2 Stb in den folgenden Zwischenraum häkeln. Die Rd mit 1 Km in die 3. Steige-Lm schließen, den Faden durch die Arbeitsschlinge ziehen.

5. Rd: In Fb B den Faden in einem Zwischenraum zwischen den 3-Stb-Gruppen der Vor-Rd neu anschlingen, 3 Steige-Lm und 2 Stb in den gleichen Zwischenraum, 3 Stb in den nächsten Zwischenraum, * [3 Stb, 2 Lm, 3 Stb] in die folgende Ecke, 3x [3 Stb in den folgenden Zwischenraum] häkeln, ab * noch 2x wdh, [3 Stb, 2 Lm, 3 Stb] in die folgende Ecke, 3 Stb in den folgenden Zwischenraum arb. Die Rd mit 1 Km in die 3. Steige-Lm schließen.

6. Rd: In Fb C 3 Steige-Lm häkeln, 2x [3 Stb in den nächsten Zwischenraum zwischen den 3-Stb-Gruppen der Vor-Rd], * [3 Stb, 2 Lm, 3 Stb] in die folgende Ecke, 4x [3 Stb in den nächsten Zwischenraum] arb, ab * noch 2x wdh, [3 Stb, 2 Lm, 3 Stb] in die folgende Ecke, 3 Stb in den folgenden Zwischenraum, 2 Stb in den nächsten Zwischenraum. Die Rd mit 1 Km in die 3. Steige-Lm schließen.

ABKÜRZUNGEN

In dieser Liste finden Sie häufig verwendete Abkürzungen, die jedoch in verschiedenen Anleitungen oder Publikationen variieren können. Eine entsprechende Liste ist normalerweise beigefügt oder im entsprechenden Buch/der entsprechenden Zeitschrift an zentraler Stelle enthalten.

Abkürzung	Begriff
anschl	anschlagen
arb	arbeiten
DStb	Doppelstäbchen
Fb	Farbe(n)
fM	feste Masche(n)
hStb	halbe(s) Stäbchen
Hinr	Hinreihe(n)
Häkelnd	Häkelnadel
Km	Kettmasche(n)
LL	Lauflänge
Lm	Luftmasche(n)
M	Masche(n)

Abkürzung	Begriff
Nd	Nadel
R	Reihe(n)
Rd	Runde(n)
Rdm	Randmasche(n)
Rückr	Rückreihe(n)
Stb	Stäbchen
U	Umschlag/Umschläge
Vor-R	Vorreihe(n)
Vor-Rd	Vorrunde(n)
wdh	wiederholen
Wollnd	Wollnadel

REGISTER

KREATIV-HOTLINE

Hilfestellung zu allen Fragen, die Materialien und Bücher zu kreativen Hobbys betreffen:

Frau Erika Noll berät Sie.

Rufen Sie an oder schreiben Sie eine E-Mail!

Telefon: 07 11/12 37 57 20* *normale Telefongebühren

E-Mail: mail@kreativ-service.info

AUTORINNEN

BEATE HILBIG war sie lange Zeit freiberuflich als Künstlerin, Designerin und Autorin tätig. Sie verbindet ihre umfassenden Handarbeitskenntnisse mit den Schwerpunkten Häkeln, Stricken und Sticken besonders gerne mit künstlerischen Aspekten.

BÉATRICE SIMON führten ihre Tätigkeit als Übersetzerin von Handarbeitsbüchern und ihre langjährige Leidenschaft für alles, was mit Wolle und Nadeln zu tun hat, fast automatisch zum Entwerfen von Häkelmodellen.

EVELINE HETTY-BURKART arbeitet als freiberufliche Redakteurin und Autorin für Zeitschriften-und Buchverlage. Ihr Arbeitsfeld umfasst verschiedenste Handarbeitstechniken vom Entwurf über die kreative Umsetzung bis hin zur Anleitung. Häkeln ist ihr Favorit.

IMPRESSUM

FOTOS: frechverlag GmbH, 70839 Gerlingen: lichtpunkt, Michael Ruder, Stuttgart

ILLUSTRATIONEN: Ursula Schwab, Handewitt

PRODUKTMANAGEMENTUNDLEKTORAT: Katrin Akyol

COVER-GESTALTUNG: Eva Hook

LAYOUT: Petra Theilfarth

DRUCKUNDBINDUNG: DZS Grafik, Slowenien

4. Auflage 2026

ISBN 978-3-7358-7112-1 · Bestell.-Nr. 27112